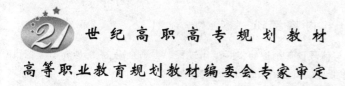

21 世纪高职高专规划教材

高等职业教育规划教材编委会专家审定

轨道交通通信与信号设备维护

主　编　梁志媛
副主编　张　兵
主　审　李俊娥

北京邮电大学出版社
www.buptpress.com

内 容 简 介

本教材的编写基于城市轨道交通通信与信号设备维护的实际工作过程。本书全面、系统地介绍了城市轨道交通通信与信号的基本系统设备、工作原理以及维护与故障的处理。

全书共分13个项目，主要内容有：继电器的维护与检修，信号机的维护与检修，轨道电路及计轴设备的调整与维护，转辙机的维护与检修，列车运行自动控制系统，信号联锁系统设备，传输系统，专用无线系统，专用电话系统，CCTV系统，电源及环控系统，PIS系统，时钟系统等。

本教材可作为城市轨道交通通信与信号专业高职高专的教学用书，也可作为从事城市轨道交通通信与信号专业的技术人员及现场工人的培训教材。

图书在版编目(CIP)数据

轨道交通通信与信号设备维护/梁志媛主编. -- 北京：北京邮电大学出版社，2016.3
ISBN 978-7-5635-4678-7

Ⅰ. ①轨… Ⅱ. ①梁… Ⅲ. ①城市铁路—交通信号—信号设备—维修 Ⅳ. ①U239.5

中国版本图书馆CIP数据核字(2016)第026267号

书　　　名：	轨道交通通信与信号设备维护
著作责任者：	梁志媛　主编
责 任 编 辑：	张珊珊
出 版 发 行：	北京邮电大学出版社
社　　　址：	北京市海淀区西土城路10号(邮编：100876)
发　行　部：	电话：010-62282185　传真：010-62283578
E-mail：	publish@bupt.edu.cn
经　　　销：	各地新华书店
印　　　刷：	北京通州皇家印刷厂
开　　　本：	787 mm×1 092 mm　1/16
印　　　张：	17.25
字　　　数：	447千字
版　　　次：	2016年3月第1版　2016年3月第1次印刷

ISBN 978-7-5635-4678-7　　　　　　　　　　　　　　　定价：36.00元

· 如有印装质量问题，请与北京邮电大学出版社发行部联系 ·

前　言

随着我国国民经济的持续快速发展，城市化进程的不断加快，城市轨道交通以其运量大、速度快、安全可靠、准点舒适的技术优势已成为现代城市的骨干交通。自20世纪50年代我国开始筹备地铁建设至今，城市轨道交通建设已经经历了将近60年的发展历程。2013年年末，中国累计有19个城市建成投运城轨线路87条，运营里程2 539公里。2013年实际新增2个运营城市、16条运营线路、395公里运营里程。中国城市轨道交通建设已进入黄金发展期。

在城市轨道交通的各项设备中，通信和信号设备是至关重要和不可替代的。城市轨道交通通信系统的任务是建立一个通信网络，确保提供传输服务，为乘客提供乘车信息及视讯服务，并且对车站进行实时监控，确保乘客乘车安全及对车站进行高层次控制。城市轨道交通信号系统是保证列车运行安全、实现行车指挥和列车运行现代化、提高运输效率的关键系统设备。

城市轨道交通的通信系统包括传输系统、专用无线系统、专用电话系统、闭路电视系统、电源及环控系统、PIS系统、时钟系统等。城市轨道交通的信号设备包括：信号继电器、信号机、轨道电路、转辙机、列车运行自动控制系统、信号联锁系统设备等，它们是构成城市轨道交通通信与信号系统不可缺少的基础设备与系统。为了便于城市轨道交通通信与信号专业的师生和城市轨道交通通信与信号专业的现场技术人员的学习，我们编写了本教材。

本教材以专业的理论知识为主要内容，结合了城市轨道交通现场的实际工作过程，通过理论与实际一体化的方式介绍了城市轨道交通通信与信号的主要系统设备原理及系统设备的维护检修。本书由武汉铁路职业技术学院梁志媛担任主编，武汉地铁公司张兵任副主编，武汉铁路职业技术学院王蓉彬任参编，武汉铁路职业技术学院李俊娥任主审。其中，梁志媛编写项目一至项目五，并对全书进行统稿，王蓉彬编写项目六，张兵编写项目七至项目十三。

本教材在编写过程中，得到了广州地铁、武汉地铁等单位同仁的大力支持和帮助，在此表示衷心地感谢。

由于编者水平有限，时间仓促，资料收集不全，教材中不免有错误、疏漏和不妥之处，望读者提出批评和指正。

编　者

目 录

项目一 继电器的维护与检修 …………………………………………………… 1

【任务 1.1】 继电器的概述 …………………………………………………… 1
【任务 1.2】 几种常见的继电器 ……………………………………………… 7
【任务 1.3】 继电器的应用 …………………………………………………… 10
【任务 1.4】 继电器的维护与检修 …………………………………………… 18

项目二 信号机的维护与检修 …………………………………………………… 22

【任务 2.1】 色灯信号机的概述 ……………………………………………… 22
【任务 2.2】 信号机的维护与检修 …………………………………………… 31

项目三 轨道电路及计轴设备的调整与维护 …………………………………… 36

【任务 3.1】 轨道电路的概述 ………………………………………………… 36
【任务 3.2】 50 Hz 相敏轨道电路 …………………………………………… 43
【任务 3.3】 FTGS-917 型轨道电路 ………………………………………… 45
【任务 3.4】 计轴设备 ………………………………………………………… 51
【任务 3.5】 轨道电路及计轴设备的调整与维护 …………………………… 54

项目四 转辙机的维护与检修 …………………………………………………… 59

【任务 4.1】 转辙机的概述 …………………………………………………… 59
【任务 4.2】 ZD6 型电动转辙机 ……………………………………………… 61
【任务 4.3】 S700K 型电动转辙机 …………………………………………… 65
【任务 4.4】 ZYJ7 型电动转辙机 ……………………………………………… 67
【任务 4.5】 钩式外锁闭装置 ………………………………………………… 71
【任务 4.6】 JM-A 型密贴检查器 …………………………………………… 72
【任务 4.7】 转辙机的安装维护及检修 ……………………………………… 73

项目五 列车运行自动控制系统 ………………………………………………… 80

【任务 5.1】 列车自动防护系统 ……………………………………………… 80
【任务 5.2】 列车自动驾驶系统设备 ………………………………………… 85
【任务 5.3】 列车自动监督系统设备 ………………………………………… 90
【任务 5.4】 CBTC 信号系统 ………………………………………………… 95

【任务 5.5】 定位及车地通信设备 ·········· 99

项目六 信号联锁系统设备 ·········· 103

【任务 6.1】 计算机联锁系统的概述 ·········· 103
【任务 6.2】 VPI 型计算机联锁系统 ·········· 108
【任务 6.3】 iLOCK 型计算机联锁系统 ·········· 112
【任务 6.4】 DS6-K5B 型计算机联锁系统 ·········· 116

项目七 传输系统 ·········· 119

【任务 7.1】 系统简介 ·········· 119
【任务 7.2】 单盘介绍 ·········· 122
【任务 7.3】 系统备份 ·········· 123
【任务 7.4】 传输系统作业程序及技术质量标准 ·········· 125

项目八 专用无线系统 ·········· 135

【任务 8.1】 系统概述 ·········· 135
【任务 8.2】 系统功能 ·········· 135
【任务 8.3】 设备组成 ·········· 140
【任务 8.4】 无线系统作业程序及技术质量标准 ·········· 142

项目九 专用电话系统 ·········· 153

【任务 9.1】 系统概述 ·········· 153
【任务 9.2】 硬件结构和原理 ·········· 158
【任务 9.3】 系统呼叫流程 ·········· 162
【任务 9.4】 专用系统作业程序及技术质量标准 ·········· 164

项目十 CCTV 系统 ·········· 174

【任务 10.1】 系统概述 ·········· 174
【任务 10.2】 以太网交换机网络方案 ·········· 175
【任务 10.3】 设备组成 ·········· 176
【任务 10.4】 CCTV 系统作业程序及技术质量标准 ·········· 180

项目十一 电源及环控系统 ·········· 187

【任务 11.1】 电源系统 ·········· 187
【任务 11.2】 环控系统 ·········· 193
【任务 11.3】 电源系统作业程序及技术质量标准 ·········· 199

项目十二 PIS 系统 ·········· 212

【任务 12.1】 系统概述 ·········· 212
【任务 12.2】 系统工作流程概述 ·········· 212

【任务 12.3】 中心视频设备的连接 ·· 214
【任务 12.4】 PIS 系统的网络结构 ······································· 215
【任务 12.5】 车站子系统 ··· 218
【任务 12.6】 车载子系统 ··· 220
【任务 12.7】 系统常见故障与排除方式 ································· 222
【任务 12.8】 系统的日常维护 ·· 227
【任务 12.9】 PIS 系统作业程序及技术质量标准 ······················· 228

项目十三 时钟系统 ·· 242
【任务 13.1】 系统概述 ·· 242
【任务 13.2】 操作说明部分 ·· 244
【任务 13.3】 通信与其他子系统的接口 ································· 248
【任务 13.4】 设备组成 ·· 249
【任务 13.5】 设备外观图 ··· 256
【任务 13.6】 时钟系统设备外部接口描述 ······························ 257
【任务 13.7】 时钟系统故障处理指南 ···································· 258
【任务 13.8】 时钟系统作业程序及技术质量标准 ······················ 259

参考文献 ··· 266

项目一　继电器的维护与检修

【知识目标】
1. 熟悉继电器的作用和基本工作原理；
2. 熟悉继电器的工作特性、分类及基本特性；
3. 熟悉继电器的接点插座及型号表示；
4. 熟悉几种常用的继电器；
5. 熟悉继电器的电路分析及接点使用。

【能力目标】
1. 掌握继电器的安全因素和防范措施；
2. 掌握继电器的养护注意事项；
3. 掌握继电器的电路分析能力；
4. 掌握继电器的维护及故障处理；
5. 培养学生作为信号工的职业素养和协作精神。

【任务1.1】　继电器的概述

信号继电器是信号设备中的主要器件之一，在城市轨道交通信号的自动控制和远程控制系统中，用它可构成逻辑电路或作为执行元件直接监督和控制列车的运行。它在运用中的可靠性与安全性是确保各种自动控制、远程控制信号设备正常工作的必要条件。

一、继电器的作用

继电器是自动控制和远程控制系统必不可少的元件，用于闭合或断开控制电路，能以极小的电讯号控制执行电路中相当大功率的对象并能控制数个对象或数个回路，具有典型的继电特性，一般由电磁系统和接点系统两大部分组成。电磁系统由电磁磁路和线圈组成，是继电器用来接受和反映输入物理量的性质的系统机构，接点系统是继电器的执行机构，用于实现控制的目的，继电器的特性是当输入量达到一定值时，输出量发生突变，如图1-1所示。

电磁继电器一般由铁心、线圈、衔铁、轭铁等组成。当给线圈两端加以一定的电压，线圈中就会流过一定的电流，从而产生电磁效应，衔铁就会在电磁力吸引的作用下克服返回弹簧的拉力吸向铁心，从而带动衔铁的动接点与前接点（常开接点）吸合。当线圈断电后，电磁的吸力也随之消失，衔铁就会在弹簧的反作用力返回原来的位置，使动接点与原来的后触点（常闭接点）吸合。这样吸合、释放，从而达到了在电路中的导通、切断的目的。

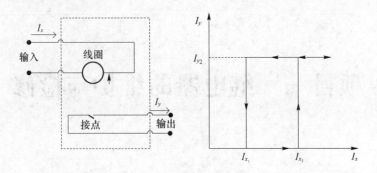

图 1-1 继电器特性曲线

二、继电器的主要类型

继电器种类繁多,可按不同方式分类。

1. 按动作原理分为电磁继电器和感应继电器

电磁继电器:通过继电器线圈中的电流在电磁铁中产生的吸引力驱使衔铁及可动部分动作,改变接点系统的工作状态,如直流无极继电器、直流有极继电器、交流继电器、二元差动继电器等。城市轨道交通中运用的绝大多数继电器都属电磁继电器。

感应继电器:利用交变磁场与另一交变磁场在继电报可动部分的翼板中产生涡流的相互作用而动作。如 50 Hz 轨道电路中使用的交流二元二位继电器等。

2. 按工作电流分为直流继电器和交流继电器

直流继电器:由直流电源供电,大部分信号继电器属此类。按照所通电流极性,又可分为无极、偏级和有极继电器。

交流继电器:由交流电源供电,如交流灯丝转换继电器、交流二元二位继电器、整流式继电器等(整流式继电器虽然用于交流电路中,但继电器内通过安装整流原件将交流电整流为了直流电)。

3. 按输入物理量分为电流继电器、电压继电器、功率继电器、频率继电器、非电量继电器

其分别反映电流、电压、功率、频率、非电量(如温度、压力或速度等)的变化。

4. 按动作速度分为速动继电器、正常动作继电器、缓动继电器

速动继电器:衔铁动作时间小于 0.1 s。

正常动作继电器:衔铁动作时间 0.1~0.3 s。大部分信号继电器属此范围。

缓动继电器:衔铁动作时间超出 0.3 s,如无极缓放继电器、安全型半导体时间继电器等。时间继电器是利用脉冲延时电路或软件设定使之缓吸。缓放型继电器则利用短路铜环产生磁通使之缓动,主要取其缓放特性。

5. 按接点结构分为普通接点继电器、加强接点继电器

普通接点继电器:具有开断功率较小的接点的能力,满足一般信号电路的要求。

加强接点继电器:具有开断功率较大的接点的能力,满足电压较高与电流较大的信号电路的要求。

6. 按工作故障安全性分为安全型继电器、非安全型继电器

安全型继电器直流 24 V 供电、重弹力返回式电磁继电器。典型结构为无极继电器。安全型继电器大多为符合故障-安全原则的重力式继电器,在其故障情况下,使前接点闭合的概率远远低于使其后接点吸合的概率。

安全型继电器是无须借助于其他继电器,亦无须对其接点在电路中的工作状态进行监督检查,其自身结构即能满足一切安全条件的继电器,其特点是:

(1) 当线圈断电时,衔铁可借助于自身重量释放,从而使前接点可靠断开;

(2) 选用合适的接点材料,构成非熔接性前接点,或采用能防止接点熔接的特殊结构(例如接点熔断器、接点串联);

(3) 当一组不应闭合的后接点仍然闭合时,结构上能防止所有前接点闭合。

非安全型继电器多为弹力式继电器,不符合故障—安全原则,在其断电时前接点不一定断开,必须监督检查接点在电路中的工作状态以保证安全条件,比如灯丝转换继电器。

三、安全型继电器的基本工作原理

在城市轨道交通信号中普遍采用的安全型继电器为直流 24 V 系列的重弹力式直流电磁继电器,其由接点系统和电磁系统两大部分组成,电磁系统由线圈、固定的铁心、轭铁以及可动的衔铁构成。接点系统由动接点、静接点构成。随同继电器衔铁一起动作的接点叫动接点,也称中接点。继电器衔铁吸合时与中接点闭合的接点叫前接点。继电器衔铁释放后与中接点闭合的接点叫后接点(如图 1-2 所示)。

安全型继电器中的典型结构为无极继电器,其他各型继电器由无极继电器派生。因此,绝大部分零件都能通用。

安全型继电器工作原理为:当线圈中通入一定数值的电流后,在铁心和衔铁之间就产生一定数量的磁通,该磁通经铁心、衔铁、轭铁和之间的气隙由形成一个闭合磁路,铁心对衔铁产生了吸引力,当电流增大到一定数值时,吸引力增大到能克服衔铁向铁心运动的阻力时,衔铁被吸向铁心,由衔铁带动接点动作,与前接点闭合接通。此时继电器被称为励磁吸起状态。

安全型继电器的基本的工作原理如下:

线圈通电→产生磁通(衔铁、铁心)→产生吸引力→克服衔铁阻力→衔铁吸向铁心→衔铁带动动接点动作→前接点闭合、后接点断开

电流减少→吸引力下降→衔铁依靠重力落下→动接点与前接点断开,后接点闭合

可见,继电器具有开关特性,利用其接点的通、断电路,从而构成各种控制和表示电路。

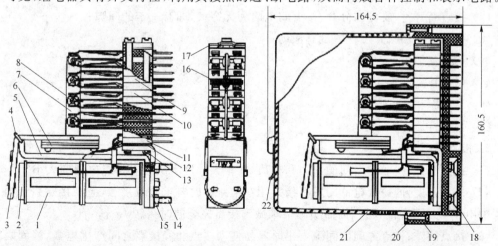

1. 电磁系统的线圈;2. 铁心;3. 衔铁;4. 蝶形钢丝卡;5. 轭铁;6. 重锤片;7. 拉杆;8. 绝缘轴;9. 动接点单元;10. 银接点单元;11. 电源片单元;12. 下止片;13、14. 螺钉;15. 接点架;16. 中(动)接点轴;17. 压片;18. 型别盖;19. 胶木底座;20. 加封螺钉;21. 外罩;22. 提把

图 1-2 插入式继电器结构图

1. 线圈水平安装在铁心上,前圈为12,后圈为34(可串、并联或单独使用)。
2. 铁心前端有极靴。
3. 衔铁(可动部分)利用钢丝卡固定在轭铁的刀刃上(装有止挡片,作用是增大继电器吸起状态磁路的磁阻,克服用于磁滞回线的影响,产生的剩磁,使衔铁不能恢复原状这一缺点)。
4. 蝶形钢丝卡(蝶形)固定衔铁和轭铁。
5. 轭铁:衔铁的支架。
6. 重锤片:铆在衔铁的传动部分(保证衔铁可以靠重力返回)它的数量根据接点压力的需要而定。
7. 推(拉)杆:与衔铁连接,可与动接点轴一起运动。
8. 绝缘轴:动接点中间的绝缘轴(白色)。
9. 动接点单元:可动接点。
10. 银接点单元:包括前接点、后接点(带银头),不可动。
11. 电源片单元:接入电源。
12. 上下止片:指最上方下方用作固定。
13、14. 螺钉:把接点架与轭铁固定在一起、用来固定安装下止片,电源片、银接点单元、动接点单元、压片一直通到顶。
15. 接点架:支撑接点。
16. 动接点轴:在固定螺钉之前,要把所有的单元片按顺序组装在接点架上,同时把推杆、绝缘轴、动接点轴组装好。
17. 压片:作用保证接点稳固性。
18. 型别盖板:鉴别继电器类型。
19. 胶木底座:利用螺钉把继电器安装在此。
22. 提把:继电器查在组合架上时,与挂簧配合牢固继电器插接的。

四、安全型继电器的接点

继电器接点是继电器的执行机构,通过接点来反映继电器的状态,进行电路的控制。对于继电器接点有较高的要求,从接点材料到接点结构,从接点组数到接点容量。对频繁通断大电流的接点,还必须采取灭火花措施。

1. 对接点系统的要求

(1) 接点闭合时,接触可靠,接触电阻小而且稳定;
(2) 接点断开时,要可靠分开,接点间电阻为无穷大,即有一定的间隙;
(3) 接点闭合和断开过程中没有颤动;
(4) 不发生熔接;
(5) 耐各种腐蚀;
(6) 导热率和导电率要高;
(7) 使用寿命长。

2. 接点参数

(1) 接点压力:接触点之间的压力和材质,在很大程度上决定着接点电阻的大小。
(2) 接点齐度:同一继电器的所有接点用在电路中时要求同时接触,但在接点系统的生产过程中由于不可避免的误差,因而实际很难做到接点完全同时接触。
(3) 接点间隙:接点之间的间隙太小时容易使动接点和静接点之间产生电弧,当间隔增大后,电弧被拉长自行熄灭,所以要求继电器动接点与静接点之间的间隙要足够大。
(4) 接点滑程:接点表面的腐蚀、灰尘等对接触电阻有很大的影响,为了保证接点的可靠工作,当接点开始接触后,要求接点相互之间有一定程度的位移,该位移叫作接点滑程。

3. 接点容量：即继电器接点所允许通过的最大电流。

4. 接点材料：一般继电器要求接点材料的电阻系数小，抗压强度低，而且选用不宜氧化或其氧化物电阻率小的材料。

5. 接点的接触形式：分为点接触、面接触、线接触三种。如JWXC型无极继电器的接点采用点接触方式。JYJXC-135/220型加强接点有极继电器，其接点采用面接触方式。

6. 接点灭火花电路：采用灭火花电阻与接点并联是最常用的方法，在接点断开瞬间，电感负载所产生的感应电流流经并联在接点上的电容和电阻串联电路，使接点上的电压降至击穿空气隙电压之下，而避免发生火花。此时，磁场能量消耗在回路电阻上。

7. 熄灭接点电弧：当电路中的电流较大（大于产生电弧的临界电流I）时，接点断开过程中，由于在强大电场作用下从负极发出的电子具有足够大的能量使气体电子发生强烈游离，就在接点间产生电弧。电弧温度很高，会引起接点材料的蒸发与喷溅，更增加了接点的电腐蚀，同时还引起接点表面的氧化。必须设法熄灭接点电弧。

电弧在接点间燃烧时，对电路来说具有一定的电阻值，使电路继续保持接通状态。要使电弧自行熄灭，就必须使电流值的增长率小于零，电流逐渐减小至零。要保证这一点，有两条途径：限制电路功率和增大接点间隙距离。限制电路功率，可使电流值达不到临界电流，但不是任何情况下都能采用的。单纯增大接点间距离熄弧效果有限。于是，在接点组数有多余的情况下，可采用几组接点串联的方法。串联几组接点，增大了接点间距离，也提高了电弧临界电压，有较好的熄弧效果。

最常用的则是磁吹弧，这种方法是利用磁场的电磁力把电弧拉长，起到增大接点间距离的作用，使电弧拉长到加在接点间的电压不足以维持电弧燃烧所需的电压而自行熄灭。磁吹弧法是在接点上加装一块永久磁钢，永磁磁通经过接点间的气隙构成磁回路。接点断开时在接点之间产生电弧，实际上就是电子和离子在接点间的移动。当接点间产生电弧时，电子和离子上就要受到永磁的电磁力，使电弧吹得向外拉长，最后使电弧自行熄灭。其示意图如图1-3所示。

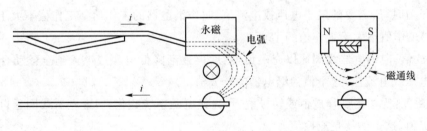

图1-3 磁吹弧

磁吹弧的方向根据左手定则确定，如图1-4所示。此时要求通过接点电流的方向，应符合使接点间电弧向外吹的原则。否则，向内吹弧，非但不会熄灭电弧，还会造成接点的损伤。

因此，加强接点上用磁吹弧的继电器，如JWJXC-480、JWJXC-H125/0/0.44、JWJXC-H125/0.13、JYJXC-135/220等都规定了接点的正负极性，使用中要注意磁吹弧的方向。这样，接点电流产生的磁场方向与磁钢的磁场方向一致，还保证不会产生对磁钢的去磁作用。

用永久磁钢作磁吹弧有许多优点：可节省铜线和绝缘材料；灭弧系统结构简单；灭弧功能较稳定；没有电能消耗；可使接点开距缩小。

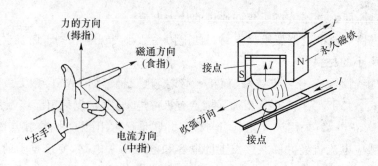

图 1-4 磁吹弧方向示意图

五、继电器的主要技术参数

1. 继电器额定值:继电器工作在运用状态时所接入的电源系统的电压或电流。AX 系列继电器的额定电压为 24 V。

2. 灵敏度:信号继电器的灵敏度是指继电器动作所需的最小功率。

3. 缓吸时间:向继电器线圈通以规定值的电压(电流),到全部前接点闭合所需时间,叫作继电器的缓吸时间。

4. 缓放时间:向继电器线圈通以规定数值的电压(电流)后切断电源,从断开电源时起至全部动接点离开前接点的时间止,叫作继电器的缓放时间。

5. 返还系数:就是继电器的释放值与工作值之比,比值越大,在额定电源下继电器工作越稳定。此值一般在 0.2~0.99 之间,铁路信号用 AX 型系列的返还系数在 0.2~0.5 之间。返还系数越高标志着继电器的落下越灵敏。规定普通继电器的返还系数不小于 0.3,缓放型继电器不小于 0.2,轨道继电器不小于 0.5。

6. 安全系数:就是继电器额定值与工作值之比。

7. 工作值:向继电器线圈通电,直到衔铁止片(钉)与铁心接触,全部动合接点闭合并满足规定接点压力时,所需要的最小电压或电流值,叫作继电器的工作值。工作值不大于额定值的 70%;反向工作值不大于工作值的 120%。

8. 释放值:向继电器线圈通以充磁值,然后再逐渐降低电压或电流到全部动合接点断开时的最大电压或电流值,这个值为继电器的释放值。

9. 充磁值:为了测试释放值或转极值,预先使电磁系统磁化,向继电器线圈通以几倍的工作值或转极值,这个值就是充磁值。

10. 接点压力:当继电器的衔铁处于释放或吸合状态时,闭合接点互相间的压力叫接点压力。

11. 临界不转极电压值:极性保持继电器在转极瞬间,因衔铁受阻力作用,而不能转极的最小电压值叫作临界不转极电压值。

12. 可靠性:继电器的可靠性是指在一定的动作次数内在规定的使用条件下继电器能维持正常工作的能力。

13. 接触电阻:是指在接点间或插片间通以规定的电流时,在接触处所呈现的电阻。

14. 继电器的寿命指的是其接点的寿命,包括电寿命和机械寿命。继电器的寿命,电寿命

规定为普通接点 2×10^6 次,加强接点 2×10^5 次,有极继电器的加强定位、反位接点 1×10^6 次,断开 1×10^3 次;机械寿命为 10×10^6 次。

落下时间和吸起时间直接反映继电器的时间特性,改变继电器时间参数的方法主要有两大类:一是改变继电器结构的方法,由制造厂完成;二是电路方法,主要在使用现场进行,主要有:

(1) 提高继电器的端电压使继电器快吸;
(2) 在继电器的线圈电路中串联一个灯泡使继电器快吸;
(3) 与继电器线圈串联 RC 并联电路使继电器快吸;
(4) 并联电阻或二极管使继电器缓放;
(5) 并联 RC 串联电路使继电器缓放,并联 RC 串联电路又串联电阻,使继电器缓吸又缓放。

【任务1.2】 几种常见的继电器

城市轨道交通所运用的继电器插座基本以安全型(AX)继电器插座为主,时间继电器、二元二位继电器都属于安全型继电器,它们的插座原理与 AX 安全型继电器基本相同,下面以安全型(AX)继电器插座为例简单介绍一下。

继电器组成插入式,需加装继电器插座板,利用继电器下部螺栓露出部分将继电器插座板插入,用螺母固定,然后用螺母紧固型别盖。型别盖的作用是为了插入式继电器与插座插接时,保证不同类型继电器不致插错位置。

继电器有很多类型,为防止不同类型的继电器错误插接,在插座下部鉴别孔内铆以鉴别销,鉴别销号码如表 1-2 中所列。

插座插孔旁所注的接点编号是无极继电器的接点编号,其他各型继电器的接点系统的位置及使用的编号与无极继电器不同,但实际使用的接点插座仅有一种,所以必须按图 1-5 所示符号对照使用。

JWXC-7
JWXC-H600

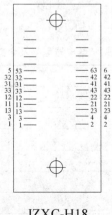

JZXC-H18
JZXC-H156
JZXC-0.14

JZXC-480

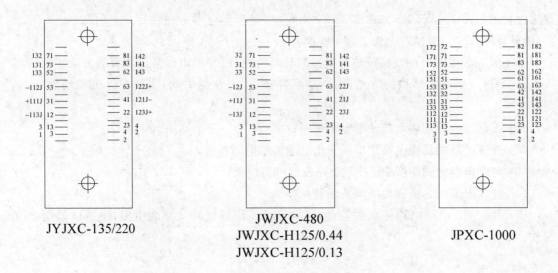

图 1-5 插座接点编号对照

一、安全型继电器

安全型继电器用汉语拼音字母和数字表示,字母表示继电器种类,数字表示线圈的电阻值(单位 Ω),例如:

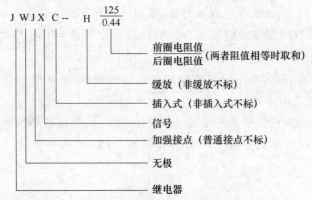

继电器型号的文字符号含义如表 1-1 所示。

表 1-1 继电器型号及含义表

代号	含义		代号	含义	
	安全型	其他类型		安全型	其他类型
A		安全	R		二元
B		半导体	S		时间、灯丝
C	插入	插入、传动、差动	T		通用、弹力
D		单门、动态	W	无极	
P	偏极		X	信号	信号、小型
H	缓放	缓放	Y		有极
J	继电器、加强接点	继电器、加强接点、交流	Z	整流	整流、转换

常用安全型继电器有无极、无极加强接点、无极缓放、无极加强接点缓放、整流式、有极、有极加强、偏极等几种，如表1-2所示。它们的特性和线圈电阻值各不相同，在信号电路中有不同的作用。

表1-2 安全型继电器接点连接及鉴别销明细表

品种序号	规格序号	继电器名称	型号	线圈连接	接点组数	鉴别销号码	电源片连接 使用	电源片连接 连接	用途
1	1	无极继电器	JWXC-1700	串联	8QH	11,51	1,4	2,3	通用继电器及半自动闭塞电路用
	2		JWXC-1000			11,52			通用继电器
	3	无极加强接点继电器	JWXC-480	串联	2QH 2QHJ	15,51	1,4	2,3	电源屏用交流220/180 V转换
	4	无极缓放继电器	JWXC-H600			12,51			通用继电器
	5		JWXC-H340		8QH	12,52			
	6		JWXC-500/H300			12,53	3,4/1,2		
	7	无极加强接点缓放继电器	JWXC-H125/0.44	单独	2QH 2QHJ	15,55	3,4/1,2		道岔控制用电路用继电器
	8		JWXC-H125/0.13		2QH 2QHJ 2H	15,43	1,2/3,4		
2	9	整流继电器	JZXC-480	串联	4QH 2Q	13,55	7,8	1,4	交流轨道继电器
	10		JZXC-0.14	并联		13,54	1,3	2,4	局部供电的灯丝监督继电器
	11		JZXC-H18		4QH	13,53	5,6		灯丝监督继电器
	12		JZXC-H18F	串联				1,4	防雷型灯丝监督继电器
	13	有极加强接点继电器	JYJXC-13000		2F 2DFJ	13,51			道岔电路中转极继电器
	14		JYJXC-135/220	单独	2DF 2DFJ	15,54	1,2/3,4		道岔控制继电器
4	15	偏极继电器	JPXC-1000	串联	8QH	14,51	1,4	2,3	通用继电器

二、时间继电器、交流二元二位继电器、灯丝转换继电器简介

JSBXC-850和JSBXC1-850型时间继电器是一种缓吸继电器，借助电子电路，获得3秒、13秒、30秒、180秒四种延时，以满足信号电路的需要。时间继电器是由时间控制单元和JWXC-370/480型无极继电器组合而成的。时间控制单元装在印刷电路板上，安装在接点组

上方,其鉴别销号码为14、55。

时间继电器的基本情况如表1-3所示。

表1-3 时间继电器的基本情况

型号	接点组数	线圈参数		鉴别销号码	电源片连接方式		备注
		连接	电阻		使用	连接	
JSBXC-850	2QH、2Q	单独	370/480	14,55	73,62	1,81 2,13 3,71 4,23	半导体
JSBXC$_1$-850	2QH、2Q	单独	370/480	14,55	73,62(1,3接正极 2,4接负极)		可编程

交流二元二位继电器中的二元指的是有两个相互独立又相互作用的交变电磁系统,二位指继电器有吸起和落下两种状态。部分城市轨道交通车辆段的50 Hz相敏轨道电路采用了50 Hz的交流二元二位继电器。

灯丝转换继电器是交流继电器,用于信号点灯电路中,当信号灯泡的主灯丝断丝时通过它自动转换为副灯丝点亮,通过其接点构成报警电路。灯丝转换继电器有JZJC型、JZSJC型、JZSJC1型等。城市轨道交通主要使用JZSJC型灯丝转换继电器,它是弹力式继电器,但是采用插入式结构,便于现场维修和更换。

三、西门子和泰雷兹公司系统中的继电器板件和车载EB继电器

西门子公司FTGS轨道电路使用继电器板件型号:
S25533-B36-A4(吸起600 ms、释放350 ms)
S25533-B36-A7(吸起600 ms、释放450 ms)

继电器板为双通道,每个通道有一个K50型缓吸缓放继电器,两个通道是一样的,联锁将定时检查开关状态,两组继电器的开关状态必须一致。观察继电器板上继电器接点的吸起或落下,可判断相应轨道电路处于空闲或占用状态。它发送"轨道占用"或"空闲"信号到联锁和LZB。继电器动作电压由接收2板输出的直流16 V电压供给。

泰雷兹的车载VOBC中使用的紧停继电器QNC11,它有4个有极接点、4个普通接点,工作电压110 V,在EB激活时吸起。

【任务1.3】 继电器的应用

应用继电器可以构成各种控制和表示电路,统称为继电电路。具体运用过程中,可以分为继电器选用、识读继电器电路、分析继电器电路以及如何判断继电器故障等方面。

一、信号继电器选用的一般原则和要求

根据电路要求,按继电器的主要参数和指标进行选择。一般原则如下:

1. 继电器类型、线圈电阻及其额定工作电压、工作电流,应满足各种电路的具体要求;
2. 电路中串联使用继电器时,串联的继电器应满足各继电器正常工作电压的要求;
3. 继电器的接点最大允许通过电流不应小于其串联在电路中的工作电流,必要时可采用并联接点的方法;
4. 继电器的接点数量不能满足电路要求时,可设复示继电器来增加接点,复示继电器应及时反映主继电器的动作状态;
5. 电路中串联继电器接点时,其串联的继电器接点的接触电阻不能影响电路的正常工作。

信号系统对继电器的要求如下:
1. 安全、可靠;
2. 动作可靠、准确;
3. 使用寿命长;
4. 有足够的闭合和断开电路的能力;
5. 有稳定的电气特性和时间特性;
6. 保持良好的电气绝缘强度。

二、继电器的表述

(一)继电器的名称符号

一般根据继电器的主要用途及功能来命名继电器,为了便于标记,一般用汉语拼音来表示继电器符号,例如按钮继电器表示为 AJ,信号继电器表示为 XJ。有时一个控制系统中同一功用的继电器可能超过一个,必须区分开它们的名称。例如以 SLAJ 代表上行进站信号机的列车按钮继电器,以 XTAJ 代表下行通过按钮继电器。

同一个继电器的线圈和接点必须使用该继电器的名称符号来标记,以免产生混淆。同一个继电器的各接点组还需用其编号注明,以防止重复使用。

继电器通常有两个状态:吸起状态和落下状态。在电路图中只能表达这两个状态中的一种,为了区分,将电路图中继电器呈现的状态称为通常状态(简称常态),或者称为定位状态。在信号系统中遵循下列原则来规定定位状态。

继电器的定位状态应与设备的定位状态相一致,信号布置图中反映的状态约定为设备的定位状态。例如信号机一般以关闭为定位状态,道岔一般以开通为定位状态,轨道电路一般以空闲为定位状态。

根据故障-安全原则,继电器的落下状态必须与设备的安全侧相一致。例如信号继电器的落下必须与信号关闭一致,轨道继电器的落下必须与轨道电路的占用相一致。这样才能实行电路断线时做到工作导向安全侧。

在电路图中,凡是以吸起状态为定位状态的继电器,其线圈和接点处均以"↑"符号来标记,同样,若以落下状态为定位状态的继电器,其线圈和接点处均以"↓"符号来标记。

(二)继电器图形符号

在继电电路中,涉及继电器线圈和接点,它们的图形符号分别如表1-4和1-5所示,这些图形符号反映了继电器的某些特性,因此绘图时必须正确选用,以免混淆。表中的接点图形和符号有工程图用和原理图用两种。

在继电器线圈符号上要注明其定位状态的箭头和线圈端子号。

表 1-4 继电器线圈的图形符号

序号	符号	名称	说明
1	○	无极及继电器	两线圈分接
2		无极缓放继电器	单线圈缓放
3		无极加强继电器	
4		有极继电器	
5	1 2 / 3 4	有极加强继电器	两线圈分接
6		偏极继电器	
7		整流式继电器	
8	 3'	时间继电器	

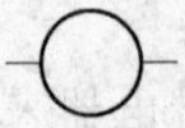

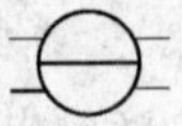

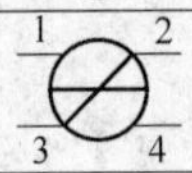

表 1-5 继电器接点的图形符号

序号	符号		名称	说明
	标准图形	简化图形		
1		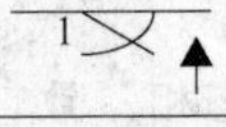	前接点闭合	
2	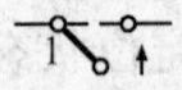	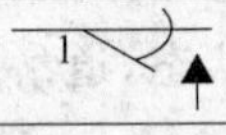	后接点断开	
3	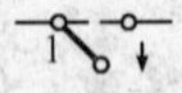	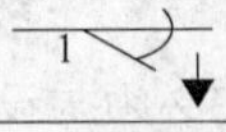	前接点断开	
4		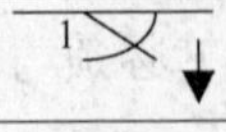	后接点闭合	
5			前、后接点组	前接点闭合 后接点断开 / 前接点断开 后接点闭合
6	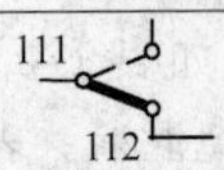 111 / 112	 111 112	极性定位接点闭合	

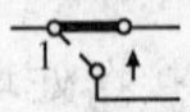

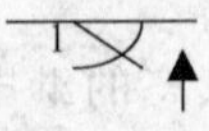

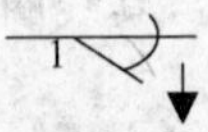

续表

序号	符号		名称	说明
	标准图形	简化图形		
7	111 / 112	111 ⊢ 112	极性定位接点断开	
8	111 / 113	111 ⊢ 113	极性反位接点闭合	
9	113 / 111	111 ⊢ 113	极性反位接点断开	
10	111 / 113 / 112	111 ⊢ 113 / 112	极性定、反位接点组	定位接点闭合 反位接点断开
	111 / 113 / 112	111 ⊢ 113 / 112		定位接点断开 反位接点闭合

对于一般继电器的前后接点，只需标出其接点组号，而不必详细标明动接点、前接点、后接点号。但从表 1-4 的图例中可以看出，例如第一组接点，动接点为 11，前接点为 11~12，后接点为 11~13。而对于有极继电器，因无法用箭头表示其状态，所以必须表明其接点号，如 111~112 表示定位接点，111~113 表示反位接点，百位数 1 是为了区别于其他继电器而增加的。

（三）继电器线圈的使用

对于有两个线圈参数相同的继电器，其线圈有多种使用方法：可以两个线圈串联使用，连接 2-3，使用 1-4；也可以两个线圈并联使用，1-3 连接，2-4 连接，使用 1-2 或 3-4；也可以两个线圈分别使用或单线圈单独使用。

无论使用哪一种方法，都要保证继电器的工作安匝和释放安匝，才能使继电器可靠工作。

单线圈使用时，为了得到与两线圈串联使用时同样的工作安匝，通过线圈的电流必须比串联时大一倍，所消耗的功率也大一倍。此时，电源的容量要大，且线圈容易发热。因此，继电器大多采用两线圈串联使用的方法。在电路需要时，也采用分线圈使用的方法。两线圈并联使用时，所需电压比串联时低一半，一般使用在较低电压（如 12 V）的电路中。继电器线圈使用的示例如图 1-6 所示。

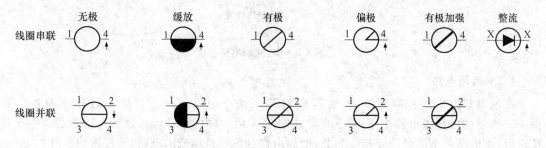

图 1-6　继电器线圈示意图

三、继电器基本电路

（一）串联电路和并联电路

根据继电器接点在电路中的连接方式，继电电路可分为串联、并联和串并联三种基本形式。

1. 串联电路

串联电路指继电器接点串联连接的电路，其功能是实现逻辑"与"的运算。如图 1-7 所示为一串联电路，AJ、BJ、CJ 的 3 个接点必须同时闭合才能使继电器 DJ 吸起。从逻辑功能来看，接点在电路中的串接顺序是任意的，而且动接点是否接向电源也是任意的。但从工程角度出发，应考虑接点的有效使用，比如 AJ 的后接点还可以用在别的电路中。

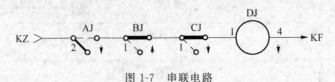

图 1-7 串联电路

2. 并联电路

由几个继电器接点并联连接的电路称为并联电路，它的功能是实现逻辑"或"运算。如图 1-8 所示为 3 个接点并联的例子，其中任一个接点闭合都会使继电器 DJ 吸起。

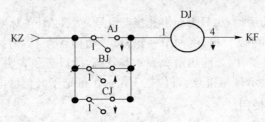

图 1-8 并联电路

3. 串并联电路

根据逻辑功能的要求，在电路中有些接点串联，有些接点并联，此电路称为串并联电路。如图 1-9 所示。

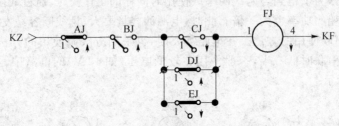

图 1-9 串、并联电路

（二）自闭电路

在继电器构成的控制系统中，常需要将某一动作记录下来为以后的过程作准备。如图 1-10 所示的按钮继电器电路，按下自复式按钮 A 后，继电器 AJ 经过励磁电路吸起。但松开按钮后，继电器就不能保持吸起。为此，增加由自身前接点构成的电路，即使按钮松开后，继电器仍可以保持吸起，这条由自身前接点构成的电路称为自闭电路。由自闭电路后继电器就有了记忆功能。当然，在它完成任务后，就必须由表示该任务完成的继电器接点使其复原。

四、继电电路的分析法

在设计和分析继电电路时，为了便于认识和掌握电路的逻辑功能、继电器的动作顺序、继

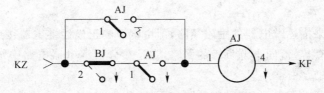

图 1-10 自闭电路

电器动作时机和继电器励磁回路,需采用一些简便的分析方法,比如动作程序法、时间图解法和接通公式法。

(一) 动作程序法

动作程序法用来表示继电器的动作过程,着重反映继电电路的时序因果关系,而不严格地表达逻辑功能,如图 1-11 所示的脉动偶电路。

用符号表示各继电器状态的变化,"↑"表示继电器吸起,"↓"表示继电器落下(注意区分这里的箭头只是表示继电器的动作,不要和电路图中表示继电器定位状态的↑、↓混淆)。"→"表示促使继电器吸起、落下,"│"表示逻辑"与"。

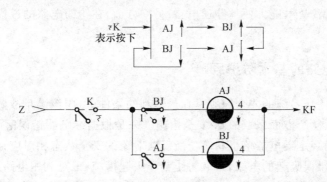

图 1-11 脉动偶电路

(二) 时间图解法

有些继电电路的时间特性要求较严格,整个电路动作过程与继电器的时间特性(如缓放时间的长短)密切相关。此时,可以用时间图解法来较准确地分析,时间图解法能清晰地表示出各继电器的工作状况、相互关系和时间特性,能正确地反映整个电路的动作过程。时间图解法把继电器线圈通电、前接点断开、后接点闭合、线圈断电、前接点断开、后接点闭合等都用如图 1-12 所示的时间图表示出来,继电器之间的相互关系,在时间图上用箭头表示。

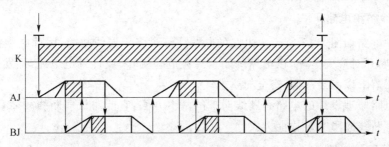

图 1-12 脉动偶电路的时间图解法

在动作程序法的例子中的脉动偶电路,其动作过程的时间图如图 1-12 所示。

（三）接通径路法

接通径路法用来描述继电器的励磁径路，即由电源的正极经继电器接点、线圈及其他元器件（按钮接点、二极管等）流向电源负极的回路，它是在分析继电器电路中常用的方法（俗称跑电路，不一定写下来）。

例如对上述的脉动偶电路，其励磁电路如下：

KZ—K11—12—BJ11—13—AJ1—4—KF

KZ—K11—12—AJ11—12—BJ1—4—KF

公式中各接点及器件的下标是它们在电路中连接的具体端子号或接点号，接点之间用"—"联系，它表示经由，而不用"→"，是因为没有促使的意思，以避免和动作程序法中"→"相混淆。

一个继电器可以有多条励磁电路，需要分别写出接通公式予以描述。

接通公式法仅表达了继电电路的导通路径，而不能反映电路的逻辑功能。对于复杂的继电电路，在对其逻辑功能不熟悉的情况下，可以先用接通公式来加以描述。

在实际应用过程中，通常将动作程序法和接通公式法结合起来使用，一方面，在掌握继电电路的动作程序的情况下，能方便地跑通电路；另一方面，在跑通电路的过程中，加深对动作程序的理解。

五、继电器电路的基本防护原则

城市轨道交通信号系统的安全原则是在最不利的条件下，应该满足故障-安全原则。在继电器电路中，主要从三个方面采取故障-安全措施。一是根据继电器错误落下的故障多于错误吸起这一事实，正确规定继电器落下状态与所反映对象的安全状态相对应；二是对那些易于发生故障而使继电器错误吸起的电路，采取防止错误吸起措施；三是利用电路来监督继电器的动作是否正常，如果发生错误能及时察觉，或者自动使有关电路导向安全，又或者给出表示信号，以便维修人员及时处理。

在继电器电路中常见的故障有：熔断器熔断、断路器脱扣、断线、脱焊、螺丝松脱、线圈烧坏、接点接触不良、器件失效、插接件接触不良、线间绝缘不良、线路混入电源等，故障种类很多。但就其对电路的影响可以归纳为两大类：一类使电路开路，称为断线故障；另一类使电路短路，称为短路故障。断线故障会导致吸起的继电器错误落下或使应吸起的继电器不能吸起。混线故障可能使不应吸起的继电器错误吸起或使已吸起的继电器不能及时落下，继电器电路的安全性主要是解决断线防护和混线防护问题。

（一）断线防护电路

断线防护电路如图 1-13 所示。电路的断线故障远多于混线故障，因此必须按照闭合电路法（以电路的断开对应安全侧，以电路的闭合对应危险侧）来设计继电电路，即发生断线故障时对应的继电器落下以满足故障-安全的要求。

按闭合电路原理设计的电路是断线防护的基本方法，它能对任何断线故障有及时反映，故可认为它具有断线故障的自检能力。

（二）混线防护电路

继电电路按闭合电路的原理设计，在混线的情况下就有可能使继电器错误吸起而导向危险侧。因此尽管混线故障远少于断线故障，也必须慎重地采取防护措施。实际上，要使电路中

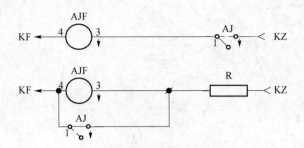

图 1-13　断线防护电路

各点都进行混线防护是很困难的,也是不可能的。对于室内环境较好,只需采取严格的施工工艺和检查措施,电路极少发生混线故障,一般不采取防护措施。

1. 位置法

位置法又称远端供电法,是针对室外电路之间的混线而采取的措施。位置法混线防护电路如图 1-14 所示。

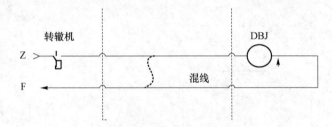

图 1-14　位置法混线防护电路

2. 极性法

极性法是针对室外电路混入电源而采取的措施。极性法混线防护电路如图 1-15 所示。

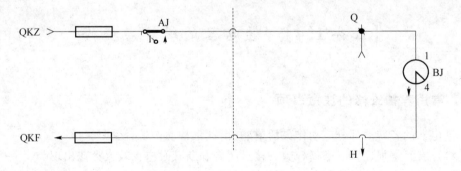

图 1-15　极性法混线防护电路

3. 双断法

双断法即在去线和回线上同时接入控制点,比如同一继电器的不同接点,如图 1-16 所示。

4. 独立电源法

独立电源法,又称为电源隔离法

在混线故障时继电器错误吸起是因为继电器未采用独立电源或多个继电器共用一个电源导致的。若每个继电器都有各自的电源且没有共用回线,这样任何两条线路混线都不会构成错误的闭合回路使继电器错误吸起。因在直流电路中设多个电源很不经济,而交流电源中可

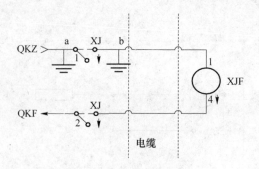

图 1-16 双断法混线防护电路

以方便地利用变压器来进行电源隔离,例如轨道电路、信号点灯电路和道岔表示电路等都采用变压器隔离。如图 1-17 所示的道岔表示电路,其中的 BB 就是专用的隔离变压器。

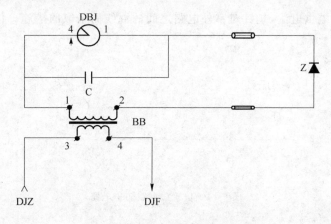

图 1-17 电源隔离法混线防护电路

【任务1.4】 继电器的维护与检修

一、常用养护维修的注意事项

1. 继电器的各转动部分应动作灵活,检查衔铁正常动作是否受阻。
2. 接点有无烧损、腐蚀、磨损现象。接点闭合和断开时应无较大火花出现。
3. 继电器的螺丝、螺钉或其他内部的零部件有无脱落松缓,各零部件应无生锈现象。
4. 插入式继电器的外罩有无破损,印封是否完整。
5. 接点间隙应符合规定要求,接点应同时接触或同时断开。
6. 继电器的端子配线应整齐,接点片之间有无短接的可能。
7. 继电器放置应水平,在易于受震动的地点,如继电器内、变压器箱内应设有防震装置。
8. 以毛刷将继电器内部附着的灰尘清扫干净。
9. 继电器的接点片应保持光洁和不松动。

二、继电器的现场测量和现场检修注意事项

对继电器除了经常的清扫一类的养护维修外,现场对一些动作次数多或重要电路的继电器应重点检查其动作的情况和接点系统外观并定期轮换,送回检修所进行专门的测试和调整。

(一) 对继电器的日常检查测量

现场对继电器的测量主要是继电电路中某个继电器未能正常吸起时,对继电器工作电压的测量,此时应借电对继电器的线圈两侧依次进行判断是缺少正电或负电,还是线圈两侧均有电而继电器不能正常吸起。主要包括:

1. 测量周围空气温度:室内-10~50℃;室外-40~60℃;
2. 测量空气相对湿度:不大于90%(25℃);
3. 测量线圈电压:大于线圈工作值电压,并且不超过额定值范围。

比如在车辆段的信号系统中,需定期测试灯丝继电器和道岔的表示继电器交直流电压,有助于帮助判断继电器并联的阻容元件特性是否变化,影响继电器支持工作。

(二) 对继电器的观察

现场继电器平时应插接牢固、端正,不能轻易碰歪,接点可靠接触,无粘连现象,各防松卡等防松脱措施有效,同一层的继电器应保持在一个水平面上。主要包括:

1. 观察继电器外罩完整、清洁、封闭良好,印封完整;
2. 观察继电器与底座的插接良好,无歪斜,防松卡无松脱(或固定螺丝无松动);
3. 观察接点无熔接、氧化,接点闭合和断开时应无较大火花出现,接点引接线不影响接点动作,无脱落、无腐蚀;
4. 观察衔铁动作灵活、无卡阻,接点在闭合和断开的过程中没有颤动、无接点粘连。

(三) 现场继电器及配线线把等外部清扫检查内容

1. 清扫外部尘土污物;
2. 检查外罩,配线线把无灰尘等脏痕;
3. 检查胶木底座;
4. 更换继电器时检查封印是否完好。

(四) 插入式继电器的插拔方法

1. 拔出继电器时:应左右使力、摇摆继电器,直至拔出继电器;
2. 插入继电器时:应上下使力、摇摆继电器,直至插入继电器。

(五) 现场使用中继电器故障的判断

1. 观察继电器状态,该吸起时未吸起,如测量继电器线圈电压在额定值范围,且线圈串联线良好(国产的安全型继电器),可判断继电器故障。
2. 观察继电器状态,该吸起时未吸起,如测量继电器线圈电压无,拔出继电器,再次测量继电器插座的线圈位置电压,如电压达到额定值范围,可判断是线圈短路。
3. 观察继电器状态,正常时(吸起或落下),接点氧化接触不良、接点接触电阻值大于技术标准($\geqslant 0.1$ 或 $\geqslant 0.15$ Ω),判断为继电器接点故障。
4. 观察继电器状态,动作中如中接点不能接触前、后接点,判断为机械卡阻故障。

(六)组合架配线及端子焊接检查

1. 继电器的端子配线应整齐;
2. 接点片之间无短接;
3. 焊点饱满、圆滑、无脱焊;
4. 严禁使用带有腐蚀性的助焊剂。

三、主要安全因素

1. 继电器电源电压波动;
2. 继电器的插入深度不够或被碰歪;
3. 使用中的继电器的性能状态不良(接点组是否可靠的闭合和断开,闭合时有没有跳动异响,在断开和闭合时产生较大的电弧或者有没有采取灭弧等);
4. 继电器工作的环境不符合要求(如工作场合的温度、灰尘等);
5. 震动导致的继电器与继电器座接触不良;
6. 作为使用中和作为备品的继电器安放不良。

四、防范措施

1. 继电器设置在信号设备房内,有着严格的电源要求,在信号电源中设置了专用的继电器电源模块,大多数经过不间断电源防护。

2. 一般在继电电路中需对继电器采用防松脱措施并注意继电器的插入是否正常,比如插入继电器时应注意其插入深度,观察继电器与底座的接触是否良好并加装继电器防松卡。比如泰雷兹车载 VOBC 要求检查 EB 继电器的固定螺丝是否上紧。做完全部继电器的清洁卫生工作后,要求检查同一组合的继电器是否端正且都在一个水平面上。

3. 加强日常巡视对继电器的观察。在工作次数达到一定数量之后中接点和前后接点都会产生一定的变形,导致接点在闭合与断开时不能达到同时,更有甚者产生大的电弧,恶性循环下加速继电器的损坏。要求平时日常观察中,要留意接点的动作同步,还有接点是否有电烧蚀的现象,对接点变形和烧蚀的继电器定期更换。

4. 保持断电器信号机械室保持良好的工作环境,定期搞好清洁卫生,以免灰尘进入到继电器的接点系统中产生大的电弧。对室内温湿度进行每天的检查,以免温湿度超标。

5. 应该提高巡视中对工作在大电流的继电器的外观检查力度例如重点检查道岔启动电路中的 1DQJ 和 2DQJ。另外在打开或者关闭组合柜后门的时候不能太用力,以免产生大的震动导致继电器的接触不良隐患。

6. 继电器要符合继电器的安放要求。如重力式继电器严禁歪放倒置。注意防潮防尘;绝对避免倒置,影响其衔铁的状态。

五、常见故障分析

目前发生在城市轨道交通信号中较多的主要表现为接点接触不良致使电路不通、继电器因线圈断电、继电器的机械故障和继电器时间特性变化等原因不能正常吸起,导致继电电路的下一步动作不正常,还有现场容易发生的机械故障以及时间特性不满足要求的故障。

（一）断线、脱焊、信号继电器接点、接插件接触不良故障的处理

通常信号继电器接点接触不良会导致继电电路的下一步动作不能正常进行，表现为其他利用该接点作为励磁电路条件的继电器不能正常吸起或继电电路外送电压不能正常送出。需结合继电器电路图，借用正电或负电来查找中断点，查到某一继电器接点的前或后接点有电，而经过中接点后没电，证明该组接点接触不良，需进行更换继电器试验，若更换后故障恢复证明故障原因与该组接点相关，继电器需送回检修分解检查。

（二）因线圈断线导致继电器不能正常吸起故障处理

通常需查看继电电路图后，用万用表在继电器线圈两侧测试有无电压送到。若缺少正电或负电，为电路中某段断线或继电器接点接触不良等原因。若电压已经测到，证明继电器线圈有故障，需要更换继电器试验；若更换后恢复证明该继电器线圈故障。

（三）继电器螺丝松脱、机械故障处理

螺丝松脱、机械故障比较容易识别。发生故障时，通过认真观察继电器就可以发现。若继电器已经发生歪斜，多为螺丝松脱或继电器插入深度不够，在检修或清洁时误碰导致。较容易发生的是继电器的接点组推杆断裂产生卡阻，使电路中使用的接点不能正常接通或切断，导致继电电路的下一步动作不能正常进行。观察到继电器推杆断裂时需及时更换。

（四）继电器时间特性不能满足要求故障处理

继电器时间特性变化主要发生在时间继电器和缓吸、缓放继电器上，处理此类故障通常需结合继电器的时间特性观察其动作时间是否满足要求，达不到要求的予以更换。时间继电器的时间特性不能满足要求时，通常运用在自闭电路中，时间继电器会导致自闭电路因时间继电器的接点断开而达不到自闭作用。

项目二 信号机的维护与检修

【知识目标】
1. 熟悉信号机的结构和机构的组成；
2. 熟悉信号机的颜色显示意义；
3. 熟悉信号机的显示距离和命名要求；
4. 熟悉信号机的设置原则；
5. 熟悉透镜式色灯信号机及LED信号机的特点。

【能力目标】
1. 掌握信号机的安全因素和防范措施；
2. 掌握信号机的维护工具和测试仪表；
3. 掌握信号机的设备调整与维护；
4. 掌握信号机的故障处理；
5. 培养学生作为信号工的职业素养和协作精神。

信号机是用于指挥列车运行的信号设备，信号机显示为开放信号时允许列车通过进路，信号机显示为关闭信号时禁止列车进入进路。除了车辆段和有岔站外，其余地方一般都不设地面信号机，城市轨道交通采用色灯信号机或LED信号机。

【任务2.1】 色灯信号机的概述

色灯信号机以其灯光的颜色、数目和亮灯状态来表示信号。现多采用透镜式色灯信号机，它采用透镜组来将光源发出的光线聚成平行光束，故称为透镜式。它结构简单，安装方便，控制电路所需电缆芯线少，所以得到广泛采用。

一、透镜式色灯信号机

（一）透镜式信号机的结构

透镜式色灯信号机有高柱和矮型两种类型，它们的区别主要在于高柱信号机的机构安装在钢筋混凝土的信号机柱上，而矮型信号机的机构安装在水泥基础上。

高柱透镜式色灯信号机如图2-1所示。它由机柱、机构、托架、梯子等部分组成。机柱用于安装机构和梯子。机构的每个灯位配备有相应的透镜组和单独点亮的灯泡，给出信号显示。托架用来将机构固定在机柱上，每一机构需上、下托架各一个。梯子用于给信号维修人员攀登作业使用。

矮型透镜式色灯信号机如图2-2所示。它用螺栓固定在信号机基础上，没有托架，也不需要梯子。色灯信号机可构成二显示、三显示和单显示信号机。

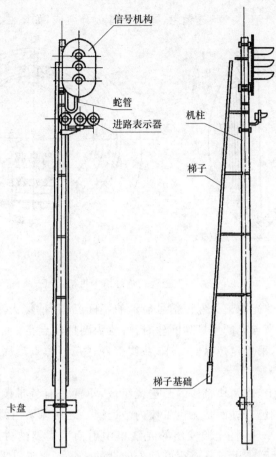

图 2-1　高柱透镜式色灯信号机

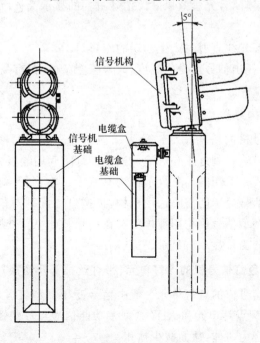

图 2-2　矮型透镜式色灯信号机

(二)透镜式信号机的机构

机构的每个灯位由灯泡、灯座、透镜组、遮檐及背板等组成,如图2-3所示。

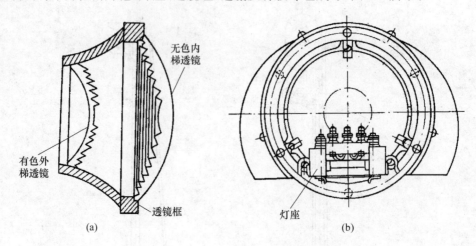

图2-3 透镜式色灯信号机构

灯泡是色灯信号机的光源。为保证信号显示的不间断,目前绝大多数信号机均采用直丝双丝铁路信号灯泡。即当点亮的主灯丝断丝时,可改为副灯丝点亮。

灯座用来安放灯泡,采用定焦盘式灯座,在调整好透镜组焦点后固定灯座,更换灯泡时无须再调整。

透镜组装在镜架框上,由两块带棱的凸透镜组成,里面是有色带棱外凸透镜(可有红、黄、绿、蓝、月白、无色六种颜色),外面是无色带棱内凸透镜。之所以采用两块透镜组成光学系统,是利用光的折射和反射原理,将光源发出的光线集中射向所需要的方向,即增加该方向的光强。这样,就能满足显示距离远且具有很好的方向性的要求。之所以采用带棱型(梯形)透镜,是因为它比不带棱的透镜轻,且光学效果好。信号机构的显示颜色取决于有色透镜,可根据需要选用。

遮檐用来防止阳光等光线直射时产生错误的幻影显示。

背板是黑色的,可衬托出信号灯光的亮度,改善瞭望条件,只有高柱信号机才有背板,一般信号机采用圆形背板。

(三)透镜式信号机构分类

高柱透镜式色灯信号机的机构按结构分为二显示和三显示两种。二显示机构有两个灯室,每个灯室内有一组透镜、一副灯座和灯泡及遮檐。灯室间用隔板分开,以防止相互串光,保证信号的正确显示。背板是共用的。三显示机构有三个灯室,每个灯室内的设备同二显示灯室。各种信号机可根据信号显示的需要选用机构,再按灯光配列对信号灯位颜色的规定安装各灯座的有色内透镜。矮型信号机构用螺栓固定在信号基础上。其机构基本上与高柱信号机相同,只是没有背板,也分为单显示二显示、三显示两种。

(四)白炽灯透镜式色灯信号机的点灯单元(带灯丝报警及切换)

白炽灯透镜式色灯信号机的点灯单元一般由信号变压器和灯丝转换继电器组成,目前地铁使用的主要有DDXL型点灯单元和XDZ-B型多功能信号点灯装置两种。这两种点灯单元都将点灯和灯丝转换结合为一体,从而减少体积。

1. DDXL 型点灯单元

DDXL 型插接式防雷信号点灯转换单元的点灯变压器采用带防雷装置的 BX2-34 信号变压器,灯丝继电器采用 JZSJC 型继电器。DDXL 的定义为:D(单元)、D(点灯)、X(信号)、L(防雷)。

(1) DDXL 型点灯单元工作原理

图 2-4 为 DDXL 型点灯单元原理图,来自信号设备房的 220 V 电源从变压器 T1 的 1、2 端子输入后,经变压器 T1 后分五路输出,可以通过调整变压器 T1 次级的不同端子为主副电路提供不同的电压。刚接通电路时,主副电路会有瞬间同时点灯的过程,但随着主灯电路中的 JZSJC 型继电器得电,其第一组后接点(接在副灯回路)断开,从而切断副灯电路,使副灯丝熄灭。当主灯丝断丝灭灯时,主灯回路中的 JZSJC 型继电器失电落下,其第一组后接点(接在副灯回路)闭合,从而接通副灯电路,使副灯丝点亮并通过 BD 表示灯给出表示。同时,JZSJC 型继电器的第二组前接点也断开,通过 4、6 端子给出主灯丝报警信息。

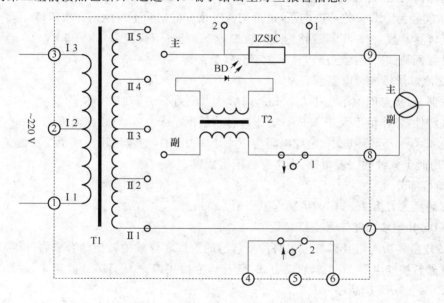

图 2-4 DDXL 型点灯单元原理图

(2) DDXL 型点灯单元功能和特点

本单元由变压器、继电器、九位插接件三大部分组成,其中变压器端子板上装有表示灯,配线简单,施工方便。

在正常情况下点亮主灯丝,当主灯丝断路时,通过灯丝转换继电器 JZSJC 的后节点闭合点亮副灯丝,同时端子板上的表示灯被点亮。如果要检查主、副灯丝转换功能时,可用任何导体将表示灯下边 1、2 两个螺钉短路,则 JZSJC 继电器线圈被短路而落下,点亮表示灯,则表示副灯丝回路及继电器转换功能良好。

(3) DDXL 型点灯单元技术参数

1) 变压器部分

变压器空载及负载特性:当初级 I1~I3 接交流电压 220 V 时,次级空载电压误差不大于额定电压值的 +5%,变压器在满载时其次级电压不小于额定电压值的 85%。变压器主要参数如表 2-1 所示。

表 2-1　DDXL 型点灯单元变压器主要参数

容量(VA)	初级		次级	
	额定电压/V	空载电流/A	额定电压/V	满载电流/A
34	220	<0.011	12.5/13.5/15/16.5	2.1

绝缘电阻:在正常的试验大气条件下,变压器各绕组之间及各绕组对铁芯之间,初级绕组对屏蔽层间的绝缘电阻应不小于 1 000 MΩ,次级绕组对屏蔽层间的绝缘电阻应不小于 600 MΩ。

绝缘耐压:在正常的试验条件下,变压器的初级绕组与次级绕组、初级绕组与屏蔽层间,应能承受交流 50 Hz 有效值 3 000 V 的试验电压,历时 1 s 应无击穿或闪络,次级绕组与屏蔽层间应能承受交流 50 Hz 有效电压值为 2 000 V 的试验电压,历时 1 s 应无击穿或闪络现象。

雷电冲击耐压:初、次级绕组对铁芯,初、次级绕组之间,施加电压波形为 1.2/50 μs,幅值为 15 kV,间隔为 1 分钟的冲击电压,进行正负极性 5 次试验不发生击穿或闪络。

电压转移系数:在变压器线路侧施加波形为 1.2/50 μs,幅值为 1 kV、5 kV、10 kV 各一次,变压器设备侧测试所得的电压转移系数符合铁道部标准。

2) 交流灯丝转换继电器部分

机械部分:接点间隙不小于 0.8 mm,前后接点压力不小于 150 mN

电气特性:工作值不大于 1.5 A(交流),释放值不小于 0.35 A。在温度为 +15~35 ℃、相对湿度为 45%~75% 环境中,绝缘电阻应不小于 100 MΩ,绝缘耐压应能承受交流正弦 50 Hz 1 500 V,历时 1 分钟的试验电压,无击穿或闪络现象。

3) 插接部分

单片的插入力为 2~11 N,接触电阻小于 0.03 Ω。

2. XDZ-B 型多功能信号点灯装置

XDZ-B 型多功能信号点灯装置将信号灯泡的点灯和灯丝的转换结合成为一体,取代了变压器和灯丝转换继电器,采用软启动方式,延长灯泡使用寿命。XDZ-B 的定义为:X(信号)、D(点灯)、Z(装置)、B(产品序号)。

(1) XDZ-B 型点灯装置工作原理

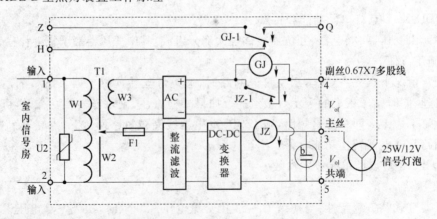

图 2-5　XDZ-B 型点灯装置原理图

图 2-5 为 XDZ-B 型点灯装置原理图,来自信号设备房的电源由"输入"端输入变压器 T1

后分两路,主路以自耦合方式由绕组 W2 提供交流 DC-DC 变换器,转为直流供主灯丝点灯。DC-DC 变换器输出的直流电压 Voz 具有稳压和软启动功能。由于主灯丝点亮时,副灯丝虽不工作,但仍在点亮主灯丝的高温烘烤下氧化严重。所以,从可靠性出发,副路以变压器降压方式由绕组 W3 提供交流,经桥式整流器整流为全波直流电压 Vof,供副灯丝点灯,此副灯丝电压较低且没有经过任何处理。副灯丝为全波整流电压,在纯正弦波下其有效值为平均值(数字表直流挡测值)的 1.11 倍,考虑到波形等因素,为方便起见,实际副灯丝电压可由表测值加 1.0 V 计算。

主灯丝电路中的灯丝转换继电器 JZ 为电流型继电器,与主灯丝串联,主灯丝断丝时失电,其后接点 JZ-1 闭合接通副灯丝电路,完成灯丝转换。副灯丝电路中的告警继电器 JG 为电压型继电器,与副灯丝串联,副灯丝断丝时失电,由此提供副灯丝断丝告警。如上所述,在副灯丝完好仅主灯丝断丝时,灯丝转换继电器 JZ 失电,通过 JZ-1 闭合完成灯丝转换,同时短路了告警继电器 JG 使之失电,所以主灯丝与副灯丝两者任一断丝,JG 都及时失电告警。JG 的一组接点组被引接在单元的三个接线柱上,用于组成断丝报警,为区别起见,告警端子比其他端子短 5 mm 以示区别。

如果共端断路时,信号机灭灯。由于此时 V_{of} 与 V_{ol} 方向相反,使 JZ、JG 以及信号设备房内的灯丝继电器均落下,故障导向安全。

XDZ-B 型多功能信号点灯装置结构如图 2-6 所示。

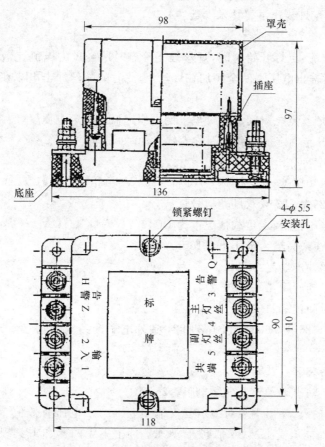

图 2-6 XDZ-B 型多功能信号点灯装置结构图

XDZ-B 型多功能信号点灯装置其端子编号排列如下：

1 号端子为输入 1　　　　　5 号端子为共端
2 号端子为输入 2　　　　　Z 号端子为告警 Z(中接点)
3 号端子为主灯丝　　　　　H 号端子为告警 H(下接点)
4 号端子为副灯丝　　　　　Q 号端子为告警 Q(上接点)

(2) XDZ-B 型点灯装置功能和特点

1) 把点灯与灯丝转换结合在一起的一体化结构,配线简单,施工方便。

2) 采用插入式安装方式,便于检修和更换,并且不需要现场调整。

3) 采用新型高集成化开关稳压电源作为点灯电源,该电源具有许多线性电路无法比拟的优点,体积小、重量轻、稳压范围宽,同时设计中考虑了电源初次级之间的隔离,确保用户的安全。

4) 电路中具有软启动功能,当主灯丝和副灯丝刚点亮时,使冷丝冲击电流限制在 6 A 以下,从而大大延长了灯丝的寿命。

5) 具有主、副灯丝断丝告警接口,点灯装置增设了副灯丝断丝监测,当主灯丝完好,而副灯丝断丝时,点灯装置也能发出告警,因此,不论主灯丝或副灯丝两者任一断丝都能及时发出告警。

6) 增设了防浪涌的保护功能。

(3) XDZ-B 型点灯装置主要技术参数

定义:

1) 冷丝冲击电流:点灯开始瞬间,灯丝处于冷态时所经过的电流。信号机灯丝冷态电阻约 0.5 Ω,如开启时输出电压瞬间全额加在灯丝上,此时的冷丝冲击电流在 10 A 以上,影响灯丝寿命。

2) 软启动:在灯丝点亮瞬间加在灯丝上的电压远低于额定电压(本装置仅为 3 V),然后经过 0.05～0.2 s 上升至额定值。此时间称为软启动时间。

主要技术参数:

① 工作电压:220 V (+15%/20%)(176～253 V)单相交流 50 Hz。

② 额定负载:25 W/12 V 双灯丝信号灯泡。

③ 灯丝输出电压:在额定负载情况下为 DC10.7 V～DC11.9 V。

④ 空载电流:在最高输入电压下≤16 mA。

⑤ 主灯丝冷丝冲击电流:≤6 A。

⑥ 主灯丝软启动时间:0.05～0.2 s。

⑦ 灯丝转换时间:<0.1 s。

⑧ 环境温度:-25～+60℃(TB1433-821 室外电子产品规定)。生产时按-40～+85℃考核。

⑨ 相对湿度:<90%(25℃)。

⑩ 电阻:输入、输出端子对地的缘电阻≥25 MΩ。

⑪ 绝缘耐压:输入、输出端子对地承受交流正弦 50 Hz 电压有效值 1 000 V 历时 1 min。输入、输出端子对地能承受 1.2/50 ηs 波形 10 kV 冲击下无闪落和击穿现象。输入端子间能承受 1.2/50 ηs 波形 3 kV 冲击下无闪落和击穿现象。

二、LED 式色灯信号机

(一) LED 色灯信号机的结构

LED 色灯信号机有两灯位、三灯位和四灯位三种,主要由点灯变压器、超高亮度发光二极管矩阵(发光盘)、光学透镜、固定框架等组成。

LED 色灯信号机的点灯变压器和发光盘,因 LED 发光管是低能低耗的高效发光器材,在满足相关光学指标的前提下,LED 信号光源的功率不足 25 W 双灯丝灯泡的四分之一,仅 6 W 左右,如果直接采用交流 220 V 向点灯变压器和发光盘供电,则会造成电灯回路中的电流过小而无法让灯丝继电器工作,所以,供电电路一般会采用低压供电方式,即将信号点灯电源由交流 220 V 降为 110 V 向点灯变压器和发光盘供电。

(二) LED 色灯信号机的主要特点

1. 寿命长。发光二极管理论寿命超过 100 000 h,是信号灯泡的 100 倍,可免除经常更换灯泡的麻烦,且有利于实现免维修,降低运营成本。
2. 可靠性高。发光盘是用上百只发光二极管和数十条支路并联工作的,在使用中即使个别发光二极管或支路发生故障也不会影响信号的正常显示,提高了信号显示的可靠性。
3. 节省能源。单灯 LED 光源功率小于 8 W,不到传统 25 W 信号灯泡的三分之一。
4. 聚焦稳定。发光盘的聚焦状态在产品设计与生产中已经确定,并能始终保持良好的聚焦状态,现场安装与使用时不再需调整。
5. 显示效果好。发光盘除有轴向主光束外,还有多条副光束,有利于增强主光束散角之外以及近光显示效果。
6. 无冲击电流,有利于延长供电装置的使用寿命。点灯时没有类似传统 25 W 信号灯泡冷丝状态的冲击电流,有利于延长供电装置的使用寿命,并减少对环境的电磁污染。

(三) LED 色灯信号机主要技术参数

1. LED 发光管额定工作电流:20 mA。
2. 光源额定输入电流:160 mA。
3. 光源额定输入电压:DC39.5 V。
4. 光源额定功率:<8 W。
5. 光源供电电源调压范围:AC:43~52 V。
6. 电快速瞬变脉冲群抗扰:3 级。
7. 静电放电抗扰度:3 级。
8. 光源发光强度符合:TB/T2353-93。
9. 光谱符合:TB2081-89 铁路灯光信号颜色。
10. 环境温度:-40~+70℃。
11. 相对湿度:<90%(25℃)。

三、信号机显示颜色的含义

地铁信号机显示采用的颜色主要有:红色、绿色、黄色、蓝色和白色等,根据不同的颜色显示可以表示不同的行车信息,用于指挥列车的运行。

红色——代表停车信号,列车必须在信号机前停车。

绿色——代表列车可以通过信号机,且进路中的所有道岔开通直股(只用于正线显示,车辆段一般不设绿色显示)。

黄色——代表列车可以通过信号机,且进路中的道岔至少有一组开通弯股(用于正线显示),用于车辆段显示时,只代表列车可以通过信号机,不含道岔开通情况。

蓝色——代表禁止调车信号(用于车辆段显示),列车必须在信号机前停车。

白色——代表允许调车信号(只用于车辆段),列车可以通过信号机进行调车作业。

另外,还有一种组合显示,红色+黄色的显示,代表引导信号,列车可以按照 25 km/h 的速度通过信号机。

但如果信号系统为移动闭塞系统时,可以使用蓝色显示或灭灯信号来代表自动列车信号。此时,自动列车可以凭机车信号通过显示为蓝色或灭灯的信号机,而非自动列车必须在此显示的信号机前停车。

四、信号机显示的距离要求

信号机的显示均应使其达到最远,即使是在曲线上的信号机,也应使接近的列车尽量不间断地看到显示,信号机的显示距离应满足以下要求:

(一)正线上各类信号机的显示距离原则上不得小于 300 m;

(二)车辆段各类信号机的显示距离原则上不得小于 200 m;

(三)不满足显示距离要求的小半径曲线区段的信号机应使其达到最远显示距离;

(四)最小显示距离计算方法:从最大行车速度开始减速直到列车停下所行驶的距离再加上约 50 m 的人和系统反应时间内列车行驶距离,计算中使用的加速度为 -1 m/s^2。

五、信号机的设置原则

目前城市轨道交通中使用的信号机一般为固定的色灯信号机。对于固定的色灯信号机在地铁正线上的设置主要遵循以下原则:

(一)在每一站台的正常运行方向都应设置出站信号机;

(二)在道岔前都应设置道岔防护信号机;

(三)在防淹门前都应设置防淹门防护信号机;

(四)在线路的尽头都应设置尽头信号机;

(五)对于反向进路,始终端信号机之间的距离尽量控制在两个区间以内;

(六)信号机应设在列车运行方向的右侧,特殊情况可设于列车运行方向的左侧或其他位置;

(七)一般采用三灯位四显示信号机,只在尽头型线路采用两灯位两显示信号机。

六、信号机的命名规则

(一)城市轨道交通正线上的信号机的命名原则

信号机的编号共有五位,第一位为字母(S 和 X),后四位为数字。第一位字母为 S 和 X,S 代表上行方向,X 代表下行方向。第二、三位为数字,代表车站编号,如 01 代表第 1 个车站,16 代表第 16 个车站。第四、五位为数字,代表设备编号,单数为站台上行区域设备,双数为站台下行区域设备,按照列车到达方向顺序从小到大的顺序进行编号,距离站台最远的设备编号为第一个,如 01 代表为站台上行区域设备且离站台最远,如 02 代表为站台下行区域设备且离站台最远。

例如:信号机编号 X0603 代表的信号机是第六个车站上行区域的第二个信号机,方向为下行方向。

(二) 城市轨道交通车辆段内的信号机的命名原则

信号机的编号共有二至三位,第一位为字母(D、S 和 X),后一至二位为数字或字母。第一位字母为 D、S 和 X,代表调车和列车信号机,D 代表调车信号机,S 代表上行方向的列车信号机,X 代表下行方向的列车信号机。第二或二、三位为数字或字母,代表设备编号,如果第一位为字母 D(调车信号机)且第二或二、三位为数字,则单数为停车库上行咽喉区域设备,双数为停车库下行咽喉区域设备,按照列车到达方向顺序从小到大的顺序进行编号,距离停车库最远的设备编号为第一个。如 1 代表为停车库上行咽喉区域设备且距离停车库最远,如 2 代表为停车库下行咽喉区域设备且离站台最远。如果第一位为字母 D(调车信号机)且第二或二、三位为字母或数字和字母,则第二或二、三位是按实际的停车库股道号来命名,如停车库第一 C 股道调车信号机的编号为 D1C。如果第一位为字母 S 或 X(列车信号机),则第二或二、三位是按实际的停车库股道号来命名,如停车库第一股道列车信号机的编号为 S1 或 X1。

例如:信号机编号 D11 代表的信号机是停车库上行咽喉区域的第六个调车信号机,信号机编号 S11 代表的信号机是停车库第十一股道上行方向的发车列车信号机。

七、信号机的分类

信号机从用途上分,在正线上可以分为出站信号机、道岔防护信号机、防淹门防护信号机和尽头信号机四种,在车辆段可以分为列车信号机、调车信号机两种。

信号机从结构上分,可以分为两灯位结构、三灯位结构和四灯位结构信号机三种。其中,在正线上基本是采用三灯位结构的信号机,只在尽头型线路采用两灯位结构的信号机,但在移动闭塞系统也有采用四灯位结构的。而在车辆段,列车信号机采用三灯位结构的信号机,调车信号机采用两灯位结构的信号机。

【任务 2.2】 信号机的维护与检修

一、信号机的主要操作

信号机的主要操作是机构的安装,必须按照以下要求进行信号机机构的安装。
(一) 机构安装直立牢固。
(二) 机构没有侵入限界。

二、信号机设备的调整

信号机设备的调整主要有电气参数和灯光显示调整。电气参数的调整主要是对点灯电压的调整、灯端电压的调整、报警参数的调整等,不同的设备会有不同的调整方法,具体的调整方法可以参考设备的使用手册。灯光显示调整主要是通过对灯座位置的前后和高低来进行聚焦调整,使灯泡的主灯丝位于透镜组的焦点上,以获得最佳显示距离和效果,同时也可以对机体与底座的安装角度进行纵向和横向的调整。一般机体仰角为5°时,能达到最佳显示距离和效果。

三、信号机的维修技能

信号机的维修技能主要有以下内容:
1. 结构外观检查;
2. 检修各部位螺栓、螺丝,注油;
3. 透镜清扫、检查;
4. 机构、箱盒内部清扫、检查;
5. 电器部分检查;
6. 电气测试;
7. 防水、防潮和防尘措施检查;
8. 测量并调整灯光显示距离;
9. 灯丝报警功能测试;
10. 机构、箱盒整治检查;
11. 设备除锈、油饰;
12. 配线、引入线、接地线检查;
13. 设备整治;
14. 更换配线;
15. 重做配线端子;
16. 测电缆线间绝缘电阻;
17. 根据评估结果,更换整组信号机(包括机柱、梯子和基础)。

在信号机设备使用维护过程中都有一些容易影响设备和人身安全的因素需要特别注意,对于这些安全因素应该有相应的防范措施。

四、信号机的主要安全因素

(一) 设备安全因素

1. 室内外显示一致性;
2. 显示距离;
3. 安装位置及状态;
4. 设备性能及状态;
5. 操作不当。

(二) 人员安全因素

1. 列车进入;
2. 高空坠落;
3. 工具、材料坠落;
4. 人员触电;

5. 其他设备伤人；
6. 操作不当。

五、信号机的主要防范措施

(一) 设备安全防范措施

1. 检查室内外显示一致性，保证室内外显示必须一致；
2. 检查显示距离，保证显示距离满足要求；
3. 检查机构安装位置及状态，保证机构正直牢固，没有侵入限界及被其他物品遮挡；
4. 检查灯丝转换和报警功能，保证灯丝转换和发出报警及时；
5. 检查机构门密封良好，防止设备进尘进水；
6. 检查机构门及门锁油润情况，防止生锈，开启不灵活；
7. 检查机构的灯室隔板良好完整，保证没有造成窜光；
8. 检查透镜清洁良好，保证显示清晰；
9. 检查变压器及电缆绝缘良好，保证不会因变压器及电缆绝缘不良造成设备短路；
10. 检查检修工具、仪表绝缘良好，保证不会因工具、仪表绝缘不良造成设备短路；
11. 严格按照操作规程进行操作，防止操作不当造成设备损坏。

(二) 人员安全防范措施

1. 严格按要求办理请点封锁手续，待请好点封锁好作业区后再进入作业区进行作业，并加强与室内联系，防止列车进入；
2. 严格按要求正确使用劳保防护用品(手套、劳保鞋、荧光衣等)，保护人身安全；
3. 检查检修工具、仪表、设备绝缘性能良好，防止人员触电；
4. 登上梯子架进行检修作业，应正确使用安全带，防止高空坠下；
5. 梯子架上、下不同时进行作业，防止高空坠物伤人；
6. 不从梯子架上下抛递工具、材料，防止高空坠物伤人；
7. 不将工具、材料放在信号机上，防止高空坠物伤人；
8. 在线路上行走，注意道岔转换及地面状况，防止道岔转换夹脚及摔倒；
9. 严格按照操作规程进行操作，防止操作不当造成人员伤亡。

六、信号机维护的工具

信号机维护使用的工器具主要有一字螺丝刀、十字螺丝刀、套筒拧子、尖嘴钳、兆欧表、万用表、150 mm扳手、扁嘴钳等。

七、信号机断主灯丝故障的处理程序

信号机断主灯丝的故障处理流程如图2-7所示。
1. 确认哪个灯丝断主灯丝；
2. 如全部灯位断主灯丝，则检查灯丝报警电路中的保险；
3. 如保险断，更换主灯丝报警电路中的保险；
4. 如保险没断，检查主灯丝报警继电器、报警电路及电源；

5. 如果只有一个灯位故障,检查相应的信号灯;
6. 如断主灯丝,更换信号灯;
7. 如不断主灯丝,检查报警电路中相应信号机的分支电路。

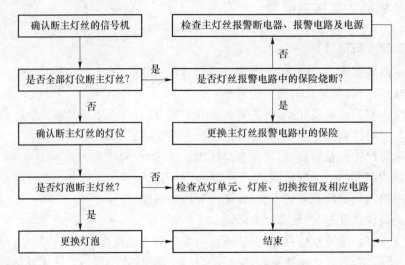

图 2-7　信号机断主灯丝故障处理流程图

八、信号机灭灯故障的处理程序

(一) 全部信号机灭灯

全部信号机灭灯故障处理流程如图 2-8 所示。
如果全部信号机灭灯,则:
1. 检查信号机总供电电路中的保险及电源;
2. 如保险断,更换信号机总供电电路中的保险;
3. 如电源问题,查找上一级供电电路。

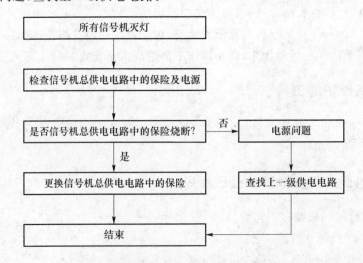

图 2-8　全部信号机灭灯故障处理流程图

(二）单架信号机灭灯

单架信号机灭灯故障处理流程如图2-9所示。

如果所有灯位灭灯,则:

1. 检查该信号机供电电路中的保险及电源;
2. 如保险断,更换信号机供电电路中的保险;
3. 如电源问题,查找上一级供电电路。

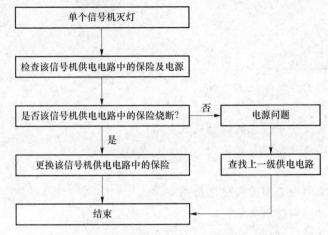

图2-9　单架信号机灭灯故障处理流程图

(三）单个灯位灭灯

单个灯位灭灯故障处理流程如图2-10所示。

1. 确认哪个灯位灭灯
2. 检查该灯位相应的点灯电路,检查项目有:

（1）点灯电源

（2）保险

（3）灯泡

（4）点灯模块

（5）灯座

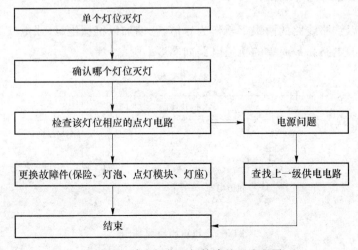

图2-10　单个灯位灭灯故障处理流程图

项目三　轨道电路及计轴设备的调整与维护

【知识目标】
1. 熟悉轨道电路的作用和工作原理；
2. 熟悉轨道电路的分类和技术参数；
3. 熟悉计轴设备的作用及工作原理；
4. 熟悉城市轨道交通中常见的几种轨道电路；
5. 熟悉轨道电路与计轴设备的区别。

【能力目标】
1. 掌握轨道电路的安全因素和防范措施；
2. 掌握轨道电路的调整与安装；
3. 掌握计轴设备的检测；
4. 掌握常用轨道电路的故障处理；
5. 培养学生作为信号工的职业素养和协作精神。

检测轨道空闲的设备一般有轨道电路设备和计轴设备两种，主要作用是监测轨道区段是否被列车占用，并输出信号给其他信号设备使用。

【任务3.1】　轨道电路的概述

一、轨道电路的基本原理

轨道电路是以铁路线路的两根钢轨作为导体，两端加以机械绝缘（或电气绝缘），接上送电和受电设备构成的电路。最简单的轨道电路如图3-1所示。

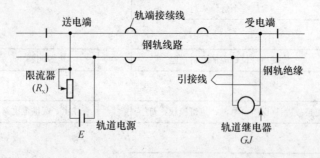

图 3-1　轨道电路原理图

轨道电路的送电设备在送电端,一般由轨道电源和限流电阻组成。限流电阻的作用是保护电源不致因过负荷而损坏,同时保证列车占用轨道电路时,轨道继电器可靠落下。

接收设备在受电端,采用继电器,称为轨道继电器,由它来接收轨道电路的信号电流。通过轨道继电器的动作来判断轨道区段是否有车。

送电和受电设备一般放在轨旁的变压器箱或电缆盒内,轨道继电器设在室内。送、受电设备由引接线直接接向钢轨或通过电缆过轨后由引接线接向钢轨。

钢轨是轨道电路的导体,为减小钢轨接头的接触电阻,增设了轨端接续线。

钢轨绝缘是为分隔相邻轨道电路而装设的。

两绝缘节之间的钢轨线路,称为轨道电路的长度。

当轨道区段内钢轨完整,且未被列车或车辆占用时,即空闲时,交流 220 V 轨道电源由电源变压器降压,经限流器和引接线,送到送电端的钢轨上。由于钢轨上无车,电流沿着钢轨线路流向受电端。受电端钢轨的电流经引接线送至升压变压器,升压变压器的输出电压经电缆线路加到设在信号楼机械室的轨道继电器(GJ)线圈上,使轨道继电器励磁吸起,利用其前接点闭合条件,表示(反映)轨道区段空闲。如图 3-2(a)所示。

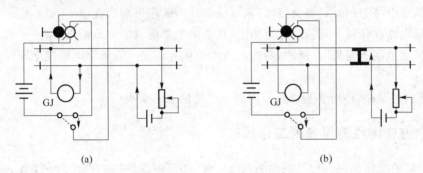

图 3-2　轨道电路基本原理图

当轨道区段有列车或车辆时,即占用时,如图 3-2(b)所示,由于列车的车轮轮对横跨在钢轨上,轮对的电阻比轨道继电器(GJ)线圈的电阻小得多,送电端送出的轨道电流绝大部分被轮对分路,致使轨道继电器因得不到足够的电流而失磁落下。利用其后接点闭合的条件,接通轨道区段红灯表示电路(红光带),表示这个轨道区段已被车占用。

二、轨道电路的作用

轨道电路的作用有两个。

(1) 监督列车的占用情况,反映轨道区段是否空闲,利用轨道电路监督列车在区间或列车和调车车列在站内的占用情况。由轨道电路反映该线段是否空闲,为开放信号、建立进路或构成闭塞提供依据,还利用轨道电路的被占用关闭信号,把信号显示与轨道电路是否被占用结合起来。

(2) 传递行车信息,为列车运行自动控制系统提供控制列车运行所需要的前行列车位置、运行前方信号机状态和线路条件等有关信息,从而决定该列车的目标速度,控制列车在当前运行速度下是否减速或停车。对于 ATC 系统来说,带有编码信息的轨道电路是其车和地之间传输信息的通道之一。

三、轨道电路的分类

轨道电路种类繁多,有多种分类方法。
1. 按电源可分为直流和交流轨道电路;
2. 按分割方式可分为有绝缘和无绝缘轨道电路;
3. 按工作方式可以分为非安全的开路式和安全的闭路式轨道电路;
4. 按有无道岔分类可分为有岔轨道区段和无岔轨道区段;
5. 按钢轨传输方式可分为单轨条轨道电路和双轨条轨道电路;
6. 按适用区域可分为电气化区段轨道电路和非电气化区段轨道电路;
7. 按照所传递信号又可分为模拟轨道电路和数字轨道电路。

四、轨道电路的基本要求

由于轨道电路直接关系到行车安全和行车效率,因此要求:
1. 当轨道电路空闲且设备良好时,轨道继电器衔铁应可靠吸起;
2. 轨道电路在任何一点被列车占用时,轨道继电器应立即释放衔铁;
3. 当轨道电路不完整时(断轨、断线或绝缘破损等情况),轨道继电器应立即释放衔铁,关闭信号。

对某些轨道电路,还应实现由轨道向列车传递信息的要求。

五、轨道空闲检测设备的工作状态

轨道电路的工作状态一般可归纳为以下三种,轨道电路在这三种状态下工作,主要会受三个变量参数影响:轨道电路的道砟电阻,钢轨阻抗、电源电压。

1. 调整状态:或称为正常工作状态,即在轨道电路空闲,设备完好的状态。此时,轨道继电器衔铁应当可靠地吸起。调整状态最不利条件为:接收设备获得电流最小、钢轨阻抗模值最大、道砟电阻最小、电源电压最低。

2. 分路状态:即轨道电路在任一点被列车占有的状态。此时,轨道继电器衔铁应当可靠地落下。分路状态最不利条件为:道砟电阻最大(一般可视为无穷大)、钢轨阻抗模值最小、电源电压最高。

3. 断轨状态:即轨道电路的钢轨在某处断开时的状态。此时,轨道继电器衔铁应当可靠地落下。断轨状态最不利条件为:接收设备获得电流最大、钢轨阻抗模值最小、电源电压最高,此外,断轨点的道砟电阻也会对其影响。

六、轨道电路的基本参数

轨道电路的基本参数是指其一次参数和二次参数。

1. 轨道电路的一次参数

轨道电路是通过钢轨传输电流的,钢轨铺设在轨枕上,轨枕置于道砟中,所以轨道电路是具有低绝缘电阻的电气回路。钢轨阻抗 Z(钢轨电阻 R 和钢轨电抗 ωL 的向量和)和漏泄导纳 Y(漏泄电导 G 和漏泄容抗 $1/\omega C$ 的向量和)是轨道电路固有的电气参数。

(1) 道砟电阻

作为传输线的两条钢轨是直接铺设在枕木和道砟上,两条钢轨之间的绝缘不像两条架空线之间那样好。因此,当电流流过钢轨时,在两条钢轨之间就会有无数个漏电流,沿着分布在轨枕和道砟中的无数个路径,从一条钢轨流向另一条钢轨,使钢轨电流由送电端到受电端越漏越少。这些漏电流通过的道砟路径所呈现的电阻,就叫道砟电阻,也称漏泄电阻。

道砟电阻在轨道电路区段内是并联起来的,所以轨道电路越长,道砟电阻越小,电流的损失越严重。此外,道床的类型、道砟的厚度和清洁程度、轨枕的材质和数量、天气的温度和湿度、道口的数量等因素也直接影响道砟电阻值的大小。

为了防止轨道电路的电流由送电端到受电端漏泄过多,我国对道砟电阻规定了最小值

(2) 钢轨阻抗

每公里两根钢轨(回路)的阻抗,称为单位钢轨阻抗,简称钢轨阻抗,用 Z 表示,单位是 Ω/km。钢轨阻抗是对交流轨道电路而言,对直流轨道电路,钢轨阻抗就是纯电阻,就是钢轨电阻。

钢轨阻抗由轨条阻抗和两根轨条连接处的接头阻抗串联而成。接头阻抗是由接头夹板的阻抗(包括夹板和钢轨的接触电阻)和接续线的阻抗(包括塞钉和钢轨的接触电阻)并联而成。夹板阻抗取决于夹板与钢轨的接触面的大小、清洁程度和接触压力,其值的变化范围大,可以由很小很小的电抗值变化到无穷大,因此对钢轨阻抗的影响很大。钢轨接续线阻抗值较小,特别是变化量小,能保证钢轨阻抗值相对地稳定。

钢轨阻抗在轨道电路区段内是串联起来的,轨道电路越长,钢轨总阻抗越大,压降越严重。

2. 轨道电路的二次参数

轨道电路的二次参数包括特性阻抗 Z_C 与传输常数 ν,它们是一次参数——钢轨阻抗 Z 和道砟电阻 r_d 的函数,所以称为二次参数。

轨道电路的钢轨阻抗和道砟电阻是均匀分布的,属于均匀分布参数传输线,可以用分布参数传输线的基本方程式来反映轨道电路送、受电端的电压、电流的关系。

$$\begin{cases} \dot{U}_s = \dot{U}_z = ch\dot{\gamma}l + \dot{I}_z \dot{Z}_c sh\dot{\gamma}l \\ \dot{I}_s = \dfrac{\dot{U}_z}{\dot{I}_c} sh\dot{\gamma}l + \dot{I}_z ch\dot{\gamma}l \end{cases}$$

上面方程式中:

$\dot{U}_s$——轨道电路始端(送电端)电压;

$\dot{I}_s$——轨道电路始端(送电端)电流;

$\dot{U}_z$——轨道电路终端(受电端)电压;

$\dot{I}_z$——轨道电路终端(受电端)电流;

$\dot{Z}_c$——轨道电路的特性阻抗;

$\dot{\gamma}$——轨道电路的传输常数;

l——轨道电路长度。

特性阻抗:

$$\dot{Z}_C = \left| \sqrt{Z \cdot \gamma_d} \right| e^{j\varphi_z/2} (\Omega)$$

式中：Z——单位钢轨阻抗值（Ω/km）；
γ_d——单位道砟电阻（$\Omega \cdot$km）；
φ_z——钢轨阻抗的幅角（rad）。

对交流轨道电路来说，传输常数 $\gamma=\beta+\mathrm{j}\alpha$ 是复数。β 为轨道电路的衰耗常数，它反映了轨道电路电压、电流每千米的衰耗程度，单位为 1/km。α 为轨道电路的相移常数，它反映了轨道电路电压、电流每千米的相移情况，单位为 rad/km。

$$\dot{\gamma}=\left|\frac{Z}{\gamma_d}\right|e^{\mathrm{j}\varphi_z/2}\ (1/\mathrm{km})$$

对于直流轨道电路来说，$\alpha=l,\gamma=\beta=\sqrt{\dfrac{Z}{\gamma_d}}$。

在测算轨道电路一次参数时，通常的方法是从轨道电路始、终端电压、电流的关系中，先求出二次参数，再根据二次参数求得一次参数。

七、轨道电路的一些专业术语

1. 列车分路电阻。列车占用轨道电路时，轮对跨在轨道电路的两根钢轨间，这个跨在轨道上的轮对电阻，称为列车分路电阻。这个电阻由轮轴电阻和轮缘与钢轨轨面的接触电阻构成。由于轮轴电阻比轮缘与钢轨接触电阻小得多，轮轴电阻可以忽略不计，所以列车分路电阻实际上是轮缘与钢轨的接触电阻。列车分路电阻与轨道上分路车轴数、车辆载重情况及运行速度、轮缘装配质量和磨耗程度、轨面的洁净程度、是否生锈、有无撒砂、油污及其他化学绝缘层等因素有关。

2. 分路灵敏度。列车分路电阻越小，越容易使轨道继电器释放；列车分路电阻越大，越不容易使轨道继电器释放。能够使轨道继电器释放的最大分路电阻值称为轨道电路的分路灵敏度。这个数值越大，表示轨道电路越灵敏。为了保证轨道电路可靠工作，我国规定：交流连续式及断续供电式轨道电路的分路灵敏度不得小于 0.06 Ω；驼峰轨道电路的分路灵敏度不得小于 0.50 Ω；不对称脉冲轨道电路及 UM71 轨道电路的分路灵敏度不得小于 0.15 Ω。

在进行轨道电路分路试验时，制作一根总电阻为 0.06 Ω 的导线（用电桥测量），常称分路线，用这分路线封连轨道电路钢轨的任意处所。对 JZXC-480 型轨道电路，一般在受电端和送电端各分路一次即可。若分路时，轨道继电器释放落下，且继电器端电压小于 2.7 V，则为符合《信号维护规则》的要求。

3. 分路效应是指列车分路使轨道电路接受设备中电流减少，并处于不工作状态，称为有分路效应。在分路状态最不利条件下，有列车分路时，要保证轨道继电器的端电压不大于它的可靠释放值或可靠不吸起值。分路效应很大程度上决定了轨道电路的质量。

4. 极限分路灵敏度是指轨道电路各点的分路灵敏度中的最小值。

5. 标准分路灵敏度是衡量轨道电路分路效益优劣的标准，在分路状态最不利的条件下，用阻值为标准分路灵敏度的电阻线在任何地点分路，轨道电路的接收设备都必须停止工作。我国规定一般轨道电路标准分路灵敏度为 0.06 Ω。

八、钢轨绝缘的设置

（一）轨道电路的极性交叉

相邻两轨道电路区段之间都有钢轨绝缘分隔，这种划分轨道电路范围的绝缘叫分界绝缘。

轨道电路的极性交叉是交流连续式轨道电路采用的绝缘破损防护措施。如图3-3(a)所示,若分界绝缘两边的钢轨极性相同,当绝缘破损时,1G内虽然有车占用,但1GJ很可能由3G轨道电源供电而错误地保持吸起,这是十分危险的。解决的方法是改变任何一个轨道电路的电源的极性,例如改变1G的电源极性,如图3-3(b)所示,使分界绝缘两侧的钢轨的电源极性相反,这就称为极性交叉。采取极性交叉后,当绝缘破损时,1G电源和3G电源叠加在1GJ上,其作用互相抵消,不致1GJ错误地保持吸起。正常情况下,1G内无车占用时,如果绝缘电阻大大下降,由于两组电源互相抵消,1GJ也可能落下,及时反映出绝缘破损故障。

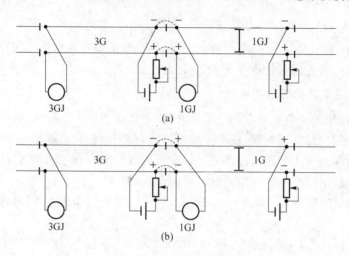

图3-3 轨道电路极性交叉

极性交叉原则对交流轨道电路来说是相位交叉,对各种频率式电码轨道电路来说是频率交叉。

(二) 极性绝缘

道岔区段轨道电路需要解决两个问题:第一,辙叉不应将轨道电源短路;第二,在正线或岔线上有车时均能使轨道继电器可靠地释放。为此,在道岔的辙叉部分增加一组绝缘,这叫极性绝缘;在正线和岔线的同极性钢轨之间增加一根连接线,这叫道岔跳线。

极性绝缘可以装设在直股(称为直股切割),也可以装设在弯股(称为弯股切割)。

(三) 侵界绝缘

道岔区段轨道电路的分界绝缘应安装在道岔警冲标内方,距离警冲标不小于3.5 m的地方。因为当列车或车辆的车轮停在警冲标内方的轨道电路区段内时,若分界绝缘与警冲标的距离小于3.5 m,如图3-4(a)所示,则其车钩及车身边缘可能侵入邻线的建筑接近限界,危及邻线上通过列车的安全,这是不能容许的。

但是,由于站场设备的布置和运输作业的需要,不得不把分界绝缘设置在警冲标内方小于3.5 m的处所。当相邻两组道岔警冲标之间的距离不足7 m时,其中间安装的分界绝缘称为侵入限界绝缘,简称侵界绝缘。如图3-4(b)所示,由于48DG范围内的车辆,其车身边缘可能侵入50DG的限界,反之亦然。所以,当排列经过50号道岔反位的进路时,必须检查48号道岔定位和48DG空闲的条件,反之亦然。

侵入限界绝缘在信号设备平面图上以圆圈表示。无论电务作业和工务作业,在确认作业影响范围时,必须考虑有无侵界绝缘,并采取相应的防护措施。

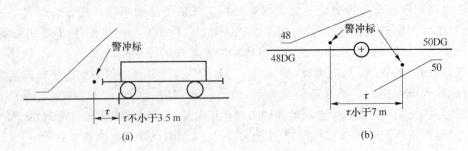

图 3-4　侵限绝缘

警冲标是警告停车列车不准越过的标志。侵界绝缘的设置是以道岔区警冲标的位置为依据的,所以警冲标的位置应保持不变,更不能任意变更。

(四) 关于轨道电路死区段的标准

轨道电路的钢轨绝缘应设置在同一坐标处,当不能设在同一坐标时,就不得不错开一段距离。在这段距离中,短路轨道电路,或有一轮对横跨,都不能使轨道继电器释放落下,这是很危险的,所以把这段距离称为轨道电路的死区段。死区段一般存在于道岔区。

关于轨道电路死区段,《信号维护规则》有两个标准。

1. 死区段的长度应不大于 2.5 m,如图 3-5 所示。对旧结构道岔,道岔内的死区段不大于 5 m。

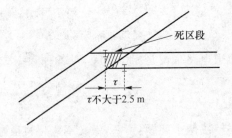

图 3-5　死区段

2. 两相邻死区段间的间隔如图 3-6(a)所示,或与死区间相邻的轨道电路的间隔如图 3-6(b)所示,一般不小于 18 m;当死区段长度小于 2.1 m 时,其与相邻死区段间的间隔或与相邻轨道电路的间隔允许 15～18 m。

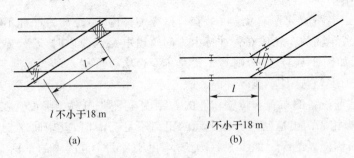

图 3-6　相邻死区段间隔

(五) 护轮轨绝缘

自动闭塞区段轨道电路,在高频电流的传输下,为了不使护轮轨对轨道电路构成短路环,影响轨道电路的正常工作,对护轮轨必须加绝缘节。

若护轮轨长度为 200 m 以内,加两组绝缘节(两头);若护轮轨长度超过 200 m 时,需中间每隔 200 m 再加一组绝缘,如图 3-7 所示。

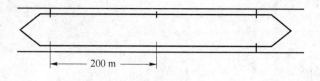

图 3-7 护轮轨绝缘设置

(六) 设于信号机处的轨道电路钢轨绝缘应与信号机坐标相同。当不可能设在同一坐标处时,应符合下列要求:进站、接车进路和单线双方向自动闭塞区间的并置通过信号机处的绝缘可安装在信号机前、后方各 1 米的范围内;出站(包括出站兼调车)和自动闭塞区间的单置通过色灯信号机的钢轨绝缘,可安装在信号机前方 1 米至后方 6.5 米的范围内。

(七) 半自动闭塞区段的电气集中车站,预告信号机处的钢轨绝缘,宜安装在预告信号机前方 100 m 处。

(八) 异型钢轨接头处,因槽形绝缘等尺寸不一样,不得安装钢轨绝缘。

(九) 在平交道口公路路面处,不得安装钢轨绝缘。

九、轨道电路设置原则

1. 信号机的内外方应划分为不同的轨道电路区段。
2. 凡是能平行运行的进路,应用钢轨绝缘将它们隔开,形成不同的轨道电路区段。
3. 在一个轨道电路区段内,单动道岔最多不超过 3 组,复式交分道岔不得超过 2 组。否则,道岔组数过多,轨道电路难以调整。
4. 有时为了提高咽喉使用效率,把轨道电路区段适当划短,使道岔能及时解锁,立即排列别的进路。但若列车速度较高时,为了保证机车信号的连续显示,又不希望轨道电路区段过短。

【任务 3.2】 50 Hz 相敏轨道电路

一、设备组成及原理

在城市轨道交通中采用的轨道电路,考虑到其电力机车一般为直流牵引,所以不能直接使用铁路上使用的 480 轨道电路。同时,480 轨道电路的信号特征是单一的,较二元型相敏轨道电路的安全性差。因而在城市轨道交通中也都大量使用了 50 Hz 相敏轨道电路。

50 Hz 相敏轨道电路制式的轨道继电器采用 JRJC 型交流二元插入式继电器,又称为 50 Hz 的二元二位相敏继电器,该轨道继电器既具有频率选择特性,又具有相位选择特性。依靠频率选择性,保证了二元二位相敏轨道继电器在接收到直流牵引电流时不会使其错误动作;只有在其局部线圈侧加上 50 Hz、220 V 交流电压,而该继电器的轨道线圈侧又接收到由钢轨内传送来的轨道信息,其频率为 50 Hz、相位满足要求,当此两个条件都满足才能正常工作,该两个特性缺一不可。

50 Hz二元二位相敏轨道电路设备组成及原理图如图3-8所示。

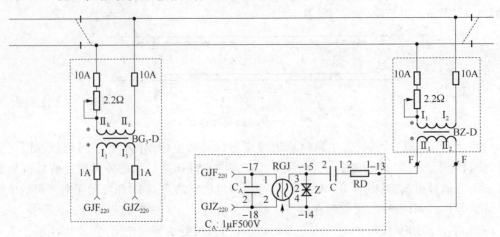

图3-8 50 Hz相敏轨道电路

50 Hz相敏轨道电路用于城市轨道交通的车辆段内(不需要发送ATP信息)。50 Hz相敏轨道电路有继电式和微电子式两种,50 Hz相敏轨道电路一般专指继电式。

50 Hz相敏轨道电路由送电端、受电端、钢轨绝缘、钢轨引接线、钢轨接续线、回流线以及钢轨组成。

送电端包括BG5-D型轨道变压器、R-2.2/220型变阻器以及断路器(或熔断器)安装在室外的变压器箱内。

受电端包括BZ-D型中继变压器、R-2.2/220型变阻器、断路器(或熔断器)轨道继电器、电容器、防雷元件等。其中BZ-D型中继变压器、R-2.2/220型变阻器、断路器(或熔断器)安装在室外的变压器箱内,轨道继电器、电容器、防雷元件等安装在室内的组合架上。

工作原理:当轨道线圈和局部线圈电源满足规定的相位和频率要求时,交流二元二位继电器吸起,轨道电路处于调整状态,表示轨道空闲。列车占用时,轨道电源被分路,交流二元二位继电器落下。若频率、相位不符合要求时,继电器也落下。

由于50 Hz相敏轨道电路具有相位鉴别能力,所以抗干扰能力较强。

目前在城市轨道交通中多采用的微电子型的50 Hz相敏轨道接收器,WXJ50型微电子相敏轨道电路接收器以微处理机为基础,采用数字处理技术对轨道电路中的信息进行分析、检出有用信息,除去干扰,完成50 Hz相敏轨道电路接收功能。

WXJ50型微电子相敏轨道电路接收器取代原JRJC型二元二位相敏继电器,解决了原继电器接点卡阻、抗电气化干扰能力不强、返还系数低等问题,与原继电器的接收阻抗、接收灵敏度相同,提高了安全性和可靠性。

WXJ50型微电子相敏轨道电路室内设备包括WXJ50型微电子相敏轨道电路接收器(WXJ50)和调相防雷变压器(TFQ)。WXJ50接收器采用不同的组合配置,可以构成单套设备使用结构,也可以构成双套设备并联使用结构,以提高系统的可靠性、方便维修,其使用器材完全一致,只是组合配置不同。

二、技术参数要求

50 Hz 相敏轨道电路接收阻抗和接收灵敏度与原 480 型轨道继电器完全一致，另加局部电源 110 V/50 Hz。工作电源均为直流 24 V。

50 Hz 相敏轨道电路接收器具有可靠的绝缘破损防护能力。

50 Hz 相敏轨道电路接收器轨道输入信号与局部电源的理想相位为 0°，最大允许偏差为 ±80°。接收器的返还系数大于 90%，应变时间小于 0.5 s，设备电源采用直流 24 V±15%，最后执行继电器为 JWXC1-1700 安全型继电器。

在轨道电路分路不利处所的轨面上，使用 0.15 Ω 标准分路电阻线分路时，轨道继电器的交流端电压不大于 7.5 V，继电器应可靠落下。

【任务 3.3】 FTGS-917 型轨道电路

一、FTGS 轨道电路的概述

FTGS 型轨道电路是德国西门子公司开发的音频无绝缘数字轨道电路，使用电气绝缘节来划分区段。

其中：F——远程供电　　　　　G——轨道电路
　　　T——音频　　　　　　　S——西门子公司

FTGS 轨道电路分两种型号：1、FTGS-46 型，使用 4 种频率（4.75 kHz、5.25 kHz、5.75 kHz、6.25 kHz）；2、FTGS-917 型，使用 8 种频率（9.5 kHz，10.5 kHz，11.5 kHz，12.5 kHz，13.5 kHz，14.5 kHz，15.5 kHz，16.5 kHz）。

FTGS-917 型轨道电路与国内的轨道电路作用基本相同：把轨道线路分割为多个区段，检查和监督这些轨道区段是否空闲，并将空闲/占用信息传给联锁系统。它还有一个特殊功能，就是传送 ATP（自动列车保护系统）产生的报文信息到列车上。

FTGS-917 型轨道电路与国内的轨道电路最大的区别就是实现的方式不同。国内的轨道电路是采用机械绝缘节来划分区段，而 FTGS 是使用电气绝缘节来划分区段的，为了防止相邻区段之间串频，使用了不同中心频率和不同位模式进行区分。对于某一轨道区段来说，只有收到与本区段相同的频率与位模式的信息才被响应。

FTGS-917 型轨道电路的空闲检测过程可分为三步。

- 幅值计算：检测接收回来的电压值。
- 调制检验：检测接收回来的电压的中心频率是否正确。
- 编码检验：检测接收回来的电压所带的位模式是否正确。

首先，接收器对幅值进行计算，当接收器计算到接收到的轨道电压幅值足够高，并且调制器鉴别到发送的编码调制是正确的时，接收器发送一个"轨道空闲"信号，这时轨道继电器吸起表示"轨道区段空闲"。当车辆进入某区段时，由于车辆轮对的分路作用，造成该区段短路，使接收端的接收电压减小，轨道继电器达不到相应的响应值而落下，进而发出一个"轨道占用"信号。

以下为 FTGS 轨道电路中的一些重要的概念。

1. 中心频率

中心频率以下简称频率，FTGS-917 型轨道电路共使用 8 种频率（9.5 kHz，10.5 kHz，11.5 kHz，12.5 kHz，13.5 kHz，14.5 kHz，15.5 kHz，16.5 kHz），相邻的区段使用不同的频率作为某区段固有的中心频率。只要使用对应的窄带滤波器就能滤出该区段的电压波形，这样可以防止相邻区段轨道电路信息和杂波的干扰。

中心频率是位模式的载波，位模式是调制信号。

2. 位模式（Bit Pattern）

FTGS-917 型轨道电路采用 15 种不同的位模式（2.2、2.3、2.4、2.5、2.6；3.2、3.3、3.4、3.5；4.2、4.3、4.4；5.2、5.3；6.2），相邻区段使用不同的位模式。

位模式 X.Y 表示：把一小段时间分成八等份，在一个周期内，先是 X 份时间的高电平，然后是 Y 份时间的低电平，且要求 X+Y≤8。这样可以有 1.1…1.7；2.1…2.6；…；6.1、6.2；7.1 共 28 种位模式，FTGS-917 型只使用其中的 15 种。这些高、低电平不断循环就构成了位模式脉冲。

由位模式脉冲把区段的中心频率调制成移频键控信号（FSK），其中上边频频率为：中心频率+64 Hz；下边频频率为：中心频率−64 Hz。调制后的信号可以抵抗钢轨牵引回流中谐波电流的干扰。

如图 3-9 所示为用位模式 2.3 调制 9.5 kHz 频率而得到的移频键控信号波形。

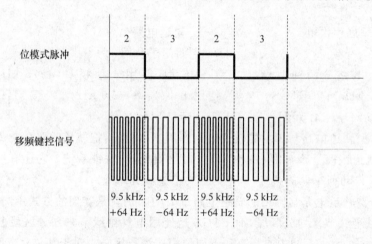

图 3-9　移频键控信号波形

二、FTGS 轨道电路的结构组成及原理

轨道电路的配置分为标准型一送一受、中间馈电一送两受和道岔区段一送两受三种，其前两种配置的设备结构框图如图 3-10 所示。

1. FTGS 标准型轨道电路的基本结构组成及原理

如图 3-10 所示，在轨道电路空闲时，由室内发送器发送带有一定频率和位模式的交流音频信号至室外轨旁，发送端设备再馈送至 S 棒，经由钢轨至接收端 S 棒，再由室外接收端设备馈回室内接收器，形成一个闭合的信息回路。

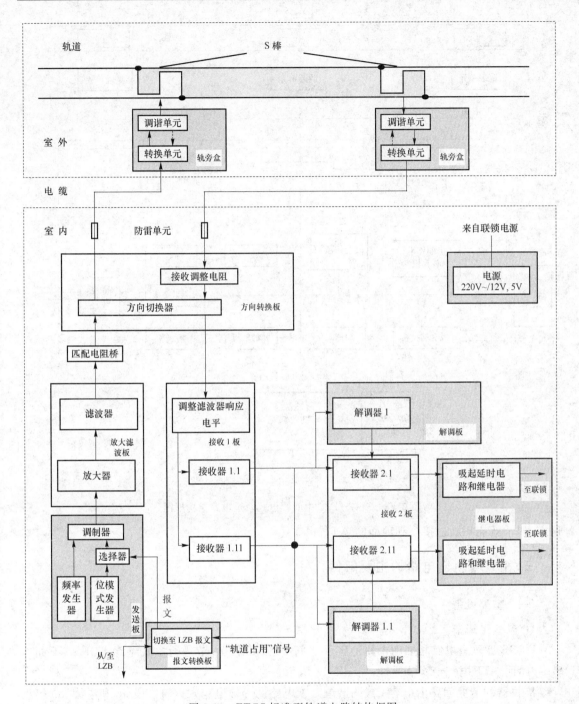

图 3-10　FTGS 标准型轨道电路结构框图

2. FTGS/EZS 中间馈电式轨道电路的基本结构组成

如图 3-11 所示，这种中间馈电式数字轨道电路的电气绝缘节是在前述 FTGS-917 的基础上改进的，工作原理基本相同。不同之处在于，它在一个轨道区段采用了三个绝缘节：两头各一个 S 棒，中间为一个横"8"字形的棒，平时由这个横"8"字棒作为发送端，两端的 S 棒作为接收；当列车从区段的前半部分开始进入后半部分时，以占用这个横"8"字棒的中心线为触发时间，切换该轨道区段的发送/接收方向，改由列车前方的 S 棒为发送端，横"8"字棒作为接收端，

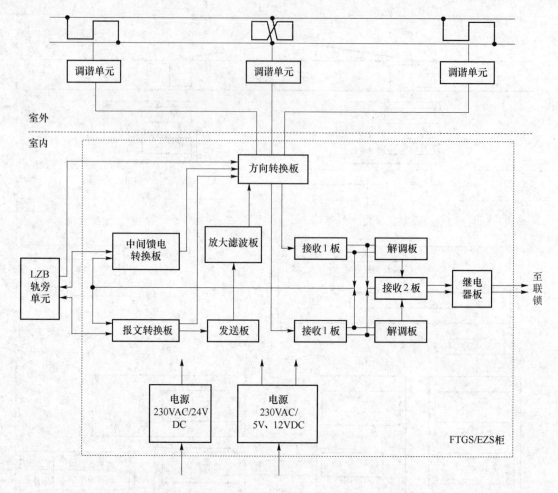

图 3-11　FTGS/EZS 中间馈电式轨道电路结构框图

这样,列车就能不断地接收到地面的 ATP 报文。

三、FTGS 轨道电路的主要部件

(一) 室外设备

1. 电气绝缘节

FTGS 型轨道电路相邻两个轨道区段之间一般采用电气节进行电气绝缘节分割,下面以 S 棒为例说一下电气绝缘节原理,如图 3-12 所示。

接收器的谐振回路由电容 C_1(调谐单元上电路的等效电容)、钢轨区段 ab 和电缆 am 等组成,发送器的谐振回路由电容 C_2、钢轨区段 cd 和电缆 dm 等组成。

在正常状态下,钢轨 ab 的电感、电缆 am 的电感以及它们之间的互感与电容 C_1 构成并联谐振(利用调谐单元可以将其调到谐振点),因此电容 C_1 两端呈现高阻抗,与电容 C_1 两端 d_1d 轨间有较高的电压,接收到从右端输入的载频信号。钢轨 cd 的电感、电缆 dm 的电感以及它们之间的互感与电容 C_2 构成并联谐振,因此电容 C_2 两端呈现高阻抗,与电容 C_2 两端 a_1a 轨间有较高的 f_1 电压,此电压可以向左传输。

电气节一般有 S 棒、短路棒、终端棒和调整短路棒 5 种电气绝缘节分割。具体如下:

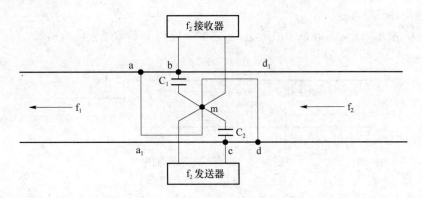

图 3-12 S棒电器绝缘原理图

1) S棒

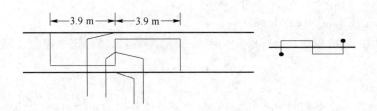

图 3-13 S棒示意图

大多数的轨道区段(主要是正线区间的轨道电路)采用了S棒电气节。如图 3-13 所示。

2) 短路棒

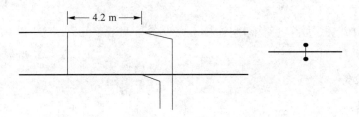

图 3-14 短路棒示意图

如图 3-14 所示,该电气节用于一端为轨道电路区段,而另一端为非轨道电路区段的情况。该棒长度约为 4.2 m。

3) 终端棒

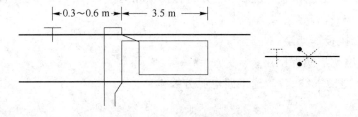

图 3-15 终端棒示意图

如图 3-15 所示,该电气节由终端短路棒和一个机械绝缘节共同组成。它主要应用在双轨条牵引回流区段。棒长约 3.5 m,距机械绝缘节 0.3~0.6 m。

4) 调整短路棒

如图 3-16 所示,该电气节是②的改进型,它主要应用于车站站台区段两端。

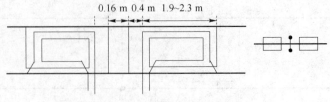

图 3-16 调整短路棒示意图

2. 轨旁盒

轨旁盒是连接电气节与室内设备的中间设备,是轨道电路室外的发送、接收设备。每部分都由一个调谐单元和一个转换单元组成,整个采用模块化结构。当轨道电路的方向改变时,这两部分的发送端/接收端也将进行互相切换。

3. 转换单元(Changeover Module)

带防雷功能的转换模块,转换单元只用于普通型和道岔型轨道电路上。不同频率对应不同的转换单元。

4. 调谐单元

调谐单元的次级电路阻抗特性呈容性,调节调谐单元上的可调电感器,可以改变调谐单元的电容值,使绝缘棒与调谐单元调谐部分达到谐振点,使发到轨面上的电压最高,接收到的相应频率电压最高。

调谐单元型号是由当前区段的频率和相邻区段的频率来决定的。

5. 防雷板

使用在中间馈电式轨道电路中,它连接室内设备与调谐单元,保护设备瞬间的电压冲击而损坏。

(二) 室内设备

1. 组合框架

室内设备由 FTGS 组合框架构成。每个组合框架有正反两面,每面可分为 A、B、C、D、E、F、G、H、J、K、L、M、N,共 13 层。其中,

① 正面

A~K 层:轨道电路标准框架层,每一层代表一个轨道区段。每层都与 L 层的一块方向转换板相对应:A 层轨道电路与左数第一块方向转换板相对应;B 层轨道电路与左数第二块方向转换板相对应……

L 层:方向转换板框架层;

M 层:24 V 电源层及保险层;

N 层:230 V 电源入线、各轨道电路电源分线排。

② 反面

A~K 层:轨道电路电源模块层,每个电源模块输出 12 V 和 5 V 直流电供给两个区段使用;

L 层:电缆补偿电阻设置层;

M 层:信息输入、输出层。

【任务3.4】 计轴设备

一、计轴设备的原理

计轴设备是利用轨道传感器、计数器来记录和比较驶入和驶出轨道区段的轴数，以此确定轨道区段的占用或空闲。其工作原理是：当列车驶入，车轮进入轨道传感器作用区时，轮对经过传感器磁头时，向驶入端处理器传送轴脉冲，轨道区段驶入端处理器开始计轴，驶入端处理器首先判定运行方向，确定对轴数是累加计数还是递减计数。列车进入轨道区段，驶入端计轴器对轮轴进行累加计数，并发出区段占用信息。同时，驶入端处理器经传输线向驶出端处理去发送驶入轮轴数，列车全部通过驶入端计轴点时，停止计数。当列车到达区段驶出端计轴点时，由于列车是驶离区段，驶出端计轴器进行减轴运算，同时再传送给驶入端处理器。列车全部通过后，两站的微机同时对驶入区间和驶离区间的轮轴数进行比较运算。两站一致时，证明进入区段的轮轴数等于离开区段的轮轴数，可以认为区段已经空闲，发出区间空闲信息表示。当无法证明进入区段的轮轴数等于离开区段的轮轴数，则认为区间仍将处于占用状态。

二、计轴设备组成

计轴设备由室内和室外设备两部分组成，如图3-17所示。室内设备有运算器、继电器等，或者采用微型计算机构成主机系统。室外设备有轨道传感器和电子连接箱。

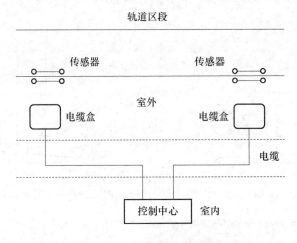

图3-17 计轴设备的组成

计轴设备主要组成部分包括：
(1) 轨旁计轴点：主要用于产生车轴脉冲，包括轮轴传感器和电气连接箱；
(2) 信息传输部分：用来传递信息，包括传输线、防雷及线路连接设备；
(3) 计轴处理部分：主要功能是对计轴点产生的车轴脉冲进行计数和确定列车运行方向，比较计轴点入口点和出口点所记轴数及记录计数结果，包括计数、比较、监督、表示等装置；
(4) 电源：提供可靠不间断的电能。

(一)轨道传感器

传感器系统的主要功能是采集轮轴信息并准确地把它变成可计数脉冲送给微机。电磁式有源传感器由磁头、发送、接收三部分组成,其电路框图如图3-18所示。

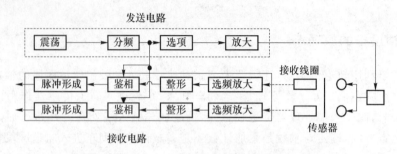

图3-18 传感器电路框图

每套磁头包括发送和接收两个磁头,用以采集轮轴信息和鉴别列车运行方向,发送磁头TX安装在钢轨外侧,接收磁头RX安装在钢轨内侧。发送磁头的信号来自室内微机计轴箱的传感器板,然后由传感器发送电路分频、整形、功率放大,再经防雷单元隔离,由发送外线送给计轴点的两个发送磁头。通过磁场耦合,在发送磁头与接收磁头之间形成磁通桥路,从而在调谐的接收线圈上获得一定的信号输出。无车轮经过传感器时,其产生的磁力线如图3-19所示,在接收线圈内感应的交流电压相位与发送电压相位相同。当轨面有车通过时,轮缘改变了磁力线方向,TX产生的磁力线如图3-20所示,这样在RX中产生的感应电压相位改变180°。即车轮对载频信号进行了相位调制,在接收线圈内感应的交流电压相位与发送电压相反,这个载有"轮轴"信息的信号已调好,经传输电缆送到室内接收电路,经整形、检波后产生一个轴脉冲。计轴器的实物如图3-21所示。

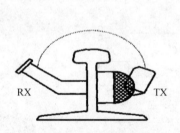

图3-19 无车时磁头磁力线示意图

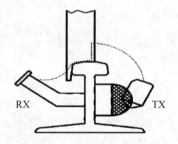

图3-20 有车时磁头磁力线示意图

图3-21 计轴器实物图

由于两磁头产生的轴脉冲在时间上先后不同。两脉冲组合后形成具有五种形态的轴脉冲对,根据两脉冲的组合时序可确定列车的运行方向,从而产生相应的加轴或减轴运算。传感器轴脉冲形成过程的波形如图 3-22 所示。轴脉冲形成后,计轴过程完全由软件来完成。

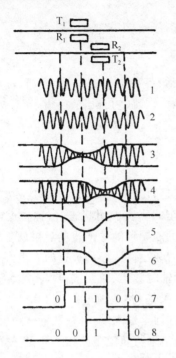

T_1、T_2——发送磁头;R_1、R_2——接收磁头;
1——无车时R_1中的信号波形;
2——无车时R_2中的信号波形;
3——有车时R_1中信号波形;
4——有车时R_2中信号波形变化;
5——有车时由R_1信号检出的波形;
6——有车时由R_2信号检出的波形;
7——R_1信号整形后的计轴脉冲;
8——R_2信号整形后的计轴脉冲

图 3-22 轴脉冲波形形成

(二) 计轴处理部分

计轴处理部分接收来自计轴点的轴脉冲,对轮轴脉冲进行计算并进行校对,以防止两个线圈所计轴数不一致,区段(区间)一端的计轴系统将本系统所计轴数送给相应区段(或区间)的对方系统,并接收对方子系统送来的轴数;根据两段系统计轴数量是否一致,确定区段的占用或空闲状态,计轴处理部分还要对计轴点进行监测,发现计轴点故障,显示计轴故障。

(三) 信息传输部分

一个区段(或区间)是否处于占用或空闲状态必须由该区段(或区间)两端计轴系统所计轴数共同判定。一般轴数相同为空闲,轴数不相同为占用。因此,两端计轴系统必须进行轴数互传,两端计轴系统的轴数互传是由传输子系统实现的。由于所传输的信息具有很高的安全特性,因此,要求传输子系统具有安全传输能力。

(四) 输入输出部分

该部分一般有轴数显示模块,用来为值班员提供轴信息,还包括轨道继电器(QGJ)驱动及计轴设备正常继电器(JZCJ)驱动等组成部分。轨道继电器(QGJ)用以表示所监视的区段占用或空闲状态,是一个由故障-安全电子电路驱动的安全型偏极继电器(区间轨道继电器QGJ)。当电路出现故障应当使得 QGJ 落下,以导向安全侧。

【任务3.5】 轨道电路及计轴设备的调整与维护

一、主要维修工具和仪表

轨道空闲检测设备的维修工具和仪表主要包括：各种规格的扳手、套筒、螺丝刀、手锤、联系电话、数字万用表（或数字示波表）、专用测试仪表、钢轨钻孔机、液压钳、光焊机、分路夹及标准分路电阻线、模拟轮、专用的诊断软件或工具。

二、主要的安全因素

对于轨道电路设备而言，最主要的安全因素就是轨道电路分路不良，造成当轨道电路区段实际有车占用时轨道电路设备却不能正确反映列车的真实占用状态（俗称轨道电路压不死），从而导致危险侧的情况。由于轨道电路压不死而可能导致的最严重的后果就是联锁进路错误排列或错误解锁，进而可能导致列车追尾、侧面冲撞和道岔区段的掉道的发生。

对于计轴设备而言，最主要的安全因素就是计轴时数错、数漏或根本不数。列车经过一个计轴区段时若该计轴区段设备根本不计数，那么结果是与"轨道电路压不死"一样的；同样，列车经过一个计轴区段时，如果该计轴区段设备始端（列车进入端）计数数漏一个轴，而在其终端多数（数错）一个轴（列车离去端），那么可能导致的结果与轨道电路压不死是一样的。

在抢修或检修过程中，随意调高电压、改变配线或者封连接点，引起室内外不一致，进而可能导致列车追尾、侧面冲撞和道岔区段的掉道的发生。

三、防范措施

1. 在日常维护工作中要严格按照设备检修规程做好电气参数特性测试并做好记录，掌握电气参数特性曲线规律，有变化时及时了解并分析判断，发现变化异常要及时采取措施进行处理。

例如，有微机监测设备的，一般可利用微机监测设备观察轨道电路电压日报表和轨道电路电压曲线。每周测试轨道电路每个区段的空闲接收电压，观察轨道电路电压周报表和轨道电路电压曲线，发现异常及时处理。

2. 在进行轨道电路设备调整或更换某些关键部件时，要严格按照相关操作规范或维护标准进行，该重新进行调谐的一定要重新调谐；该做分路试验的一定要做分路试验。

3. 在新设备投用前、更改设备配线或软、硬件升级时一定要对设备的软件版本号、硬件识别号的符合性、一致性及唯一性进行检查，同时要对设备功能进行测试验证。

4. 严禁擅自改变绝缘节、电气节、磁头的安装位置。

5. 在检修、故障处理中严禁封连接点。

6. 切忌盲目提高送电端电压或减小受电端电阻。

7. 为了确保作业人员安全，进入轨行区作业必须严格遵守有关作业管理规定。

四、轨道电路的调整

(一) 轨道电路调整的概念及目的

轨道电路的调整是指按照一定的程序和方法,调整送、受端电压满足技术标准,以满足轨道电路对调整状态和分路状态的要求。要求做到一次调整,即一旦调整好后,无论道床如何变化,各种参数如何波动,轨道电路都能稳定可靠地工作,而不需要经常去调整。

轨道电路的调整参数标准目前有两种描述方式,一种是调整表和调整曲线,另一种是单纯的门限值的概念。

影响轨道电路的主要因素是道砟电阻。轨道继电器的端电压随着道砟电阻的变化关系,用表格的形式列出来,就称为调整表,用曲线描绘出来就称为调整曲线。

调整表和调整曲线是依据轨道电路的转移阻抗公式,求得不同的道砟电阻值时的终端电流值,再根据终端电流值和轨道继电器的端电压的特征,用计算机编制出调整表和调整曲线,作为现场日常维修的依据。

所以,轨道电路调整,是在固定送电端限流电阻和受电端的情况下,按照调整表或调整曲线对送电端轨道变压器送电电压进行调整(通过轨道变压器端子的不同连接),以满足轨道电路对调整状态和分路状态的要求。

调整轨道电路,固定送电端限流电阻对可靠分路和防止送电端分路时设备过载有利;固定中继变压器和受端电阻,也有利于可靠分路和抗干扰。但对一送多受区段,可对受电端电阻进行调整。

表 3-1 所列为道砟电阻变化范围 $0.6\sim\infty$ Ω·km 的 JZXC-480 型轨道电路的调整表,我们以此为参考。

表 3-1 JZXC-480 型轨道电路调整表(r_d:$0.6\sim\infty$ Ω·km)

Z_g	$0.8e^{j60}$ Ω/km				$1.0e^{j46}$ Ω/km			
R_y	$0.06\sim 0.1$ Ω		$0.25\sim 0.3$ Ω		$0.06\sim 0.1$ Ω		$0.25\sim 0.3$ Ω	
R_s / U_T/U_{JM}(V) / L(m)	1.2 Ω		2.0 Ω		1.2 Ω		2.0 Ω	
400	2.04	17.3	2.84	17.9	2.23	17.9	3.09	18.5	2.16	17.9	2.98	18.5	2.36	17.9	3.24	18.5
450	2.15	17.9	3.01	18.5	2.36	18.5	3.27	19.1	2.30	18.5	3.18	19.1	2.51	18.5	3.46	19.1
500	2.27	18.5	3.18	19.7	2.49	19.1	3.47	19.7	2.45	19.1	3.40	19.7	2.68	19.1	3.69	20.2
550	2.40	19.1	3.36	20.2	2.62	19.7	3.67	20.7	2.61	19.7	3.68	20.2	2.85	19.7	3.94	20.7
600	2.53	19.7	3.55	20.7	2.76	20.2	3.88	21.1	2.77	20.2	3.86	21.1	3.03	20.2	4.20	21.6
650	2.66	20.2	3.75	21.1	2.91	20.7	4.10	21.6	2.95	20.7	4.11	21.6	3.22	21.1	4.47	22.0
...																

调整表是按照满足调整、分路两种工作状态及送、受电端设备不过载的原则而编制的,目的是使制式技术能力范围内的轨道电路实现一次调整。

调整表根据不同钢轨线路情况(单节钢轨长度、接续线)、区段长度和送端总电阻,分别规定送端轨道变压器的应调电压 UT,并相应给出轨道继电器的最高参考电压 UJM(供日常检测轨道电路运用特性时参考)。

(二) 轨道电路调整的一般步骤

轨道电路的调整一般包括以下几个步骤,具体到某种型号的设备的调整可能省其中的几个步骤。

1. 电气节调谐,是无绝缘轨道电路特有的一个调整步骤,使得电气节处于谐振状态,每一个电气节均需做完该项调谐工作。具体到具体设备的调谐方法都不一样。

2. 送端调整电压,通过调整变压器的变比或者可调电阻的大小,调整送端轨面电压,使之在标准范围内。具体到具体设备的调整方法都不一样。

3. 受端调整电压,通过调整变压器的变比或者可调电阻的大小,调整受端送端回送电压和接收器输入电压,使之在标准范围内。具体到具体设备的调整方法都不一样。

若轨道电路的发送方向需要随列车的运行方向改变而改变,则对每一个电气节或绝缘节均应进行送端和受端电压调整。

4. 分路测试,对已初步调整了的区段进行分路测试,一般包括受端内、外部分路和送端内、外部分路,对于道岔区段还需进行特定位置的分路测试。对于绝缘节分割的送、受端只需完成内部分路即可,无须进行外部分路。内部分路电阻必须按要求进行,外部分路直接短路即可。具体到具体设备的分路位置和分路电阻都不一样。

5. 比较分路后的残压是否符合有关的技术标准,符合则完成了调试,不符合则进行微调。

6. 电压的微调,对不满足分路要求的进行电压的微调,调整方法同步骤(二)、(三)。微调后再次进行分路测试,直至满足分路要求。

五、计轴设备的复位操作

在计轴设备运行过程中,由于干扰造成计数错误或其他原因导致计轴设备故障,在排除干扰和故障后,经行车人员确认该区间无车时可对计轴设备进行复位(零)。

计轴设备的复位方法主要有以下几种。

(1) 预复位:通过在车站控制室控制台的按钮或 HMI 上的操作命令对指定的计轴区段进行预复位;也可在设备房对指定的计轴区段进行断电复位后,再进行预复位。

(2) 立即复位:通过特殊的复位按钮进行复位。

(3) 系统复位:系统重新关机、开机后,再进行预复位或立即复位。

六、计轴设备调整和测量的一般内容及要求

(一) 机械特性的测量和调整

计轴磁头:接收和发送磁头对之间相距将近 148 mm(±0.2 mm)安装。这种布置保证了在车轮直径不小于 350 mm 的情况下,车轮脉冲有一定的重叠。磁头不高于轨面。

电缆布线:轨旁电子盒至磁头的最大距离是由磁头配套的 4 m 或 8 m 固定长度电缆限定的。电缆在是调谐电路中的一部分,不能切断、缩短或延长。轨旁电子盒至磁头之间的电缆在布线时应排列整齐并尽量与钢轨平行。

箱盒接地:从轨旁电子盒引入/引出的电缆屏蔽层应与箱盒外壳接触良好。箱盒接地线应与箱盒接地端子用螺栓固定紧,接地线另一端与弱电系统的接地扁钢相连并固定紧。

（二）电气特性的测量和调整

主要有：电压、频率等电气参数的测量和调整，具体的操作详见设备的维护手册；电缆对地绝缘和线间绝缘的测量；干扰信号的测量。

（三）数据的读取

用诊断 PC 连接计轴设备并读取相关的数据，具体的操作详见设备的维护手册。

七、故障处理及分析

轨道电路故障可分为轨道电路调整状态故障和轨道电路分路状态故障。

分路故障是指有车占用轨道电路但轨道继电器不能可靠落下，即压不死现象。发生这类故障极其危险，但这类故障不多见。常见故障是调整状态下的轨道电路故障，即无车占用时轨道电路红光带。

轨道电路故障按发生处所来分，可分为室内故障和室外故障。轨道电路故障按性质分，可分为开路故障和短路故障。

（一）FTGS 轨道电路故障处理和分析

FTGS 轨道电路故障主要有以下几种现象：三个区段粉红光带、多个区段红光带、单个区段红光带或粉红光带、列车紧急制动。

故障处理的要点有：

1. 正确及时了解故障现象非常关键；
2. 迅速判断故障范围，是室内故障还是室外故障。
3. 掌握设备的指示灯及含义，我们可以根据设备指示灯的状态直接进行下一步的处理，节省处理时间。
4. 掌握有关测试点的电气参数范围，要特别注意测量电压的频率，避免其他区段的干扰信号对故障处理的判断。
5. 严格按照故障处理流程进行故障处理。

（二）50 Hz 相敏轨道电路故障处理和分析

50 Hz 相敏轨道电路主要有两种类型的故障：多个区段红光带、单个区段红光带以及压不死现象。

1. 迅速判断室内外故障

要判断轨道电路故障发生在室内还是室外，正确的办法是在分线盘甩开外线测量空载电压。若测试到电压为交流 24～28 V 则证明故障载室内；否则，故障在楼外。

2. 轨道电路室内故障原因分析

因室内设备故障造成轨道电路红光带的原因很多，在判断时应注意以下几点。

轨道继电器是否可靠吸起。若轨道继电器未吸起，证明问题大多在分线盘至轨道继电器之间的配线上。若轨道继电器已经吸起，则为微机联锁的采集故障，问题在轨道继电器至接口架或微机部分。

组合零层（KZ）南非开关跳闸或轨道继电器励磁电路故障（大多为断线故障）。

若分线盘测试外线空载电压正常，轨道继电器负载电压不正常，通常是 50 Hz 相敏接收器坏。应通过更换接收器找到故障点。

3. 快速判断室外是开路故障还是短路故障

轨道电路室外故障，不论是开路故障还是短路故障，用测试轨道继电器端电压的方法往往无法判断。此时通过测试室外送电端限流电阻上的压降的变化，判断故障的性质是开路故障还是短路故障。

4. 严格按照故障处理流程进行故障处理

轨道电路故障处理流程图见图 3-23。

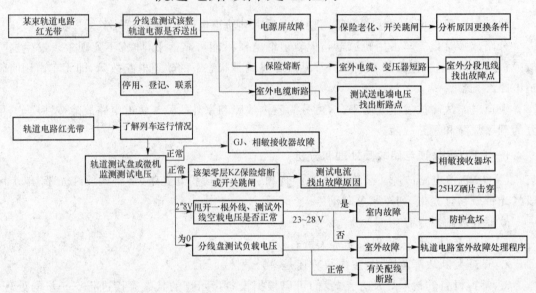

图 3-23　轨道电路故障处理流程图

（三）计轴轨道电路故障处理常用方法

计轴系统故障可能发生在室内运算单元（系统计算机）、轨旁预处理单元（轨旁连接箱）、车轮传感设备（计轴磁头）或与联锁系统的通信链路中。它们中发生任何一种故障都会导致计轴区段报告"某某计轴区段受干扰"或"某某计轴区段被占用"。往往一个轨旁设备故障会导致一个或两个区段报告"干扰状态"或"占用状态"。通信故障或者计轴系统自身故障将会导致该计轴系统内所有的区段报告"干扰状态"或"占用状态"。

项目四　转辙机的维护与检修

【知识目标】
1. 熟悉 ZD6 型转辙机结构及功能原理；
2. 熟悉 S700K 型电动转辙机结构及功能原理；
3. 熟悉 ZYJ7 电液转辙机结构及功能原理；
4. 熟悉道岔钩式外锁闭装置结构及功能原理；
5. 熟悉 JM-A 型密贴检查器结构及功能原理。

【能力目标】
1. 掌握转辙机的安全因素和防范措施；
2. 掌握转辙机的安装及调整；
3. 掌握 ZD6 型、S700K 型电动转辙机的维护及检修；
4. 掌握 ZYJ7 型电液转辙机的维护及检修；
5. 培养学生作为信号工的职业素养和协作精神。

【任务 4.1】　转辙机的概述

道岔的转换和锁闭是直接关系行车安全的重要设备，道岔由转辙机进行转换和锁闭。转辙设备由安装装置、各类杆件、转辙机、锁闭装置和挤岔装置组成。要求安全可靠，在设备发生故障时，必须符合故障-安全的原则。

一、转辙机的作用

转辙机的作用具体如下。
1. 位置转换：根据需要转换道岔，使其位置转换至定位或反位。
2. 道岔锁闭：道岔转至所需位置而且密贴后，实现锁闭，防止外力转换道岔。
3. 正确反映道岔位置：道岔的尖轨密贴于基本轨并锁闭后，给出相应的位置表示。
4. 报警：道岔被挤或因故处于"四开"（两侧尖轨均不密贴）位置时，及时给出报警及表示。

二、转辙机的基本要求

转辙机的基本要求具体如下。
1. 作为转换装置，应具有足够大的拉力，以带动尖轨作直线往返运动；当尖轨受阻不能运动到底时,应随时可以通过操纵使尖轨回复原位。

2. 作为锁闭装置,当尖轨和基本轨不密贴时,不应进行锁闭;一旦锁闭,应保证不致因车通过道岔时的震动而错误解锁。

3. 作为监督装置,应能正确地反映道岔的状态。

4. 道岔被挤后,在未修复前不应再使道岔转换。

三、转辙机的分类

1. 按动作能源和传动方式分类,转辙机可分为电动转辙机、电动液压转辙机(电液转辙机)和电空转辙机。

电动转辙机和电液转辙机均由电动机提供动力,分别采用机械传动和液压传动的方式。

电空转辙机由压缩空气作为动力,由电磁换向阀控制。

2. 按供电电源种类,转辙机可分为直流转辙机和交流转辙机

直流转辙机采用直流电源,由直流电动机作为动力,如 ZD6 系列电动机转辙机。直流转辙机采用直流电动机,由于存在换向器和电刷,易损坏、故障率较高。

交流转辙机采用三相交流电源或单相交流电源,由三相异步电动机或单相异步电动机(一般用三相异步电动机)作为动力,如 S700K 型电动转辙机和 ZY(ZYJ)7 型电液转辙机。交流转辙机采用感应式交流电动机,不存在换向器和电刷,因此故障率低,且单芯电缆控制距离远。三相交流电机旋转方向与 A/B/C 三相的排列顺序一致。当 A、B、C 三相顺时针排列时,电机顺时针旋转。逆时针排列时,则逆时针旋转。在转辙机控制电路中采用控制 L2/L1 来实现。三相交流电机有 Y 型连接启动和辅助线圈连接启动两种启动方式,启动后可以断相旋转。

3. 按锁闭道岔的方式,转辙机可分为内锁闭转辙机和外锁闭转辙机

内锁闭转辙机依靠转辙机内部的锁闭装置锁闭道岔尖轨,是间接锁闭的方式,如 ZD6 型电动转辙机和 ZY(ZYJ)7 型单机联动牵引系列转辙机,锁闭可靠程度较差,列车对转辙机的冲击大。

外锁闭转辙机虽然内部也有锁闭装置,但主要依靠转辙机外的外锁闭装置锁闭道岔,将密贴尖轨直接锁于基本轨,斥离尖轨锁于固定位置,是直接锁闭的方式,如 S700K 转辙机。锁闭可靠,对转辙机几乎没有冲击,寿命长。

4. 按是否可挤,转辙机分为可挤型转辙机和不可挤型转辙机

可挤型转辙机内设挤岔保护装置(挤切或挤脱),道岔被挤时,动作杆解锁,保护了整机。不可挤型转辙机内不设挤岔保护装置,道岔被挤时,挤坏动作杆与整机连接结构,应整机更换。可挤型和不可挤型的选择主要是从安全角度考虑。

四、转辙机的设置

转辙机的选择应与道岔相对匹配。地铁正线的列车运行速度较高,道岔一般采用 9 号道岔,个别采用 12 号道岔。地铁车辆段列车运行速度较低,道岔一般采用 7 号或 5 号道岔。地铁使用的转辙机主要有 ZD6 型电动转辙机、ZD(J)9 型电动转辙机、S700K 型电动转辙机、ZY(ZYJ)7 型电液转辙机。根据道岔的类型可配置为单机牵引或双机牵引,对于不可挤的单机牵引转辙机应配套相应的挤岔表示装置。

【任务 4.2】 ZD6 型电动转辙机

一、ZD6 型转辙机的结构

ZD6 型电动转辙机由电动机、减速器、开闭器、动作杆、表示杆、移位接触器、底壳及机盖等九个部分组成。其结构外形图如图 4-1 所示。

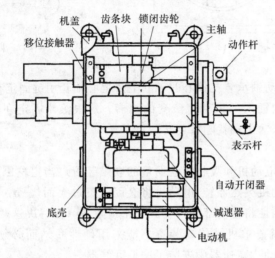

图 4-1 ZD6 电动转辙机

1. 电动机

电动机是电动转辙机的动力源,要求具有足够的功率,以获得必要的转矩和转速。ZD6 型转辙机采用直流串激电动机,主要由定子、转子及前后端盖等部件组成。定子是产生电动机磁场的部件,由机体磁极和定子绕组构成。转子,即电枢部分,由铁心、绕组、换向器及转子轴组成。转子铁心采用优质硅钢片冲压,共 110 片。由于直流串激电动机具有软机械特性,故适用于作为转辙机的动力。

直流电动机的正转和反转可通过改变激磁绕组(定子绕组)中或电枢(转子绕组)中的电流方向来实现。为配合四线制道岔控制电路,采用正转和反转分开定子绕组的方式,如图 4-2 所示。两个定子绕组通过公共端子分别与转子绕组串联。直流电动机的电气参数如下:额定电压 160 V;额定电流 2.0 A;摩擦电流 2.3~2.9 A。

2. 减速器

减速器是电动转辙机的主要部件,它的作用是将电机的高转速降低为适合道岔转换的低转速,与此同时,将电动机输入的低转矩增大到足以能够驱动带规定负载的道岔转换锁闭机构。

ZD6 型转辙机的减速器采用了行星减速机构,由两级组成。第一级为定轴传动外啮合齿轮,即小齿轮带动大齿轮,减速比为 103∶27。第二级为渐开线内啮合行星传动式减速器,减速比为 41∶1。于是总减速比为 $103/27 \times 41/1 = 156.4$。

行星传动式减速器内齿轮靠摩擦联结器的摩擦作用"固定"在减速器壳内,内齿轮里装有

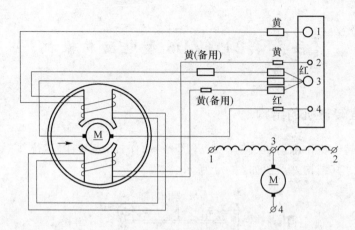

图 4-2 电动机内部接线

外齿轮。外齿轮通过滚动轴承装在偏心的轴套上。偏心轴套用键固定在输入轴上。外齿轮上有八个圆孔,每个圆孔内插入一根套有滚套的滚棒。八根滚棒固定在输出轴的输出圆盘上。当外齿轮作摆式旋转时,输出轴就随着旋转。

3. 摩擦联结器

摩擦联结器是保护电动机和吸收转动惯量的联结装置。当道岔因故转不到底时,电动机电路不能断开,如果电动机突然停转,电动机将会因电流过大而烧毁。另外在正常使用中,道岔转换到位,电动机的惯性将使内部部件受到撞击或毁坏。要解决这两个问题,又要在正常情况下能带动道岔转换,就要求机械传动装置不能采用硬性联结而必须采用摩擦联结。因此ZD6型转辙机在行星传动式减速器中安装了摩擦联结器。

4. 自动开闭器

自动开闭器用来及时、正确反映道岔尖轨的位置,并完成控制电动机和挤岔表示的功能,如图4-3所示。自动开闭器要监督转辙机自身的转换过程是否按要求完成并与表示杆一起不间断地检查道岔开通位置以及尖轨与基本轨的密贴状态。电动机驱动电路的接通与切断也要由自动开闭器完成。

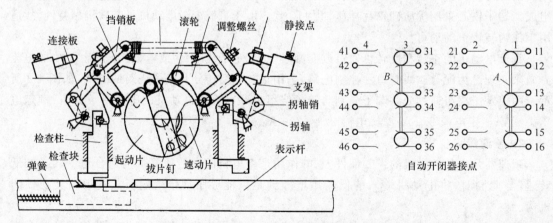

图 4-3 自动开闭器

自动开闭器主要由接点部分、动接点块传动部分和控制部分组成。接点部分包括两排动接点、四排静接点。在解锁过程中,由自动开闭器接点断开原表示电路,接通准备反转的动作电路;锁闭后,由自动开闭器接点自动断开电动机动作电路,接通表示电路。动接点块传动部分包括速动爪、滚轮、接点调整架、连接板、拐轴。控制部分包括拉簧、速动片、检查柱。检查柱在正常转换过程时,对表示杆缺口起到探测作用。道岔不密贴,缺口位置不对,检查柱不会落下,它阻止动接点块动作,不构成道岔表示电路。挤岔时,检查柱被表示杆顶起,迫使动接点块转向外方,断开表示电路。其中,静接点、动接点、速动爪、检查柱对称地分别装于主轴的两侧。

5. 主轴

主轴由主轴、主轴套、止挡栓、锁闭齿轮、挡圈及滚针轴承等组成,如图4-4所示。来自减速器的转矩,通过启动片传给主轴,又由主轴传到锁闭齿轮,锁闭齿轮和齿条啮合传动,把旋转运动转换成动作杆的水平移动,并且完成锁闭动作。

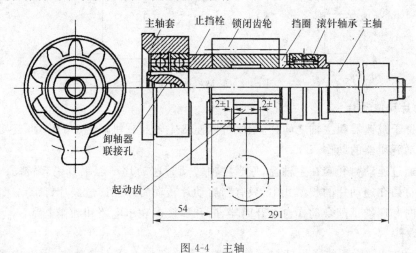

图 4-4 主轴

6. 锁闭齿轮和齿条块

锁闭齿轮(如图4-5所示)和齿条块(如图4-6所示)用来把旋转运动改变为直线运动,从而带动道岔尖轨位移,并完成转辙机内部锁闭,如图4-7所示。

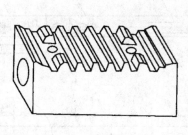

图 4-5 锁闭齿轮

图 4-6 齿条块

当道岔在定位或反位,尖轨与基本轨密贴时,锁闭齿轮的圆弧正好与齿条块的削尖齿弧面重合。这时如果尖轨受到外力要使之移动,或列车经过道岔使齿条块受到水平作用力,这些力只能沿锁闭圆弧的半径方向传给锁闭齿轮,它不会转动,齿条块及固定在其圆孔中的动作杆也不能移动,这样就实现了对道岔的锁闭。电动转辙机每转换一次,锁闭齿轮与齿条块要完成解锁、转换、锁闭三个过程。

7. 动作杆

动作杆是转辙机转换道岔的执行部件,由动作杆、压簧、顶杆、挤切销、螺堵、齿条块等零部件组成。动作杆与齿条块通过挤切销联结成一体,正常工作时,齿条块动作就带动动作杆转换和锁闭道岔。挤岔时,挤切销被挤断,动作杆和齿条块迅速脱离连接,动作杆在齿条块中单独运动,保护了整机不受损害。

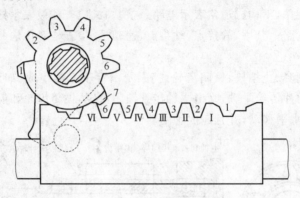

图 4-7　转辙机内锁闭

8. 启动片和速动片

启动片位于减速器和主轴之间,它不仅可以连接主轴起到机械传动的作用,还可以带动速动片控制自动开闭器的动作。

速动片通过速动衬套套在主轴上,但当主轴转动时速动片不能跟着一起转动。由于启动片上的拨片钉插在速动片的腰型孔中,只有当启动片转动时才能通过拨片钉带动速动片转动。速动片转动时和速动爪配合动作自动开闭器,断开和接通表示电路和动作电路。

9. 表示杆

表示杆,电动转辙机的表示杆与道岔的表示过接杆相连随道岔动作,用来检查尖轨是否密贴,以及在定位还是在反位。如图 4-8 所示,表示杆由前表示杆、后表示杆及两个检查块组成,两杆通过并紧螺栓和调整螺母固定在一起。前表示杆的前伸端设有连接头,用来和道岔的表示连接杆相连。

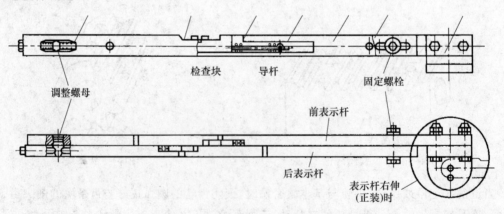

图 4-8　表示杆

10. 移位接触器

用来监督挤切削的受损状态,一共有两个移位接触器,分别与齿条块在伸出及拉入时的顶杆位置互相对应。道岔被挤或者挤切削折断时,移位接触器均会断开道岔的表示电路。

二、传动过程

ZD6 电动转辙机整体动作过程(38.6 圈)分为三个部分解锁→转换→锁闭。
(1) 电动机得电旋转；
(2) 电动机通过齿轮带动减速器旋转、减速；
(3) 输出轴通过启动片带动主轴；
(4) 锁闭齿轮随主轴旋转；
(5) 拨动齿条块，使动作杆带动道岔尖轨运动；
(6) 启动片带动速动片转动，通过自动开闭器的接点完成表示。

【任务 4.3】 S700K 型电动转辙机

一、S700K 型电动转辙机的特点

1. 采用三相交流电动机，解决了直流电动机故障率高、使用寿命短、维修量大的缺点；
2. 滚珠丝杠作为驱动装置延长其使用寿命；
3. 保持联结器具有挤脱装置，解决了挤切削劳损导致的惯性故障；
4. 摩擦联结器不需要调整。

二、S700K 型电动转辙机的结构

S700K 型电动转辙机的结构如图 4-9 所示。

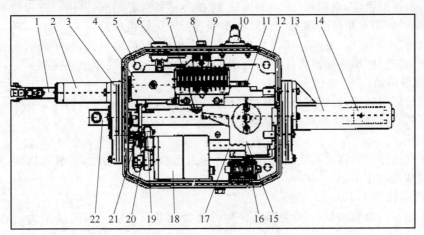

1—检测杆；2—导向套筒；3—导向法兰；4—遮断开关；5—安装孔；6—开关锁；7—锁闭块及锁舌；8—接地螺栓；9—速动开关组；10—电缆密封装置；11—表示标；12—底壳；13—动作杆套筒；14—止挡片；15—保持连接器；16—接插件插座；17—滚珠丝杠；18—电动机；19—摩擦连接器；20—摇把齿轮；21—连杆；22—动作杆

图 4-9 S700K 型电动转辙机结构图

S700K-C 功能模块结构图如图 4-10 所示。

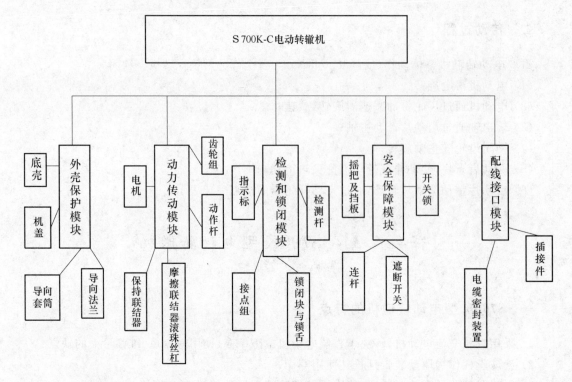

图 4-10　S700K-C 功能模块结构图

1. 三相交流电机

三相异步交流电机为转辙机提供动力。具有结构简单、运行可靠、坚固耐用、运行效率较高的工作特性。

2. 齿轮组

齿轮组由摇把齿轮、电机齿轮、中间齿轮、摩擦连接器齿轮组成,其中摇把齿轮和电机齿是一个传动系统,其用途是通过摇把齿轮对转辙机进行人工转换位置。

电机齿轮、中间齿轮、摩擦连接器齿轮组成一个传递装置,电机齿轮、中间齿轮是第一级的减速器,中间齿轮、摩擦连接器齿轮之间实现电动机的旋转力传递摩擦连接器。

3. 摩擦联结器

通过调整压力弹簧,可以调整摩擦片之间摩擦力的大小,保证可靠转换。在道岔转换到位或转换卡阻时,电机能够克服摩擦连接器的压力而空转,实现电动机过载保护。

4. 滚珠丝杠

滚珠丝杠的作用是将电动机的旋转运动转变为所需的直线运动,并且可以通过调整丝杠的螺距起到减速的作用。

5. 保持联结器

S700K 电动转辙机的保持联结器可分为可挤型或非可挤型。主要区别为是否安装了止动环。

可挤型指的是保持联结器利用其内部弹簧的压力分别设置有 9 kN、16 kN、24 kN 或 30 kN,当道岔的挤岔阻力超过弹簧设定压力时,动作杆滑脱,起整机不受损坏的作用。非可挤型指的是保持联结器内增加止动环,当挤岔阻力超过弹簧设定压力时,用于阻止与动作杆相连的保持栓的位移,从而保证挤岔时转辙机不解锁。

6. 动作杆

将转辙机的转换力传递到岔心或心轨上。

7. 检测杆

检测杆随着尖轨的转换而移动，用以监测道岔在终端位置时的状态。S700K-C 电动转辙机的检测杆分为上、下两层，上层检测杆用于检测缩进的密贴尖轨的工作状态，下层检测杆则用来监测伸出密贴尖轨的工作状态。

8. 锁闭块及锁舌

转辙机转到终端位置，表示杆的指示缺口与指示标对准时，锁闭块及锁舌能正常弹出，锁闭块的正常弹出，可以使速动开关组的相关接点闭合或断开，从而接通新的表示电路。锁舌的正常弹出是为了阻挡保持联结器的移动，实现转辙机的内部锁闭。

转辙机开始动作时，锁舌在锁闭块的连带作用下，能够正常缩入。锁闭块的缩入，切断原表示电路锁舌的缩入，解除转辙机的内部锁闭，保持联结器开始移动。

9. 速动开关组

速动开关组采用的是沙尔特堡接点组，它所起的作用是尖轨或心轨解锁、转换、锁闭时，自动开、闭电机的动作电路和道岔的表示电路。

速动开关组有上下两层，从速动开关组的一侧看，每层分左右两排接点组，每排有四组接点。

10. 开关锁及安全接点座

开关锁是操纵遮断开关断开和闭合的组件，其作用是现场检修人员开机盖作业或站务人员用摇把进行手摇道岔时，可靠切断转辙机的动作电路，防止电机误动，保护人员的人身安全。

三、S700K 电动转辙机的工作原理

S700K 电动转辙机动作过程有三个阶段：
(1) 解锁过程及断开表示接点过程；
(2) 转换过程；
(3) 锁闭及接通新表示接点过程。

传动过程：电动机将动力通过减速齿轮组，传递给摩擦联结器，摩擦联结器带动滚珠丝杠转动，滚珠丝杠的转动带动丝杠上的螺母水平移动，螺母通过保持联结器经动作杆、锁闭杆带动道岔转换，道岔的尖轨或可动心轨经外表示杆带动检测杆移动。

【任务 4.4】 ZYJ7 型电动转辙机

ZYJ7 电液转辙机以电机为动力，整机采用液压传动、机械锁闭。液压传动具有转矩大、传动动作平稳、均匀、易于控制往返运动、机械磨耗小等优点。溢流压力稳定易调整，不受气候温度影响。

一、ZYJ7 转辙机的结构

ZYJ7 双机牵引转辙机由电液转辙机（亦称主机，用于第一牵引点）和 SH6 型转换锁闭器（亦称副机，用于第二牵引点）组成，主机与副机共用一套动力系统，两者间用油管相连。单机牵引主机的结构与双机主机的结构相同，不同点在于转辙机的额定转换力、动作时间和动程不相同。

1. ZYJ7 转辙机主机结构

ZYJ7 转辙机主机结构如图 4-11 所示，主要由动力机构、转换锁闭机构、表示锁闭机构和手动安全机构等组成。

(1) 动力机构

动力机构的作用是将电能变为液压能，主要由电机、联轴器、油泵、油管、单向阀、滤芯、溢

流阀及油箱等组成。

(2) 转换锁闭机构

转换锁闭机构的作用是转换锁闭尖轨在密贴位置,该机构锁闭尖轨后能承受 100 kN 的轴向锁闭力,它由油缸、推板、动作杆、锁块、销轴、加强板及锁闭铁等零部件组成。

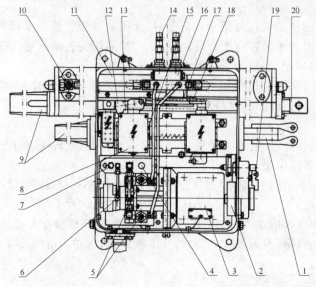

1—锁闭杆组; 2—惯性轮;
3—电机; 4—注油孔;
5—溢流阀; 6—油泵;
7—油标; 8—接点组;
9—保护管; 10—动调节阀;
11—油缸组; 12—锁块;
13—锁闭铁; 14—二动调节阀;
15—锁闭柱; 16—辅助缸组;
17—动作板; 18—滚轮;
19—遮断器; 20—动作杆组

图 4-11 ZYJ7 型转辙机结构图

(3) 表示锁闭机构

表示锁闭机构的作用是正确反映尖轨状态并锁闭尖轨在终端位置,该机构锁闭尖轨后能承受 30 kN 的轴向锁闭力。它由接点组、锁(表示杆)闭杆等零部件组成。

(4) 手动安全机构

手动安全机构的作用是手摇电机扳动道岔时,切断电机启动电源后,才能够插入手摇把,且非经人工恢复,不能接通电机启动电源。

2. SH6 转换锁闭器结构

SH6 转换锁闭器结构如图 4-12 所示,主要由转换锁闭机构、挤脱表示机构等组成。

挤脱表示机构的作用是正确反映尖轨状态,并具有挤岔断表示功能,它由挤脱接点组、表示杆组等零部件组成。出厂时动作杆轴向挤脱力调至 27.4~30.4 kN 之间。

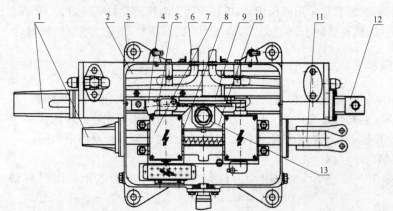

1—保护管; 2—油缸组;
3—底壳; 4—锁块;
5—锁闭铁; 6—胶管总成;
7—接点组; 8—检查柱;
9—动作板; 10—滚轮;
11—表示杆组;
12—动作杆组;
13—挤脱器

图 4-12 SH6 转换锁闭器结构图

二、ZYJ7 电液转辙机工作原理

1. 油路系统工作原理

如图 4-13 所示。本系统为闭式系统,当电机带油泵逆时针旋转时,油泵从油缸右侧腔吸入油,泵出的油使油缸左腔体积膨胀,油缸(主、副)向左侧移动。当油缸动作到终端停止动作时,泵从右边的单向阀吸入油,泵出的高压油经左边的滤油器和溢流阀回油箱。

反之,电机顺时针旋转时,动作情况与上述相反。为改善交流电机的启动特性,油缸并联了启动缸。另外,主机、副机进出油缸之处加装了流量调节阀,用于调节主机和副机在转换道岔时实现近似同步动作。

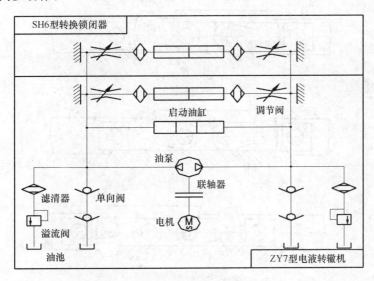

图 4-13 油路系统工作原理图

2. ZYJ7 电液转辙机机械动作原理

(1) 转换锁闭机构动作原理

电机经联轴器带动油泵顺时针方向旋转。由于活塞杆固定不动,使油缸向右动作。油缸侧面的推板接触反位锁块后,油缸继续向前移动时通过推板和反位锁块带动动作杆向右移动,同时定位锁块开始解锁。当油缸走完解锁动程后,反位锁块和定位锁块处于锁闭铁和推板的间隙内。油缸继续通过推板和反位锁块带动动作杆向右移动。当动作杆继续移动到反位锁块与锁闭铁的锁闭面将要作用时,开始进入锁闭过程。继续向右移动 15.2 mm,将反位锁块推入锁闭铁的反位锁闭面,反位尖轨密贴于基本轨,此时,动作杆的行程为 7.6 mm。因此,在尖轨密贴时,动作杆上的转换力可增加一倍。当尖轨密贴于基本轨后,油缸继续向右移动,动作杆不动作,油缸侧面的推板进入反位锁块的锁闭面,进入锁闭状态。

(2) 表示锁闭机构动作原理

如图 4-14 所示,当油缸向右移动,动作板的斜面推动接点组转换,断开原表示接点。当尖轨密贴于基本轨后,油缸继续向前移动接近锁闭时,接点组的启动片在接点组拉簧的动作下快速掉入动作板上速动片圆弧内,快速切断电源,接通反位表示。

(3) 锁闭表示杆动作原理

锁闭表示杆就是指杆上的缺口一端为锁闭口,另一端为检查表示口与检查表示口相对应接点的一端则为检查柱;此杆用于单点牵引道岔,锁闭表示杆移动 9 mm 时,断开接点并记忆,13 mm 时接点完全断开,此时锁闭表示杆若向相反方向移动 9 mm,接点复原。

(4) 挤脱表示机构动作原理

如图 4-14 所示为 ZYJ7 型转辙机的机械动作原理图。

挤脱表示机构的表示部分的工作原理与锁闭表示机构的表示部分的工作原理相同;当电液转辙机处于锁闭位时,若油缸不动,尖轨带动动作杆和表示杆向左移动时,动作杆通过锁块推动锁闭铁一起向左移动,锁闭铁顶起挤脱块,同时表示杆斜面推动检查柱向上移动,从而断开表示接点,实现挤脱断表示功能。

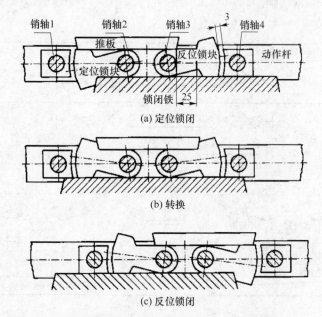

图 4-14　ZYJ7 型转辙机机械动作原理图

接点组与动作板、速动片、启动片的动作关系如图 4-15 所示。

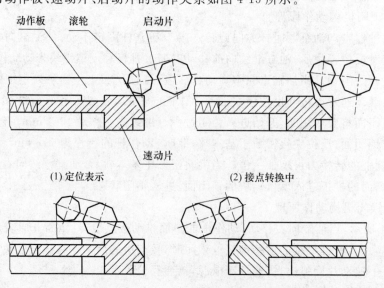

图 4-15　接点组与动作板、速动片、启动片动作关系

【任务4.5】 钩式外锁闭装置

外锁闭装置将道岔的密贴尖轨和基本轨直接进行锁闭,并将斥离轨保持在标准开口的位置。外锁闭装置能隔离列车通过时对转换设备的振动和冲击,可提高转换设备的使用寿命和可靠性。外锁闭装置是通过电动转辙机的牵引来实现道岔的解锁、转换和锁闭的。一旦锁闭,保证不因列车通过道岔时的振动而解锁。目前一般采用钩型外锁闭装置,其采用垂直锁闭方式,工作稳定、可靠、安装、调整方便。

一、钩型外锁闭装置的结构

钩型外锁闭装置由锁闭杆、锁钩、尖轨连接铁、锁闭铁、锁闭框五部分组成。如图 4-16 所示。锁闭杆 1 与转辙机动作杆连接是转辙机转换道岔的传动环节,同时又通过杆上的凸起部分与锁钩完成锁闭功能。锁钩 2 通过尖轨连接铁与尖轨固定连接,锁钩移动即带动尖轨移动。锁钩可以连接轴为心上下转动,与锁闭杆配合完成锁闭或转换道岔功能。锁闭铁 4 通过锁闭框 5 与基本轨固定连接,锁闭铁的位置相对于基本轨是固定的。保证尖轨与基本轨密贴是由锁钩与锁闭框配合实现的。

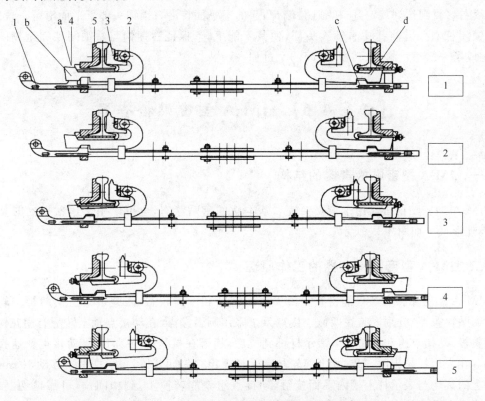

图 4-16 分动道岔钩型外锁闭装置动作原理图

二、钩型外锁闭装置的动作原理

1. 位置 1 左尖轨密贴,右尖轨保持规定开口。左侧尖轨处外锁闭锁钩头部 b 被锁闭杆左凸起顶住不能向下转动,而锁钩头部 b 与锁闭铁 4 在斜面 a 处密贴,使锁钩也不能向右移动,也就是尖轨不能向右移动,起到了把左尖轨锁在密贴位置的作用。而右侧尖轨处,外锁闭锁钩头部 d 上平面与锁闭铁下平面密贴,锁钩下部的缺口被锁闭杆凸起 c 卡住不能左右移动,也就是把右侧斥离轨锁在规定开口位置。

2. 位置 2 是转辙机带动锁闭杆向右移动,锁闭杆右凸起带动右锁钩向右移动,也就是斥离轨开始转换。与此同时,锁闭杆左凸起在左尖轨锁闭铁下平面下滑行至左尖轨锁钩底部的缺口。

3. 位置 3 是锁闭杆凸起对准锁钩缺口后,锁闭杆凸起右侧拨动锁钩,由于锁钩头部与锁闭铁在 a 处是斜面接触,所以锁钩头部沿斜面下滑,直到滑出锁闭铁斜面,同时锁闭杆凸起完全插入锁闭杆缺口。位置 2 和位置 3 是密贴解锁过程。

4. 位置 4 是转辙机通过锁闭杆带动两根尖轨同时转换,而且右侧尖轨开始密贴的过程。右尖轨密贴以后,转辙机带动锁闭杆继续向右移动,由于尖轨已经密贴锁钩不能继续右移,此时锁闭杆右凸起通过与锁钩的接触斜面将锁钩头部向上推起,直到锁钩头部上斜面与右尖轨锁闭铁斜面完全密贴,达到锁闭状态。此时左尖轨由密贴向斥离转换,但尚未达到规定开口。

5. 位置 5 是右锁钩抬起以后,转辙机带动锁闭杆继续向右移动。此时,左锁钩带动左尖轨继续右移直到达到规定开口,锁闭杆右凸起的上平面将沿右锁钩头部下平面滑行一段距离,这时锁闭杆右凸起将托住右锁钩头部,使其不能下转,保证右锁钩与右锁闭铁完全锁闭。至此,完成了一次道岔解锁、转换、锁闭的全过程。

【任务 4.6】 JM-A 型密贴检查器

一、JM-A 型密贴检查器的结构

JM-A 型密贴检查器用于检查尖轨和基本轨的密贴状态,也可以用于道岔挤岔时切断表示,其外形尺寸如图 4-17 所示。

二、JM-A 型密贴检查器的工作原理

JM-A 型密贴检查器仅能检查一根尖轨的密贴和斥离状态,因此每组道岔两根尖轨需要两台密贴检查器,分别安装在两侧。接点系统采用圆弧接点,在动接点轴上转配有用花键连接的调整板、动接点组和拐臂。当表示杆都到位后,拐臂在拉簧的拉动下,将动接点快速接通表示位。在表示杆拉出时,起动片上滚轮与表示杆上第一斜面开始,表示杆水平移动 10 mm。起动片上的滚轮与表示杆上槽内平面接触,动接点组就能转换 14°到中间位,可靠地切断表示,此时表示和斥离接点均断开。在表示杆拉出 63 mm 以上时,起动片上滚轮经过表示杆上第二斜面与表示杆上平面接触,动接点组就能转换 28°。接点组的斥离接点接通。表示杆的最大动程为 160 mm。在表示杆伸出处,上平面上有一移位标,表示杆从斥离位拉入时,当接点组上起动片刚从表示杆内速动片上掉下时,在移位表方孔左侧下的表示杆上刻有标记。此时,表示

杆再向内移动,标记离移位标方孔左侧的距离,即为表示缺口的距离。

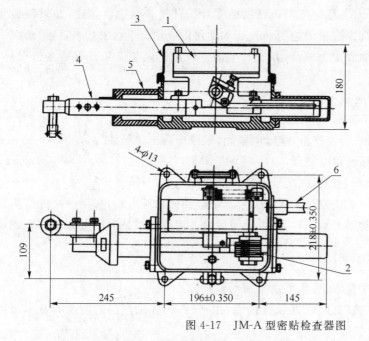

1—接点组
2—接线端子
3—盖
4—表示杆
5—导向套
6—电线引入管

图 4-17　JM-A 型密贴检查器图

三、JM-A 型密贴检查器主要技术参数

1. 表示杆动程 65~140 mm;65~160 mm。
2. 密贴检查间隙 1.5~10 mm。
3. 挤岔断表示的动程,从起动片的滚轮接触表示杆斜面开始为 10±3 mm。
4. 检查每侧尖轨的密贴位置,并可检查尖轨斥离 65 mm 以上的位置。
5. 每台检查器设有 2 组表示接点和 2 组斥离接点。

【任务 4.7】 转辙机的安装维护及检修

一、维修工具测试仪表

(一) 工具

信号钥匙、转辙机钥匙、手摇把、专业六角套筒板(转辙机专用)、2 mm 及 4 mm(20 mm 宽)试验锤、5 mm 及 2.5 mm 垫片、大撬棍、小撬棍、(7 mm 厚 20 mm 宽)试验锤、(10 mm 厚 20 mm 宽)试验锤。

(二) 仪表

万用表、便携式转辙机测试仪、油压表。

二、电动转辙机的安装要求

1. 通用要求

(1) 安装时要求线路部门配合,将拉杆、连杆、轨距、枕木间距和尖轨动程调整到规定的标准,尖轨爬行量和道岔转换阻力也不超过规定的标准。

（2）安装时要先检查用于固定基础角钢角型铁的螺栓头部是否与尖轨相碰,如果该螺栓影响尖轨密贴时,应将螺栓头部厚度铣薄为 10 mm。基础角钢应垂直于直股基本轨,短角钢垂直于基础角钢,角型铁应紧贴轨腰上下坡面,并安装牢固。转辙机应与道岔直股基本轨平行,其偏差不得大于 10 mm。

（3）密贴调整杆的螺母应有放松措施。

（4）各部绝缘安装正确、不遗漏、不破损。

（5）各部螺母、垫圈、弹簧垫圈应齐全,螺母应紧固,螺纹应露出螺母外。

（6）开口销应齐全、并按标准角度劈开。

（7）可动部分应动作灵活,不卡阻,框动量不超过规定的标准。

（8）安装完毕,道岔在定位或反位时应保证尖轨之一必须密贴基本轨,在第一拉杆接头铁处,尖轨与基本轨有 4 mm 及其以上间隙时,不得锁闭道岔。当道岔被挤时应可靠地切断表示电路。

2. 安装装置的要求

（1）基础角钢安装牢固,平直方正,角型铁与基本轨吻合。

（2）电动转辙机应与基本轨（直股或直股延长线）相平行,机体纵侧面的两端与基本轨垂直距离的偏差不超过 10 mm。

（3）密贴调整杆、表示杆、第一连接杆应与基本轨（直股或直股延长线）相垂直。各杆的两端与基本轨垂直线的偏差不大于 20 mm。

（4）各种连接杆及连接杆的螺扣调整部分,内外需有不少于 10 mm 的余量,密贴调整杆的螺帽应有防松措施。

（5）安装装置采用 125×80×10 mm 角钢或与其强度相当的角钢,基础角钢、密贴调整杆等必须有足够的强度。

（6）穿越轨底的动作拉杆、表示拉杆,距轨底的净距离应大于 10 mm。

（7）附有绝缘的密贴调整杆、尖端杆、角形铁、角钢等,绝缘装设完整、性能完好。

三、各类型转辙机及密贴检查器的调整

（一）ZD6 型电动转辙机的调整

1. 电动机

（1）取下电动机窗口板,检查转子与磁极间不磨卡,转子的轴向游程不大于 0.5 mm。

（2）向片间的绝缘物不得高出换向器的弧面（一般要求 0.3~0.5 mm,至少要与弧面平）,槽内无碳粉。

（3）炭刷与刷握盒内上下无卡阻（四周旷量宽度不大于 0.15 mm,厚度不大于 0.1 mm）；弹簧压力适当,炭刷与换向器接触面积不小于炭刷面积的 3/4,工作时无过大火花,炭刷长度不小于全长炭刷的 3/5（炭刷全长 15 mm）。

2. 减速器及摩擦联结器

（1）减速器安装牢固,转动无杂音。

（2）摩擦带与内齿轮伸出端清洁,不得锈蚀或无油污。

（3）摩擦连接弹簧调在规定摩擦电流条件下,相邻圈最小间隙不少于 1.5 mm；弹簧及支

撑垫不得与夹板接触。

（4）减速器的输入轴及输出轴在减速器中的轴向窜动量应不大于 1.5 mm，动作灵活，通电转动时无噪声。

（5）道岔在正常转动时，摩擦连接器不空转；道岔转换终了时，电动机应稍有空转；道岔尖轨因故不能转换至到位时，摩擦连接器应空转。

（6）带夹钣轴不松动，顶丝紧固。

3. 自动开闭器

（1）自动开闭器座安装牢固、完整、无裂纹；动、静接点不松动；静接点长短须一致，相互对称，接点片不弯曲、不扭斜，辅助片作用良好；接点罩清洁明亮，无裂纹。

（2）动接点在静接点片内的接触深度不得小于 4 mm，用手扳动动接点，其摆动量不大于 3.5 mm；动接点与静接点座间隙不得小于 3 mm，接点压力不小于 4.0 N；速动爪下落前，动接点在静接点内有窜动时，亦应保证接点接触深度不少于 2 mm。

（3）在解锁时，速动爪抬起，与速动爪间隙在解锁时不小于 0.2 mm，锁闭时速动爪与速动片缺口距离为 1～3 mm。

（4）速动片的轴向窜动，应保证速动爪滑轮与滑面的接触量不少于 2 mm，转辙机在转动中速动片不得提前转动。

（5）速动爪的滚轮在传动中，应保证速动片上滚动，落下后不得与起动片缺口底部相碰。

（6）在动作杆、表示杆正常伸出或拉入过程中，拉簧的弹力适当，作用良好，保证接点迅速转接，并带动检查柱上升和下落。

4. 主轴、动作杆及移位检查器

（1）作杆与齿条块的轴向移位量和圆周方向的转动量均不得大于 0.5 mm；齿条内各部件和联结部分须油润，各孔内不得有铁屑及杂物；挤切销应固定在齿条块圆孔内的台上，不得顶住或压住动作杆。

（2）锁闭齿轮圆弧与齿条块削尖齿圆弧应吻合，无明显磨耗，接触面不小于 50%，在动作齿条处于锁闭状态下，两圆弧面应保持同圆心。

（3）表示杆检查块的上平面应低于表示杆的上平面 0.2～0.88 mm，检查柱落入检查块缺口内两侧间隙为 1.5±0.5 mm。

（4）位接触器应能经常监督主销良好，当主销折断时，接点应可靠断开，切断道岔表示。

（5）顶杆与触头间隙为 1.5 mm 时，接点不应断开；用 2.5 mm 垫片试验或用备用销带动道岔（或推拉动作杆）试验时，接点均应断开，非经人工恢复不得接通电路。其所加外力不得引起接点簧片变形。

5. 表示杆

（1）表示杆平、正、直、无锈蚀、油润油饰良好。

（2）检查柱落入检查块缺口内两侧间隙为 1.5±0.5 mm（此时尖轨须密贴，无反弹）。

（3）表示杆检查块的上平面应低于表示杆上平面 0.2～0.8 mm。

表示杆的检查块可以在表示杆中段的空腔内滑动。前表示杆的前端设有连接头，用来和道岔的表示连接杆相连。后表示杆的后伸端设有调整杆，用来调整两检查块间的缺口距离。

6. 在道岔上进行密贴和表示缺口调整的方法

（1）首先应摇动手摇把，将动作杆和表示杆保持在伸出位置。调节尖轨上的密贴调整杆，使尖轨与基本轨密贴；再调节尖轨上的表示杆，使表示杆伸出端一方的检查柱落入检查块缺口,并达到 1.5±0.5 mm 的侧隙要求。但同时须复查,与尖轨第一连接杆处 4 mm 试验锤夹入尖轨和基本轨之间,这时主轴不应转至锁闭状态,检查柱不应下落。

(2) 然后,应摇动手摇把,将动作杆和表示杆保持在拉入位置,再调节密贴调整杆。最后,拧动表示杆尾端的调整杆,使另一方的检查柱和锁闭满足上述同样要求为止。

(二) S700K-C 型电动转辙机的调整

1. 机体

检查转辙机内外各部螺栓有无松动,开口销齐全,提拉机盖观察前后间隙,检查机盖灵活性及密封状态。

(1) 机盖锁的拆卸与安装。

(2) 转辙机内部及电缆线束的状态检查。

(3) 开关锁/遮断开关(安全接点)功能检查。

(4) 速动开关组拆卸与安装:松开接线后再松开固定螺钉,即可拆下速动开关组,更换速动开关组后不必进行任何调整工作。

(5) 锁闭块及锁舌的状态检查,将锁舌/锁闭块顶入并且能够自动弹出,当转辙机锁闭块和锁舌正常弹出时,锁舌的伸出量应不小于 10 mm,转辙机开始动作时,锁舌在锁闭块的连带作用下,能够正常缩入。

(6) 锁闭块拆卸与安装。

(7) 保持联结器的状态检查,无锈蚀或非正常过度磨损。

(8) 电动机及滚珠丝杠的状态检查,无受潮锈蚀、绝缘不良或丝杠弯曲。

(9) 锁闭块注润滑油,接点下注油孔及锁舌处(锁闭机构)。

(10) 检测杆注润滑油,机内滑动部分及表面涂油。

(11) 检测杆位置指示标调整,如果检测杆位置指示标松脱了,则需进行调整。

(12) 电机中间齿轮轴注油或涂润滑脂。

(13) 摇把齿轮轴涂润滑脂。

(14) 检测杆、动作杆机外部分涂油。

(15) 电机齿轮、过轮和摩擦联结器大齿轮表面涂润滑脂。

2. 外锁闭调整、维修

(1) 设备无外界干扰和异状,斥离尖轨与基本轨之间无异物。

(2) 各紧固件应齐全,螺栓紧固无松动,开口销齐全、按标准角度劈开。

(3) 安装装置、外锁闭装置安装平顺;各零部件的转动部分和滑动面;各处连接销都应涂润滑油润滑,动作灵活无卡阻。解锁过程中,锁舌与保持连接器无明显摩擦声;在解锁时,斥离轨无明显反弹;密贴时尖轨直线部分与基本轨同时接触;无尖轨尖部或腰部先接触现象。

(4) 闭装置各部零件无异常现象(意外损坏、异常磨痕)。

(5) 尖轨爬行不影响外锁正常转换。

(6) 各项技术参数应符合技术要求的规定。

(7) 道岔密贴状态良好。

(8) 检查道岔安装装置及外锁闭装置各处绝缘是否良好。

(三) ZYJ7 电液转辙机的调整、维修

1. 连接主副机油管检查

2. 油箱注油

3. 连接动作杆、锁闭杆的开口调整

4. 尖轨与基本轨密贴的调整

5. 手摇道岔试验

6. 电动转换道岔试验

（四）转辙机与外锁闭整体的调整

尖轨与基本轨不应密贴过紧，应有间隙 0.2～0.7 mm，夹 4 mm 铁板时，转辙机不能锁闭，夹 2 mm 铁板时应能锁闭。

1. 尖轨开口动程调整

2. 尖轨密贴调整

3. 表示缺口调整

4. 指示标的调整

（五）密贴检查器的调整

1. 将安装装置紧固在道岔上。

2. 将密贴检查器紧固在安装装置上。

3. 松开表示拉杆上无扣轴套外的螺母，转动无扣轴套，在尖轨密贴基本轨时，将密贴检查器的表示杆上的刻度线，调整至移位标方孔的左侧。

4. 在基本轨与尖轨之间插入 5 mm 厚 20 mm 宽的钢板，转动无扣轴套，密贴检查器的密贴表示接点不应接通。

5. 调整好后将无扣轴套外的螺母拧紧，防止轴套松动。

四、维修技能

电动转辙机的日常养护维修工作，由正线和车辆段信号工班负责，主要内容包括二级保养、小修、中修。

（一）转辙机检修作业程序流程

转辙机检修作业程序如图 4-18 所示。

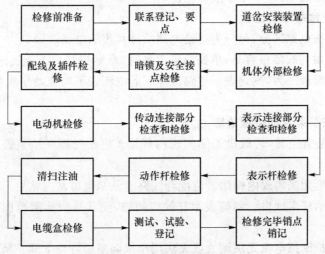

图 4-18 转辙机检修作业程序

（二）各类转辙机维护的项目

转辙机的维护的基本内容基本一致，但由于设备的表现与设备的动作频率、现场安装条件关系密切，故具体到哪个周期做哪些项目，各个地铁各条线均有所不同，没有十分统一的东西，也就是说在维护时必须与本企业的标准一致。下面简单描述有关的维护内容。

1. 道岔尖轨与基本轨检查。无爬行、飞边现象；岔尖根部螺丝紧固适当。尖轨与基本轨螺丝不相碰。滑床板油润且无明显划痕。
2. 安装装置、外锁闭、转辙机杆件及方正检查，符合技术标准。
3. 各部螺丝、螺栓检查（含地线），要求安装紧固，螺栓注油适当。
4. 道岔开口检查，符合技术标准。
5. 尖轨密贴检查，尖轨与基本轨宏观密贴良好，并通过密贴和斥离检查测试。
6. 表示缺口检查，表示杆缺口间隙符合标准。
7. 手摇转辙机检查，阻力小，各杆件连接要平顺，无憋卡现象。解锁时，无明显反弹。
8. 机箱整体检查，无裂纹，密封防水良好。
9. 机内部件检查，包括机内配线的检查。
10. 清扫注油，所有机械摩擦面、螺栓和设备特定的注油孔应清扫注油。
11. 绝缘分解及测试。
12. 设备的除锈、油漆处理。
13. 电操整机性能测试，转换过程平滑无异响。
14. 电缆绝缘测试及整治。
15. 其他定期需要更换的部件或整机。
16. 电气测试。

五、故障处理与分析

（一）DZ6 型电动转辙机的故障与处理

与道岔有关的故障，从动作层次上来分，可分为转换故障和表示故障；从结构上来分，可分为电路故障和机械故障。按照道岔控制电路的动作程序，分析启动道岔和控制台上电流表及道岔表示灯的变化情况，有助于缩小故障范围。

1. 正确区分道岔故障的性质

道岔电路故障按电路区分，可分为启动电路故障和表示电路故障。

区分这两种性质的故障很容易：单操故障道岔时，观察控制台上电流表的动作，若电流表动作次数与道岔的组数一致，则是表示电路故障。若电流表不动或动作次数不足，则是道岔启动电路故障。

2. 转辙机及安装装置的机械故障

（1）摩擦联结装置空转，转辙机不能实现内解锁。将松脱擦联结装置压力弹簧调整螺帽的固定螺栓紧固。

（2）尖轨转换后无法实现内锁闭。应配合线路专业调整道岔尖轨后，调整故障电流。

（3）转辙机表示杆卡缺口。调整表示杆缺口间隙，使其达到标准范围及紧固联结前后表示杆螺栓。

（4）电动转辙机摩擦电流无法调大或无法调小或调整后自动下降。清洁摩擦带与内齿轮表面或应更换摩擦带;需用扳手轻轻敲击压力调整弹簧,左右夹板便会随着调整而松开,摩擦电流即能正常调整;应紧固弹簧调整螺帽。

(二) S700K 型电动转辙机故障处理

1. 电源故障处理

直流 1 屏提供道岔模块 POM4 的工作电压,当直流 1 屏不能提供正常电压 24 V 时,LOW 显示"24 V 供电"红色报警道岔信号机同时无信息,可能电压过高或过低,自动切断 24 V 供电;当联锁采集到 380 V 转辙机电源告警时,即 LOW 上右下角的报警框"转辙机电源"变红,此时不管 380 V 转辙机电源是否真的有故障,转换道岔均无法操到位。

2. 机械故障处理

(1) 电机转动摩擦连接器打滑,动作杆不能动作,检查机内外有无卡阻。

(2) 转辙机机械动作中停止转换,检查轴承是否锈蚀严重,清除锈斑,排出卡阻;更换新轴承或电动机。

(3) 转换到位后无表示检查机内检测杆检测位置是否正确,表示杆卡口时,调整机外长短表示螺母;锁闭块是否卡阻,分解检查排除卡阻;速动开关组是否有损坏或有异物卡阻,更换开关组,排除卡阻。

(4) 机盖松动检查锁拴、锁钩位置是否调整到位,调整锁拴及锁钩位置使机盖密封配合适当;密封圈是否失效,失效就更换;支撑板或锁拴是否失效,失效就更换。

(三) ZYJ7 型电动转辙机故障的处理

1. 电机正常转动,油缸不动作

油箱严重缺油,应用专用注油器注入 YH-10#航空液压油。

2. 油缸动作而不到位

(1) 油箱缺油,应注入 YH-10#航空液压油。

(2) 如尖轨已密贴

① 机械卡阻,应去掉卡阻物;

② 外锁闭器未调整好,应调整外锁闭器。

(3) 如果尖轨没有密贴

① 机械或外锁闭器及道岔有卡阻物,应调整或去除卡阻物;

② 电液转辙机溢流压力低,调整至标准范围;

③ 道岔转换阻力超标,应与工建进行整治道岔。

3. 油缸到位,接点不转接

(1) 锁闭柱或检查柱落不到锁闭杆或表示杆缺口内,调整缺口至规定要求;

(2) 锁闭柱或检查柱在固定座内动作不灵活,应调整注油。

4. 主机与副机动作不同步

可将动作慢的牵引点相对应的调节螺栓(在两侧椭圆孔盖内),逆时针方向调整,使两点动作同步;如仍不同步,则应将动作快的机子相应的调节螺丝适当调紧,减少该机油量流速,达到宏观同步要求。

项目五　列车运行自动控制系统

【知识目标】
1. 熟悉列车自动防护系统；
2. 熟悉列车自动运行系统；
3. 熟悉列车自动监控系统；
4. 熟悉定位技术；
5. 熟悉 CBTC 信号系统。

【能力目标】
1. 掌握列车自动防护系统的故障分析及处理；
2. 掌握列车自动运行系统的故障分析及处理；
3. 掌握列车自动监控系统的故障分析及处理；
4. 掌握 CBTC 系统的故障分析及处理；
5. 培养学生作为信号工的职业素养和协作精神。

列车自动控制系统，简称为 ATC 系统，是城市轨道交通信号系统最重要的组成部分。在城市轨道交通中，ATC 系统的主要作用是保障列车行车安全和提高运营效率。

列车自动控制（Automatic Train Control，ATC）系统包括三个子系统：列车自动防护（Automatic Train Protection，ATP）、列车自动运行（Automatic Train Operation，ATO）、列车自动监控（Automatic Train Supervision，ATS）。

【任务5.1】　列车自动防护系统

城市轨道交通的信号控制系统中，列车自动防护系统是信号控制系统非常重要的组成部分，它为列车提供安全保障，有效降低列车驾驶员的劳动强度，提高行车作业效率。如果没有列车自动防护系统，列车的行车安全需要由列车驾驶员人工保障，这样会造成列车驾驶员过度疲劳，产生安全隐患，对行车作业效率也会带来负面影响。因此在城市轨道交通中，尤其是运营作业频繁的线路上，信号控制系统中设置列车自动防护系统是非常必要的，它是行车作业的安全保障和体现。

列车自动防护系统（ATP），是故障—安全的系统。ATP 系统保证运行的安全，同时也提高运营的效率。

一、ATP 系统的主要功能

1. 防止运营列车超速运行

运营列车在线路上运行有多种速度限制,列车运行速度不能超出速度限制值。

(1)防止运营列车超过线路限制速度超速运行

城市轨道交通中,线路在曲线段或坡道处,往往有速度限制,运营列车不能超过线路限速运行,否则容易出现列车脱轨或颠覆事件。

(2)防止运营列车超过列车允许最高速度超速运行

车辆的自身构造决定了车辆所能运行的最大速度,超过这个速度值,列车可能会出现故障,危及车辆和行车安全。

(3)防止运营列车超过道岔弯轨限制速度超速运行

城市轨道交通中,线路上设有道岔,在列车通过道岔弯轨时,不能超过道岔弯轨限制速度超速运行。

(4)防止运营列车超过限速区段超速限速

城市轨道交通中,线路上有故障或作业需要运营列车限速行驶,列车应按运营规定运行。

(5)防止运营列车超过临时限速

城市轨道交通中,线路上有临时作业,需要运营列车限速行驶,列车应按运营规定运行。

(6)防止运营列车超过其他限速

城市轨道交通中,运营作业需要任何限速的地方,列车应按运营规定运行。

2. 接收和处理来自地面的信息

列车运行在轨道上,地面轨道电路或地面的其他设备,将列车运行所需的信息发送出去,安装在列车车体上的列车自动防护系统设备会实时接收这些信息,并对这些信息进行实时分析和处理,以及时对列车的运行状态和运行速度进行控制。通常这些信息中包含有列车允许运行的最大速度值、线路位置等。

3. 防止列车相撞

城市轨道交通中,在某条线路上,往往会有很多列车同时运营作业,列车自动防护系统可以防止列车相撞,为这些平行作业的实施提供了安全保障,它有效提高了城市轨道线路的利用效率,增强了城市轨道交通的运营能力。列车自动防护系统可以防止列车相撞包括以下内容:

1)防止运营列车撞上前面的列车;
2)防止运营列车进入开通的进路;
3)防止运营列车冲出尽头线;
4)防止运营列进入封锁区段;
5)防止运营列车进入发生故障的进路等。

4. 车辆安全停靠站台

城市轨道交通中,列车停靠站台时,需要列车完全停稳不动,确保乘客安全上下车。列车自动防护系统会检测列车的速度和列车所处的位置,保证列车在站台区域内安全停靠。

5. 列车车门控制

城市轨道交通中,列车左右两侧都有车门,列车停靠站台后,列车自动防护系统会控制列车开启靠近站台的车门,保证乘客安全上下车。

6. 空转、打滑防护

列车在线路上正常运行时,列车车轮在钢轨上滚动运行。因某种原因,列车车轮会发生空转,或列车车轮在线路上滑动运行。这种情况一方面会对车辆的车轮造成损伤,另一方面会危及列车行车安全。列车自动防护系统会实时检测列车空转和打滑情况,并及时采取措施,控制列车运营状态。

7. 防止列车发生溜车

列车如果在线路的坡道处停车或在站台处停车,列车自动防护系统会给列车施加一定的制动力,保证列车不会发生溜车现象,防止发生安全事故。

列车自动防护系统除了以上的重要功能外,根据城市轨道交通信号系统的配置情况和复杂程度,还可以有一些其他功能,如控制列车的运行方向,提供驾驶员操作接口界面等。

二、ATP系统的设备组成

ATP系统一般由轨旁设备和车载设备两部分组成。

(一) ATP轨旁设备组成

根据城市轨道交通信号系统的不同制式,列车自动防护系统地面设备,可以设置点式应答器或轨道电路,向列车传递有关信息,由安装在列车上的设备接收和处理这些信息。

1. 点式应答器

应答器是一种用于地面向列车信息传输的点式设备,分为固定(无源)应答器和可变(有源)应答器。主要用途是向列控车载设备提供可靠的地面固定信息和可变信息。

应答器向线路保存列车的行车信息。在列车经过时,由安装在列车车底的感应接收装置从中读取或接收信息,对这些信息进行综合分析处理。

点式应答器中所包含的信息,包括有线路位置、列车运行距离、基本线路参数、速度限制等信息,这些信息固化在应答器中。应答器可分为有源应答器和无源应答器。有源应答器向线路实时发送信息,由列车接收;无源应答器,只有在列车经过时,由列车从应答器中读取信息。

点式应答器安装在线路上,调试和安装工艺比较简单,容易实施,成本相对较低,应用广泛。

2. 轨道电路

城市轨道交通信号系统,轨道电路除了具有表示列车是否占用轨道的功能外,还可以向线路上实时发送列车运行所需的信息,由列车接收和处理。轨道电路所发送的信息,有利于列车的车载系统对列车进行实时控制。

轨道电路所发送的信息包括以下内容:

(1) 轨道电路基本信息,如轨道电路的长度、坡道和曲线参数,所用的载波频率,轨道电路的编号等;

(2) 线路速度,是指该轨道区段线路上受坡道和曲线等因素的影响列车所允许运行的最大速度;

(3) 目标速度,列车到达下一目标时,列车的运行速度;

(4) 运行距离,列车到达下一目标时所需走行的距离;

(5) 列车运行方向,指明列车上行运行或下行运行;

(6) 载波频率,列车接收下一个信息的载波频率;

(7) 道岔定反位,列车前方经过道岔的定位或反位;

(8) 列车停站信号,指示列车处于停站状态;

(9) 备用信息位,预留用作其他的信息使用。

这些信息以数字编码的方式,顺序排列,放在一个信息包里。列车收到信息后进行译码和实时处理,实时控制列车运行状态。其地面设备包括联锁设备,它们与车载设备一起完成对列车的控制和安全防护功能。

(二) ATP 车载设备组成

ATP 车载设备一般由 ATP 车载单元、测速装置和通信接收(发送)装置组成。有的系统是列车两头各一套车载 ATP 设备,互为备用;有的系统是列车两头各一套,但不互为备用,只控制各自方向的行驶;还有的系统只有一套。

ATP 车载单元一般由计算机通道构成,有的采用二取二计算机系统,有的采用三取二计算机系统。

不同 ATP 系统采用不同的测速装置,有速度脉冲发生器、测速电机、多普勒雷达、加速度计等。

不同 ATP 系统根据其具体情况设置接收(发送)装置,有的只有接收装置,有的接收、发送装置都有。

三、ATP 系统的接口内容

(一) ATP 与 ATO 的接口

车载 ATP 通过分线端子把测速仪信息和精确停车信息传给 ATO。车载 ATP 和 ATO 还通过总线进行数据通信。

(二) ATP 与车辆的接口

1. ATP 的电源一般由车辆提供,在一定的电压范围之内设备可正常工作,短时间的低于或高于此电压范围不会影响设备的工作。

2. ATP 车载单元的外部数字静态输入,所有读入的接点必须为开接点。

(三) ATP 与联锁的接口

轨旁 ATP 一般通过总线与联锁相连接,传递信息。具体见各系统的描述。

(四) ATP 与 ATS 的接口

轨旁 ATP 通过总线与 ATS 相连接,传递信息。具体见各系统的描述。

四、ATP 系统的工作原理

(一) 移动闭塞系统工作原理

1. 传输模式

感应环线和相应的车载天线构成的轨道沿线网络提供 ATP 轨旁单元和 ATP 车载单元之间的双向数据交换。轨旁感应环线区段通过轨旁接线箱连接到一个环线控制单元。环线控制单元包含发送器、接收器和与轨旁 ATP 的接口。数据传输独立于任何安装于同一轨道内的轨道空闲检测系统,并且不受其干扰影响。

车载单元通过感应环线得到它的移动许可,然后为 ATP 监督和 ATO 驾驶计算必要的制动曲线。感应环线同时作为轨旁 ATP 的一个接收天线,用于接收来自车载 ATP 的报文。

2. 数据安全

报文数据本身由适当的编码保护,可以同时检测到几个数据位的错误。而且,数据保护程序工作于 ATP 轨旁计算机单元和 ATP 车载计算机单元的两个故障—安全系统之间。

ATP 车载计算机单元与 ATP 轨旁计算机单元连接中断的时间有一个预先定义的值,超过此值,系统会采取相应的安全措施,如紧急制动。

3. 系统运行

在连续式通信级,ATP 监督下的人工驾驶或自动驾驶模式下,列车以移动闭塞列车间隔运行。列车通过检测和识别应答器来确定自己的位置。列车上有一个被称为线路数据库(TDB)的铁路网络图,TBD 中包含应答器的位置数据。结合来自测速仪和雷达的位移测量,列车就能计算出它在线路的绝对位置,并且通过连续式通信传送该信息到轨旁 ATP 系统。轨旁 ATP 计算线路上基于这些信息和轨旁空闲检测的详细空闲信息,评估所有列车的移动条件,并通过连续式通信系统发送一个连续式通信级移动授权报文到车载 ATP。

(二) 固定闭塞(点式)系统工作原理

点式通信级移动授权下的固定闭塞模式是连续式通信级移动闭塞模式的降级模式。

1. 传输模式

点式通信意为在线路上特定的点进行车地信息传输。点式通信以应答器建立,应答器安装在线路上。应答器车载天线通过应答器时可得到应答器内的数据。

应答器的种类有两种,分别是固定数据应答器和可变数据应答器。

固定数据应答器是无源的。固定数据应答器存储一个可再编程的报文并将其传输给通过列车。

当信号系统使用点式通信时,可变数据应答器用于给列车传送报文。可变数据应答器连接到一个和信号机相连的轨旁电子单元(LEU)。正常情况下,可变数据应答器接收 LEU 连续发送的报文,该报文内容取决于与 LEU 相连接的信号机的显示信息。列车通过该应答器的瞬间,该报文被传送到列车上。一旦与轨旁电子单元的连接中断,将向通过的列车传送存储在可变数据应答器中的缺省报文。

2. 数据安全

每条应答器报文至少都含有标记,可使列车确定它在线路上的绝对位置。

报文是在列车经过应答器时传送的。应答器车载天线激活应答器传输报文。车载查询器使用激活的能量通过数据总线将报文传输至车载计算机。

3. 系统运行

固定闭塞列车间隔功能取决于由始端和终端物理信号机定义的联锁分区。该功能还基于相关联锁分区的轨道空闲信息,并保证最长的一列车在一个分区的范围内。

该功能检测并通过可变数据应答器向列车发送点式通信级移动授权报文。

可变数据应答器与一架联锁信号机相连,报文内容只取决于相应的信号机的显示。应答器报文通过轨旁电子单元(LEU)选择。

可变数据应答器安装在每架信号机的前面。列车司机或 ATO 驾驶列车前行,直至在下一个可变数据应答器处得到下一个信号机显示"停止"的信息。如果信号机显示状态变为"前进",则列车可以通过下一个可变数据应答器获得新的移动授权。

五、运行模式

不同的系统,驾驶运行的模式有所区别,一般来说有 ATO 模式、SM 模式、RM 模式、AR 模式、URM 模式等。

(一) ATO 模式

ATO 模式也就是自动驾驶模式,该模式只能用于正线(或试车线)及敷设了与正线同样设备的车辆段。运行中不需要司机驾驶,在列车的运行过程中,司机负责监督 ATP/ATO 显示信息,列车运行时所通过的轨道、道岔、信号机的状态,在必要时人工介入。ATO 模式是运行等级最高的模式,列车完全在 ATP 的保护下运行,如设备发生故障,ATP 系统自动采取措施,保证列车的运行安全。

(二) AR 模式

AR 模式为列车自动折返模式,该模式用于已设计了可进行列车自动折返的车站。AR 模式按折返时列车有无司机驾驶标准分,可分为:有人折返和无人驾驶列车自动折返;按列车运行时采用的模式标准分,又可分为:DTRO、ATO、SM 三种折返运行模式。

(三) SM 模式

SM 模式为 ATP 监督下的人工驾驶模式,该模式下,列车在 ATP 的保护下,由司机参照 ATP 提供的速度曲线人工驾驶列车,如列车的运行速度超过 ATP 允许的速度,ATP 将发出报警信号,然后施行紧急制动,直至列车停车。一般在 ATO 设备故障时采用此模式。

(四) RM 模式

RM 模式是限制式的人工驾驶模式,该模式下,ATP 只提供对设定速度(在设计中确定,如 25 km/h)的超速防护和车门监督,列车由司机负责驾驶,运行安全由司机负责。当列车运行速度超过设定速度或车门开时,ATP 自动施行紧急制动。

(五) URM 模式

URM 模式是非限制式人工驾驶模式,此模式下列车的运行没有 ATP 防护,运行安全完全由司机负责。

【任务 5.2】 列车自动驾驶系统设备

ATO(自动列车驾驶)负责控制列车的运行,例如列车的自动离站,列车的速度调节,列车的目标制动以及车门、屏蔽门和安全门的开/关的启动控制。ATO 设备没有安全相关的功能,因为 ATO 总是运行于 ATP 的安全监督之下。

ATO 的主要部件在列车上,以实现自动驾驶模式。ATO 的功能是非安全型的。轨旁 ATO 的功能通过 ATS、轨旁 ATP 和联锁设备实现。所以,ATO 轨旁功能不需额外的物理设备。

ATO 车载单元完成 ATO 功能,借助列车的牵引控制和制动系统负责车站间的列车自动驾驶。当列车在非安全点停车时,ATO 负责车门的打开;当列车在 ATO 模式下运行,在 AR 模式无人驾驶折返的模式下运行时,ATO 还将负责抵制司机对安全设备的使用。

一、ATO 系统的主要功能

ATO 的功能包括控制功能和服务功能。

(一)控制功能

1. 自动驾驶功能(站间)

当车载设备在 SM 模式中,当列车离站所需的条件已经满足,且列车牵引和制动控制已放置零位时,这时司机可以实施自动驾驶功能。一旦激活,ATP 车载单元转换至 ATO 模式,ATO 功能将计算出列车至下一车站停车点距离速度轨迹。

列车在自动模式下停车时的运行速度曲线如图 5-1 所示。

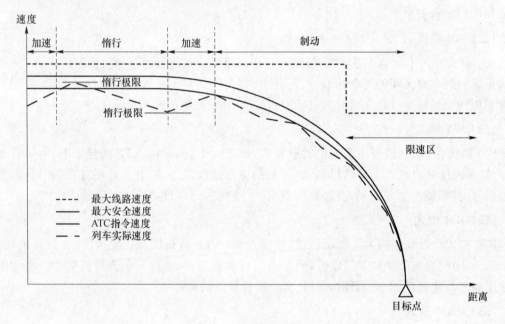

图 5-1 ATO 速度曲线图

2. 无人驾驶自动折返

无人驾驶自动折返功能是一种特殊情况下的驾驶,在这种驾驶情况下无司机,而且列车上的全部驾驶控制台将被关闭,用于列车无人驾驶折返的运行。

当从 ATC 轨旁功能接收到无人驾驶折返许可运行时,就会自动进入无人驾驶自动折返模式。经由司机 MMI 功能显示给驾驶室的司机,确认接收到显示后,授权司机关闭驾驶控制台。只有按下站台的无人驾驶自动折返钥匙开关以后,才会实施无人驾驶列车折返运行。一旦按下无人驾驶自动折返按钮,ATC 轨旁功能将提供所需的数据,以用于驾驶列车从到达站台至折返轨处。只要在折返轨,折返就有效,且列车将自动回到新的出站台。列车一到出站台,ATC 车载设备就会退出 AR 模式。

3. 开/关门

(1) 车门打开

车门打开功能接收从 ATP 发出的数据,该数据显示列车运行的方向和车门打开的一侧。在由 ATP 准许释放以后,ATO 功能选定合适的车门打开。然而,车门的关闭只能由司机实施完成。

(2) 屏蔽门开关

PSD(屏蔽门)控制的主要工作如下。

① 如果列车已停在正确位置,允许打开屏蔽门。

② 如果列车门请求关闭,则相应请求关闭屏蔽门。

③ 如果列车停在正确位置,允许打开屏蔽门。

④ 如果 ATP 车载单元释放车门,那么列车门才能打开。出于该原因,ATP 会检查列车是否停稳以及在正确位置。如果所有要求符合,列车门才被会释放。司机或车载 ATO 可以打开车门。同时,车门开启的信息将被传送到 PSD 系统,通过 PSD 系统打开屏蔽门。

⑤ 如果列车门已关闭,则请求关闭屏蔽门。

⑥ 如果司机关闭车门,则信号系统把该信息传送给 PSD 系统。这样,通过 PSD 系统关闭屏蔽门。

(二) ATO 服务功能

上述 ATO 控制功能由下列服务功能支持,服务功能的详细描述如下。

1. 列车位置

ATO 功能从 ATP 功能中接收到当前列车的位置和速度方面的详细信息。计算出列车的位置后,需要调整列车实际位置以考虑列车运行的距离。调整考虑到了 ATP 功能计算列车位置的时间,ATP 功能将列车位置信息发给 ATO 功能的时间,以及传输和 ATO 接收信息之间延误的时间。

另外,ATO 功能同测速单元的接口为控制用途提供更高测量精确性。列车位置功能也接收到地面同步的详细信息,由此确定列车的实际位置和计算列车位置的误差。测速的误差信息准许列车位置功能校正距离测量,距离测量用于停车点监督,以便列车达到必要的停车窗的精度。由测速误差完成的列车位置调整可在所有点出现,这个由 ATO 功能确定的点一直到接近实际停车点处。

2. 允许速度

允许速度功能为 ATO 速度控制器提供列车在轨道任意点的对应速度值,该速度值未经优化,只是采用了当前线路限速值和制动曲线限速值之间的最小值。对列车允许速度的调整,其目的之一是为了通过优化速度曲线,以及采用适当的惰行/巡航运行模式,达到节能要求。

3. 巡航/惰行功能

ATC 功能其中一个主要的任务是按照时间表控制站间列车的运行,同时保证了最大能量效率。这就是 ATO 巡航/惰行功能的作用,协同 ATS 功能中的 ATR 功能,并通过确定列车运行时间和能源优化轨迹这两个阶段实现巡航/惰行功能。

(1) 确定列车运行时间的功能

由 ATO 和 ATR 功能确定的列车运行时间,通过车站轨道电路占用完成同步化。车站轨道电路一被占用,ATO 功能就触发一个计时器。ATR 功能同时确定列车运行至下一站的运行时间,并发出运行时间命令。经由轨道至列车的报文通信至 ATO。当列车离站,(例如不再检测零速度),ATO 功能从报文给定的运行时间中减去已经消耗掉的时间(这是由计时器测量的),以确定列车到下一站(在下一区间上运行)的实际剩余时间。

(2) 能源优化轨迹功能

能源优化轨迹的计算考虑了加速度、坡度制动以及曲线。ATO 功能确定列车在行程中的位置,并计算出与预定路径的偏离,并使用最大加速度,结合巡航/惰行功能将计算出到下一停车点的速度距离轨迹。列车驶向速度限制区间(SRSs)以及停车点时,应优先使用惰行模式;而在限速区段时使用巡航模式。

用于计算能源优化轨迹的存储曲线同传输 ATP 曲线相比较。如果曲线不同,那么将以传输 ATP 曲线为基础,计算列车当前位置至下一停车点的运行曲线。

4. 司机人机接口功能

(1) 显示功能

司机 MMI(人机接口)功能向司机显示的信息有:

实际速度、允许速度、驾驶状态、信号模式、列车折返运行、关门指令、出站命令、车场显示、实施紧急制动、ATP/ATO 故障、打滑或空转状态等信息。

(2) 外部控制

通过音响警报功能发出驾驶室内的音响报警,以及非安全数据输入功能(通过 MMI(TOD)功能输入车次号、车组号、乘务员号、目的地号)

二、ATO 软件系统的组成

ATO 软件系统分为几个不同的功能模块。

模块:列车、ATP、ATS、显示和 PIS 是与外部通信单元的接口,通过操作系统与外部单元进行接口。接口模块工作独立于所使用的通信系统,并执行端对端协议。

基本数据模块存储从列车接口和 ATP 接口接收到的相关数据,该模块作为状态设备,具有 ATO 相关的状态。比如,车站接近、车站停车、跳站、折返。

数据控制模块存储不属于基本数据的数据,这些数据来自 ATP(部分)、ATS 和 PIS。

故障处理模块。主要故障信息将显示在司机的显示器(HMI)上,并通过连续式通信通道传输到地面的服务和诊断系统。

三、ATO 的接口内容

(一) 与车辆的接口

ATP/ATO 车载设备提供一个接口用于与车辆的数据交换。主要接口信息及命令有:

(1) 车辆信息(空转/打滑等)。

(2) 驾驶员命令(驾驶室激活、驾驶模式选择、启动等)。

(3) ATO 命令(牵引/制动、列车开门/关门等)。

(4) 列车控制的车辆状态信息(车辆完整状态、车门状态等)。

(二) 与车载旅客信息系统的接口

实施与旅客信息系统(PIS)的接口,旅客信息系统(PIS)提供:旅客广播、显示下站站名、显示目的地站名、时钟显示等信息。

四、ATO 的工作原理

(一) 自动驾驶

ATO 模式若想被激活,需要满足以下前提条件:

1. ATP 在 SM 模式;

2. 停站时间已过（运行停车点已被释放）；
3. 从轨旁接收到移动授权；
4. 门已关闭；
5. 驾驶手柄在 0 位置，方向手柄在前进位置。

自动启动自动模式或由司机通过启动按钮启动 ATO 模式，或 ATO 自动启动。如果任何一个前提条件不满足，启动将被取消。ATP 将 ATO 控制信号传输到牵引系统。在 ATO 由启动按钮激活后，列车加速，直到计算出的速度曲线。当列车达到期望的速度后，系统控制列车按速度曲线运行。当达到制动触发点时，ATO 设备将自动控制常用制动，使列车跟随制动曲线。当列车停在车站预定的停车区域后，ATO 自动打开车门。类似的过程也应用于驾驶通过限速区，在列车通过限速区后，列车自动加速到计算出的速度曲线。具体动作如下。

1. 当启动自动驾驶时需要从车载 ATP 获得相关数据，并从 ATP 轨旁单元获得移动/目标授权，通过测速电机或雷达进行测速，根据列车的长度及位置识别与定位，车载 ATO 自动控制列车的牵引和制动单元。

2. 列车自动调整，根据时刻表、发车命令及下一车站的计划到达时间到轨旁单元的运行命令对列车自动运行进行干涉；

3. 在 ATO 自检成功且 ATP 设备释放自动驾驶后，就可以采用 ATO 驾驶。

(二) 常用制动模型

根据安全制动模型，ATO 生成驾驶速度曲线。该安全制动模型结合常用制动曲线，描述了 ATO 车载设备的驾驶曲线。ATO 车载设备依下一停车点（如，车站）计算出实际位置、速度、ATP 安全停车点（防护点）和常用制动曲线。如图 5-2 所示。

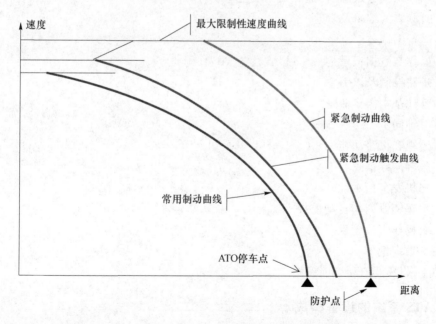

图 5-2　ATO 常用制动模型的安全制动模型

该图中表示了如下信息。

1. 最大限制的速度曲线：最大限制性速度曲线（MRSP）是在给定线路区段上，对最大限制性速度的描述。MRSP 是线路数据库中或操作员设置的临时限速区段的最小的静态速度曲线。

2. 防护点：防护点的位置取决于所考虑的运行环境。对于移动闭塞运行，防护点是前面列车的背后。

3. 紧急制动曲线：紧急制动减速曲线要考虑车辆保证的紧急制动减速度，轨旁 ATP 计算出的当前防护点，最大限制性速度曲线以及线路的坡度纵断面。

4. 紧急制动触发曲线：从紧急制动曲线计算得到。这个曲线的得到需考虑切断牵引动力的延时，以及制动力发生作用的延时。车载 ATP 连续监督紧急制动触发曲线。

5. ATO 停车点：停车点来源于运行停车点（如车站）或基于给出的紧急制动触发曲线来计算的。

6. 常用制动曲线：从紧急制动触发曲线和 ATO 停车点计算得到，该曲线要考虑额外的调整时间。

【任务 5.3】 列车自动监督系统设备

一、ATS 系统的主要功能

完整的 ATS 子系统功能基于 ATP、ATO 子系统，实现对全线列车运行的自动管理和监控过程，ATS 子系统的主要功能包括：

（一）列车识别号跟踪、传递和显示功能

（二）时刻表的编辑及管理

（三）运行图调整

（四）操作与数据记录

（五）进路控制及取消

（六）其他基本操作命令

（七）时钟同步

（八）监视和报警功能

（九）旅客向导信息

（十）司机发车指示

（十一）车辆段列车自动监控

（十二）操作人员管理

（十三）数据记录

（十四）ATS 模拟和培训设施

二、ATS 系统的设备构成

中央 ATS 系统的主要设备包括调度工作站、模拟显示屏、运行图编辑工作站、ATS 中央设备和网络设备、系统管理工作站、维护工作站、与其他系统接口的通信服务器、培训/模拟工作站等，以及报告输出和系统运行状态信息输出打印设备。设备分设于中央控制室、信号设备室、电源室、运行图编辑室、模拟演示室中。

一般根据行车组织要求,在中央控制室将设置三个行车调度工作站、一个 OCC 运行模拟显示屏、一个在线运行图编辑工作站,以及两台彩色激光打印机、一台宽行针式打印机等。一个行车调度工作站用于主任调度台,两个行车调度工作台用于行车调度。以上工作站在硬件和软件上具有相同的结构,控制功能可互为备用。

OCC 运行模拟显示屏一般采用背投式高分辨率组合显示屏,具有灵活的文字、图表、图像的彩色显示功能,满足线路、站场、车次号实时显示要求;具有以太网接口可方便地直接与中央 ATS 网络接口,可直接显示列车运行状态、列车识别号等信息。

中央信号设备室将设置有关的 ATS 系统管理服务、通信服务、数据服务、系统接口、维修/管理工作站等设备。

电源室设置 ATS 智能电源系统,包括 UPS、免维护电池、电源屏。

在运行图编辑室将设置一台编辑工作站。

在正线设备集中站信号设备室设置 ATS 分机设备。

在车辆段信号运转楼控制室设置一台 ATS 行调工作站。

模拟/演示室将设置模拟/演示工作站及打印机。

如图 5-3 所示,为西门子 VICOS OC 501 作为 OCC 的控制系统,是基于标准的硬件和系统的体系结构。ATS 服务器采用 SUN 工作站和 UNIX 操作系统,各个部件之间通过双 100 bit/s 以太局域网连接。ATS 局域网中采用 TCP/IP 通信协议,用两台以太网交换机实现双网冗余功能。

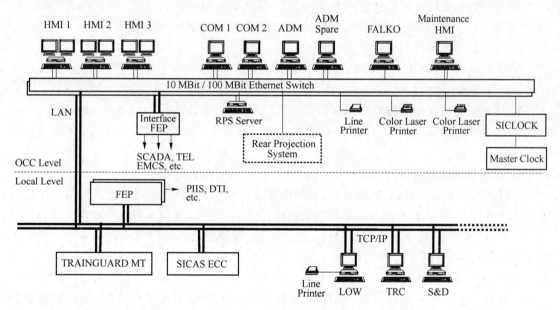

图 5-3 标准 ATS 配置

在每个联锁站,配有高可靠性的冗余 FEP 用于采集来自其他外部子系统(如车辆段联锁、正线联锁)的信息。这些现场信息再被传输到 OCC 的 ATS 计算机。其他相关系统,如 EMCS、SCADA、无线传输等则通过一台放置在 OCC 的 FEP 来处理。车站一级的 ATS 人机接口设备 LOW、TRC 和 S&D 系统直接与联锁设备及 ATP 设备(SICAS ECC 和 TRAINGUARD MT)通信。

VICOS OC 501 由以下部件组成:HMI 服务器(人机接口)、HMI(人机接口)、COM 服务器(通信服务器)、ADM 服务器(管理服务器)、ADM 备用服务器、在线/离线 FALKO、FEP(前端处理器)、SICLOCK(实时时间发送器)、以太网外围设备、打印机。

HMI 是列车调度员的操作台。来自 SICAS ECC、TRAINGUARD MT 和其他外围系统的动态数据汇集在 COM 服务器并处理。ADM 服务器负责中心数据存储和报告,而 FEP 负责将其他外围系统接入 ATS 服务器。

车站操作员工作站(LOW)和列车排路计算机(TRC)在 ATS 系统失效情况下将提供额外的后备模式。

用于车站操作员工作站(LOW)的 VICOS OC 101 系统,其系统环境也是基于标准硬件和系统体系结构。LOW 将采用个人计算机和 Windows 2000 操作系统,它与 SICAS ECC 联锁直接相连。

VICOS OC 101 由以下部件构成。

(1) 车站操作员工作站(LOW),用于在车控室的本地操作。

(2) 列车排路计算机(TRC),提供后备模式下的进路排列功能。

三、ATS 系统的接口内容

(一) 中央接口

1. 与 PIDS 系统接口

ATS 系统一般为旅客信息显示系统(PIDS)提供下一列车的目的地;下一列车的到站时间;提醒乘客列车接近即将到达车站;提醒乘客下一列车不能乘坐(通过)等信息。

2. 与主时钟的接口

ATS 系统与中央 GPS 主时钟的接口。通过此连接接收的 GPS 时间信号,调整 ATS 系统本身的时钟设备。

3. 与通信无线系统的接口(TEL)

ATS 列车无线接口(TEL)传输目的地号、服务号、班组号以及列车位置、列车折返信息到通信系统。

4. 与通信网络的接口

信号系统中设备集中站(联锁站)中联锁设备及 ATP 设备的站间通信会采用信号专用的冗余光纤连接。但 ATS 系统由于是非安全系统,其与车站间的通信一般会由通信专业提供以太网口连接,另外,放置在车辆段 HMI(人机接口)工作站也会由通信专业提供太网口接入中央 ATS 系统的局域网中。

5. 与 SCADA 的接口

部分信号系统要求中央 ATS 的 HMI 能显示线路的供电分区供电情况,为此系统要从 SCADA 系统接收每个供电分区是否正常供电的信息。通信方式一般采用串行口形式实现。

(二) 本地接口

1. 与车辆段联锁的接口

车辆段联锁可以接入到 ATS 系统。车辆段联锁传送的数据用于 ATS 显示车辆段存车线轨道电路的状态。

2. 与旅客信息显示系统(PIIS)接口

用于通知站台的乘客交通信息。通信方式一般采用串行总线形式实现,显示一般采用

LED 实现。

3. 与发车时间指示 DTI 接口

在列车驾驶正方向的端墙位置设置 DTI,提供给司机列车发车倒计时的信息。通信方式一般采用串行总线形式实现,显示一般采用 LED 实现。

四、ATS 控制模式

地铁运营具有行车间隔小、客流量大、速度高的特征。为了满足运营的需要,运营部门必须坚持安全生产的方针,贯彻高度集中、统一指挥、逐级负责的原则。行车工作由控制中心行车调度员(以下简称行调)统一指挥。考虑到信号系统的可靠性及可用性,ATC 信号系统一般提供两级控制运行模式,即中央级控制运行模式与车站级控制运行模式。

(一) 中央级信号控制模式

正常情况下列车的运行处于中央自动监控状态。联锁系统根据 ATS 指令自动设置进路,列车在 ATP 的安全保护下,按照 ATS 指令由 ATO 实现列车的自动驾驶(ATO)模式,满足规定的行车、折返间隔及列车出入车辆段等作业要求,并实现列车运行的自动调整,调度员和司机仅监督列车及设备的运转,当运行秩序被打乱而不能自动处理或遇其他特殊情况时,可进行人工介入。

1. ATS 自动监控方式

在每天开始运营前,值班调度员根据需要调用相应的计划时刻表,经检查确认、必要时进行局部修改后,作为当天的计划时刻表,系统将自动控制列车运行。

在自动监控方式情况下,中央 ATS 系统完成以下主要工作:

(1) 根据计划时刻表及列车位置自动生成进路控制命令,传送到联锁设备,设置列车进路;

(2) 自动完成正线区段内列车识别号(服务号、目的地)的跟踪;

(3) 系统具有列车计划与实迹运行的比较功能和计算机辅助自动调度的功能,即在发生列车运行偏差时,偏差在系统设定的偏差范围内应自动进行调整,当偏差超过此范围,系统将自动发出偏差报警并给出偏差情况,由调度员进行调整或修改运行计划;

(4) 完成时刻表的编制及管理。

ATS 中央计算机根据输入的基本数据(列车的追踪间隔、列车停站时间、区间运行时间、运行目的地等),自动生成列车基本运行图,经人工适当调整并确认后储存于系统中,可保存多个计划时刻表在系统中,每日由调度员启动一个计划运行图进入实施。

2. 调度员人工介入方式

调度员可在中央人工发出有关非安全控制命令,对全线的列车运行进行人工干预。

(1) 调度员人工调整列车运行

在 ATP/ATO 设备(包括地面及车载设备)及联锁设备正常状态下,列车的实际运行与实施的计划运行图之间发生严重偏差时,调度人员在 HMI 工作站上给出有关命令来对列车运行进行人工调整。调度员人工介入的列车运行调整包括:

1) 对有关列车实施"扣车/中止站停"或"跳停";

2) 改变列车在区间的走行时分;

3) 等间隔调整;

4) 对计划运行图进行在线修改。

(2) 人工进路控制

行车调度人员根据需要,可在 ATSHMI 工作站上对计算机联锁设备发送进路控制命令,联锁机设置列车进路。对于中央集中式系统结构还可在中央联锁控制条件下,由联锁控制操作人员(可由中央调度人员直接)进行列车进路控制。

(3) 人工设定列车的识别号

当列车向中央 ATS 发送的识别号与中央 ATS 计算机中的识别号不一致时,将产生报警信息。中央调度人员可通过 HMI 工作站对该列车的识别号进行重新设定、修正、删除。

3. 列车出入车辆段的调度方式

中央 ATS 系统通过通信传输网,与车辆段派班室和信号控制室的服务工作站连接,车辆段调度员根据当天的计划时刻表编制车辆计划,并传送到中央 ATS 系统,车辆段信号值班员根据车辆计划设置出库列车进路或进库列车进路,完成列车出入车辆段及进库停车作业。

(二) 车站级运行控制模式

根据信号系统不同的配置结构,车站现地控制方式有所不同。通常有中央集中式和非中央集中式结构。

1. 中央集中式结构

中央集中式结构的信号系统功能大都集中在中央 OCC 实现,车站现地控制方式只在初期运营设备调试阶段和中央系统设备及通信通道等故障情况下使用。这种结构的车站现地控制功能较弱,仅具备有限的对道岔单独操纵、区段锁闭、信号机单独控制及站台监督等功能。

2. 非中央集中式结构

非中央集中式结构包括局部集中式结构和分布式结构。这种结构除集中站以外,其他非集中车站不直接参与运营控制,以减少设备及管理人员,降低投资及运营支出。集中站的现地控制方式为:车站联锁设备与 ATS 系统结合,实现车站和中央两级控制的转换。在中央 ATS 系统故障或经车站值班员申请中央调度人员授权后,车站 ATS、联锁系统可改由车站现地控制。

如果中央 ATS 正常,在现地控制方式下只要将信号机设为自动模式,中央 ATS 系统仍具有对联锁进路的控制及对列车的调整功能。在需要时,车站值班员可强行取得控制权操纵联锁设备,此时列车在区间的运行时分和停站时分将根据预先储存的计划时刻表进行。为此控制方式有如下两种。

(1) 车站自动控制方式

① ATS 正常情况下的自动控制模式

在该控制模式下,值班员可在车站的现地工作站上将部分或全部信号机置于自动状态,ATS 设备可根据计划时刻表及列车运行情况自动排列进路,而其他联锁操作则由值班员人工操作。

② ATS 故障情况下的自动控制模式

根据采用不同的信号制式,将考虑仅在中央 ATS 故障情况下,利用车站一级的 ATS 设备和接收到的列车目的地号自动排列进路的功能。

(2) 车站联锁人工控制方式

在车站现地控制方式下,车站值班员可以直接对其控制区域内的联锁设备进行控制。车站值班员在车站现地工作站上选用人工进路模式,通过鼠标、键盘等设备进行进路设置,并可对联锁控制范围内的信号机、道岔和轨道区段作特殊的设置或操纵。

在联锁人工控制的模式下,车站值班员可对常用的正向进路设定为自动追踪状态,当列车进入该进路所定义的接近区段时,将会自动排出一条固定的列车进路。

【任务 5.4】 CBTC 信号系统

基于通信的列车运行控制系统(Communication-Based Train Control,CBTC),便是支持移动闭塞的列车运行控制系统,它不仅适用于新建的各种城市轨道交通,也适用于旧线改造、不同编组运行以及不同线路的跨线运行。近年来,随着通信技术的发展,尤其是无线通信、计算机网络技术和数字信号处理技术的迅速发展,信号系统的冗余、容错技术完善,在信号这个传统领域为 CBTC 的发展奠定了基础,CBTC 系统已逐渐被信号界所认可,基于感应环线通信的移动闭塞 CBTC 系统,在我国也已运用于城市轨道交通。而基于无线(Radio)通信虚拟闭塞的 CBTC 系统,已经在国外多个城市轨道交通中被采纳,我国某些大城市的城市轨道交通也已经决定选用这种制式。

一、基于感应环线通信的移动闭塞制式 CBTC 系统

移动闭塞系统在城市轨道交通中运用的前提,是实现列车与地面的双向实时通信。而双向通信的地面有线设备,目前主要有两种方式,一种是在全线敷设用于发送微波的波导管,这种制式的移动闭塞,已于 2003 年年初,在国外的城市轨道交通中得到运用;另一种是利用敷设于全线的感应环线进行双向通信,这种制式的移动闭塞,在国外早已经得到运用,目前我国至少有两个城市的轨道交通,决定采用这种制式。由于篇幅所限,尽可能结合国内的实际情况,这里主要介绍基于"感应环线"通信的移动闭塞 CBTC 系统。

移动闭塞原理示意图如图 5-4 所示。

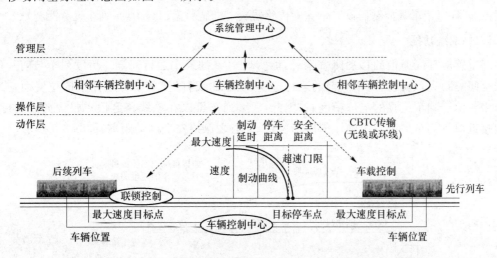

图 5-4 移动闭塞原理示意图

(一) 移动闭塞系统的基本构成

移动闭塞系统由系统管理中心(SMC)、车辆控制中心(VCC)、车载设备(VOBC)、车站控

制器(STC)、感应环线通信系统设备、车场系统设备、车站发车指示器、站台紧急停车按钮、接口等设备组成。如图5-4所示,系统管理中心与车辆控制中心进行双向通信,完成对所有列车的自动监控;车辆控制中心与全线的列车进行不间断的双向通信,所有的列车将其所在的精确位置和运行速度,报告给车辆控制中心;车辆控制中心在完全掌握所有列车的精确位置、速度等信息的前提下,告知各列列车运行的目标停车点;列车接收车辆控制中心发来的目标停车点信息,车载计算机根据允许运行的距离、所在区段的线路条件及列车的性能等,不断地计算运行速度,自动地完成速度控制。车辆控制中心还与车站联锁装置通信,完成列车进路的排列。

1. 系统管理中心(SMC)的构成

系统管理中心,对系统进行全面的协调管理,完成所有的列车自动监控功能,其设备设于运营控制中心(OCC)。

2. 车辆控制中心(VCC)的构成

车辆控制中心,位于运营控制中心,它由以下主要部分构成:

(1) 车辆控制中心的中央计算机;

(2) 车辆控制中心的I/O机架;

(3) 车辆控制中心的数据传输架;

(4) 车辆控制中心的调度员终端;

(5) 中央紧急停车按钮(CESB)。

3. 轨旁设备

轨旁设备,主要由车站控制器(STC)、感应环线通信系统、系统管理中心的车站工作站站台紧急停车按钮、站台发车指示器、车站现地控制盘、信号机、转撤机等设备组成。

4. 车载设备

ATC车载设备主要包括:车载控制器(VOBC)及其外围设备。

(1) 车载控制器,由电子单元(EU)、接口继电器单元(IRU)、供电单元等组成。

(2) 车载控制器的外围设备包括天线(每个车载控制器设2个接收天线和2个发送天线)、速度传感器(每个车载控制器设二个速度传感器)、司机显示盘(TOD)(每列车设置两套)。

(二) 系统功能

基于感应环线通信的移动闭塞系统,能实现90 s的最小运行间隔。后续列车与前一列车的安全间隔距离,是根据列车当前的运行速度、制动曲线,以及列车在线路上的位置而动态计算出来。由于列车位置的定位精度高,因此,后续列车可以在该线路区段以最大允许速度,安全地接近前一列车最后一次确认的尾部位置,并与之保持安全制动距离,如图5-5所示。

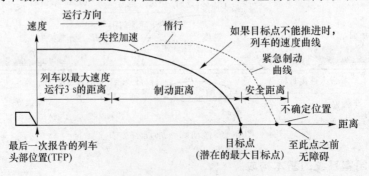

图 5-5 移动闭塞目标点示意图

该"安全距离"是指后续列车的指令停车点(目标点)与前一列车尾部位置之间的一个固定距离,它是以最不利情况发生时,仍能保证安全间隔为前提计算而得。假如列车采用常用制动,列车可以停在目标点。当常用制动失效,实施紧急制动时,除了紧急制动所需时间外,还必须增加系统作用时间和牵引停止到紧急制动启动的延时时间。这种情况下列车真正的停车点并不是目标点,而是远于目标点,但必须停在安全距离的范围内。

为了确保列车的安全运行,列车必须连续不断地接收目标点的更新信息。系统设定列车在 3 秒内,收不到信息,就判断为通信发生故障,迫使列车紧急停车,保证列车运行安全。在车辆控制中心,接收来自列车和现场设备的输入报文,当确认输入报文有效后,才产生相应的指令报文。系统管理中心对整个系统内的列车进路,及运行图/时刻表进行管理,并向负责联锁及道岔控制的车辆控制中心发出排列进路的请求,完成道岔联锁功能。一旦车辆控制中心确认道岔已锁在规定位置,才允许列车通过该道岔。

车站控制器所提供的功能为:道岔控制和表示采集;监督并报告,中央紧急停车按钮、车站现地控制盘上紧急停车按钮及站台紧急停车按钮的状态;信号机的点灯和灯丝报警;与车辆控制中心通信;与车站工作站通信等。

二、基于无线通信(Radio)的虚拟闭塞 CBTC 系统

近年来随着移动通信技术的发展,无线通信可靠性技术的提高,以及通信协议和国际标准接口的制定,基于无线(Radio)通信的 CBTC 系统,已在国外投入运行。微处理器技术的发展,促使 ATC 系统从一个以硬件为基础的系统向以软件为基础的系统演变。尤其近年来,无线局域网(WLAN)技术的成熟,接口标准的制定,开放的标准的数据通信系统(DCS),极大地推进了无线 CBTC 系统的发展进程。纽约、西雅图等北美的五个城市正在建设之中。其后,法国巴黎的 13 号线、瑞士的洛桑地铁、亚洲的香港竹篙线、韩国的国铁及和中国台湾地区等,都已经决定采用最新的无线(Radio)通信 CBTC 系统。据不完全的统计,全世界正在建设和已经签署合同的此类系统的线路,已超过 13 条。2005 年,我国上海轨道交通 8 号线也已经决定选用基于无线通信的 CBTC 技术,这对于推动我国城市轨道交通乃至铁路系统无线CBTC 发展,无疑有着积极的意义。

无线 CBTC 系统是指通过无线通信方式(而不是轨道电路),来确定列车位置和实现车地双向实时通信,从而实现自动控制列车运行的信号系统。

(一) 无线 CBTC 系统设备组成

如图 5-6 所示,无线 CBTC 系统主要的子系统有列车自动监控(ATS)系统、数据通信系统(DCS)、区域控制器(ZC)、车载控制器(VOBC)及司机显示等。子系统之间的通信基于开放的、标准的数据通信系统。地面与移动的列车之间,都是基于无线(Radio)通信进行信息交换。

CBTC 系统设备包括控制中心、车辆段、轨旁,以及车载的设备。

1. 控制中心内的 ATS 设备

包括 2 套冗余 ATS 服务器;1 台网络时钟服务器;3 台调度员工作站(每个工作站配有 2 台 LCD 显示器);1 台调度员工作站用于车辆段监控;2 台调度员打印机;2 台冗余配置的数据日志记录器;2 台冗余配置的数据记录器;1 台维护工作站和打印机;1 台运行图编辑器和彩色激光打印机;1 台打印服务器;1 台绘图机;2 台高速网络激光打印机。

控制中心设备还包括数据存储单元 DSU,这是一个安全设备,它具有 3 台处理器,为冗余

的 3 取 2 配置。

2. 数据通信系统(DCS)设备

所有设备都和数据通信系统(DCS)相连。DCS 设备包括:轨旁光纤骨干网、轨旁无线设备接入点(AP)、车载无线设备、联锁站和控制中心室的网络和交换机。

3. 分布式的轨旁设备

在具有联锁功能的车站,配有区域控制器(ZC)和其他相关设备。区域控制器具有 3 台处理单元,为冗余的 3 取 2 配置。而且区域控制器是模块化结构,具有可再配置、可再编程和可扩展性。所有区域控制器设备和数据通信系统骨干网的连接都是冗余(双)连接。

每个联锁车站设有一个 ATS 工作站,该工作站与数据通信系统冗余连接。在中央 ATS 故障时,可以进行本地控制。每个联锁车站都有一台数据记录器,记录区域控制器之间传送和接收的网络信息。

4. 车载设备

列车上的设备包括:一个车载控制器(VOBC),两个移动无线设备和两个司机显示器(TOD)。车载控制器具有 3 台处理单元,为冗余的 3 取 2 配置。车载控制器也是模块化结构,具有可再配置、可再编程和可扩展性。

司机显示与车载控制器接口,给出以下显示:对司机的信息显示、最大允许速度、当前运行速度、到站距离、列车运行模式、停站时间倒计时、系统出错信息等。司机输入信息,输入司机身份、列车运行模式以及其他开关和按钮的输入。

(二) CBTC 系统的系统结构

CBTC 系统(如图 5-6 所示)的组成部分有列车上的车载控制器(VOBC),轨旁区域控制器(ZC)和位于中央的数据库存储单元(DSU)。

1. 车载控制器(VOBC)

车载控制器,通过检测轨道上的应答器,从数据库中检索所收到的数据信息,以建立列车的绝对位置;车载控制器测量应答器之间的距离,并测量自探测到一个应答器后,列车所行驶的距离。数据库包括了所有相关的轨道信息,包括道岔位置、线路坡度、限速、停站地点等。

车载控制器具备列车自动防护(ATP)子系统和列车自动运行(ATO)子系统的所有功能。车载控制器主动开始与区域控制器(ZC)的通信。这意味着当列车进入区域控制器的控制区域时,无论是刚刚进入系统或从一个区域控制器区域转移至另一个区域,列车会向区域控制器发送信息,表示列车已经进入该区域控制器的管辖区域。车载控制器通过数据通信系统与控制中心 ATS 直接通信。ATS 周期性地接收到从各列车发来的列车所在位置和列车状态报告。

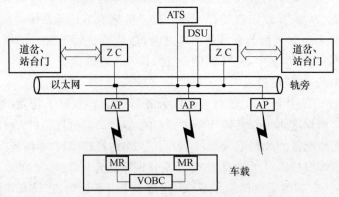

图 5-6 CBTC 系统结构示意图

2. 区域控制器(ZC)

区域控制器,接收其控制范围内列车发出的所有位置信息;根据控制中心列车自动监控子系统 ATS 的进路请求,控制道岔、信号机,并完成联锁功能;并根据所管辖区域内轨道上障碍物位置,向所管辖区域的所有列车提供各自的移动授权;所谓"障碍物"包括列车、关闭区域、失去位置表示的道岔,以及任何外部产生的因素,如紧急停车按钮、站台屏蔽门、防淹门和隔离保护门的动作等;区域控制器,还负责对相邻 ZC 的移动授权请求做出回应,完成列车从一个区域到另一个区域的交接。

3. 数据库存储单元(DSU)

数据库存储单元,是一个安全型设备,它包含了其他列车控制子系统使用的所有数据库和配置文件。区域控制器和车载控制器之间,使用一个安全的通信协议,从数据库存储单元下载线路数据库。线路数据库都有一个版本号,在每个区域控制器和数据库存储单元之间每隔一定时间,就会对版本号进行交叉检测。当列车第一次进入系统时以及之后每隔一定时间,在车载控制器和区域控制器之间也会进行相同的检测。

(三)无线 CBTC"虚拟闭塞"的主要功能

基于 Radio 通信的 CBTC 与上述基于感应环线通信的 CBTC 移动闭塞方式,主要区别在于通信方式的不同。后者两个列车的间隔虽然也是动态的,但这与感应环线的长度及交叉有关,在一定程度上它受硬件设备的物理限制。而无线 CBTC 可以理解为虚拟闭塞系统,它不是由物理上的闭塞分区定义的,而是由区域控制器内数据库来定义。虚拟闭塞分区的设计是根据对行车间隔的需要而进行划分,而且没有实际硬件设备来限制边界,虚拟闭塞分区的边界很容易进行动态调整。

区域控制器根据占用虚拟分区的前行列车位置,对后续列车发出移动授权,允许运行至虚拟闭塞分区的边界点,这一点便是后续列车的运行的目标点。我们把这个目标点,称为正常运行停车点。该目标点与前行列车尾部还留有安全距离。它包括最不利情况下,列车启动紧急制动所需的安全距离和附加的防护距离。防护距离是后续列车在最不利情况下的运行距离,在车上通过计算而得,其中还包括列车的不确定因素,如打滑、空转、轮径补偿等。因而这个防护距离,既是固定的也是动态的。移动授权极限点,由区域控制器传给车载控制器。当列车接近移动授权极限点时,降低速度,缩短安全距离。

【任务5.5】 定位及车地通信设备

广泛应用于城市轨道交通信号系统中的同步、定位设备主要有:同步环线、感应环线、应答器三种;车地通信设备主要有 PTI 设备、感应环线、无线设备等三种。

一、同步环线

(一)同步环线功能及主要组成

同步环线主要功能是用于列车车站精确停车。在车站区域列车停车精度一般要求达到 ±0.3 m 的要求,为了实现列车精确停车,车站内的位置调整点由多交叉的同步环线提供。同步环线的头和尾是所谓的环路边界。ATP 车载设备能接收到这些交叉点,并把每个交叉点的处理信号传给 ATO。ATO 计算每个交叉点间的距离,粗调点只有在期望的位置窗口内才能被识别到。假如识别到粗调点,则下一个交叉点便可用作位置同步。这些交叉点的位置已预设在 ATO 中,结合车载自动控制系统实现精确停车的功能。

这里以 LZB 700M 型系统为例进行描述。该设备中同步环线由室内同步环线机柜和室外轨旁连接盒以及环线构成,如图 5-7 所示。每个同步环线机柜可以控制两组同步环线,机柜主要的元件有:单元框架、风扇、电源单元、控制继电器模块、环线控制器和调整电阻等。室外轨旁连接盒主要由调谐板和接线板组成。

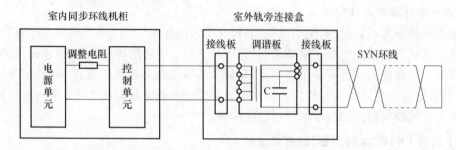

图 5-7 同步环线结构框图

(二)同步环线的工作原理

列车每次经过一个轨道电路分界处都会进行里程的更新,这个更新点的不精确主要是由新的轨道电路占用的不确定造成的,误差是 S 棒的长度的一半(大约±1.9 m)。在车站范围内,只依靠轨道电路的停车点是不能满足车站要求的停车精度的,因此就需要采用特殊的同步环线进行附加的局部同步,使列车能在站台精确地停车。

SYN 环线的始端和终端是所谓的"环线边界"。SYN 环线一共有 36 个交叉点,每个交叉点都会在靠近钢轨的两侧处产生两个感应磁场 ATP 车载单元通过车头两侧的两个 ATP 天线接收每个交叉点的信息。只要其中一个天线接收到信息 ATP 车载单元就认为交叉点存在,这样 ATP 车载单元就可靠地读出每个交叉点的位置。如果丢失一个交叉点的位置都会造成停车不准确。

当列车驶入站台前一个轨道电路区段时,ATP 车载单元通过 ATP 天线接收到前方站台轨道区段的报文,打开同步环线的功能,准备接收同步环线的信息。列车运行至环线的每一个交叉点,ATP 车载单元都将接收到交叉点信息,产生一个站台的停车点,计算目标距离,来控制列车的速度。列车驶入站台后,当 ATP 天线接收到第一个 SYN 环线的交叉点的信息,ATP 车载单元就更新一次目标距离,并计算接收到环线交叉点的个数。ATP 车载单元在接收到第 14 个交叉点时,列车再更新一次目标距离,来调整列车的速度。列车经过第 20 个交叉点时,列车又再一次更新目标距离,由于速度比上一次更新点要慢,因此距离的预测比上一个更新点精确,车速的控制更加精准。在经过第 32 个交叉点时,列车最后一次更新目标距离,这时速度已经很低,所以这个距离的预测会越来越准确。最后,列车就会精确地停在预定的停车窗内。SYN 环线上的第 14、20、32 个交叉点通常称为近似点,ATO 车载单元就是利用这几个近似点的预定位置改写当前的位置,产生新的当前精确局部同步。列车通过识别交叉点可以确定其所在的位置距停车点距离,进而调整 ATO 运行曲线,达到控制列车精确停车目的。

由于 SYN 环线在站台上的对称设计,所以列车从两个方向进入站台都能使列车精确地停在预定的停车窗内。

二、感应环线及轨旁设备

感应环线在城市轨道交通中应用极其广泛,其功能主要是列车同步定位及车地通信两类或两种兼有。感应环线通信设备位于设备室和轨旁。感应环线数据通信系统是 VCC 和 VOBC 之间交换信息的媒介。

感应环线通信系统由馈电设备(FID)、入口馈电设备(EFID)、远端环线盒(远程终端盒和远程馈电盒)、感应环线电缆、线路放大器等设备组成。

三、PTI 设备

PTI 设备主要用于车地之间的单向通信,通过感应信息传输系统 IMU 100,信息数据从车辆传给轨旁。ATO 车载单元和处理单元间的通信通过一个串行通信通道接通,信息通过空气气隙传输。按照时分复用方法,用报文以一个高电报速率(850 kHz 调制率)传输。处理控制技术需要从正在站内传输的列车上得到有效数据。数据通过 PTI 系统从车辆传至轨旁。

四、应答器设备

应答器设备在城市轨道交通中广泛应用于列车定位及点式列车通信系统中。

(一) 应答器功能简述

应答器是数字式的转发器,由来自列车的能量信号触发,因此应答器属于一种被动的设备。为了使来自任何运行方向的所有信号装备的列车接收到应答器的数据,应答器安装在轨道道床上或其他有效的位置。

当列车经过一个应答器,它会接收到一个用于应答器识别的应答器报文。用于点式通信级的应答器还为点式列车防护提供其他信息。根据应答器的识别号,车载 ATP 可以利用线路数据库里的线路信息对应答器进行定位。

应答器检测的安全性由以下原理保证。

1. 应答器信息是编码的。
2. 对于安全列车定位功能:保证应答器的报文在规定的距离外不会发生交叉干扰。
3. 安装在线路上的应答器的作用是:当列车进入到装备应答器的正线时初始化列车位置。
4. 列车位于正线时,在 ATP 车载计算机单元重新启动后列车位置的重新初始化。
5. 在预先定义的区域或点上减少安全定位的不确定性。
6. 将安全定位的不确定性维持在预定阈值之下。
7. 满足要求的站内停车精度。

应答器在信号系统中作为地面里程信标为列车提供精确定位矫正功能,及时修正因列车本身测量位置产生的测量误差。随着列车走行距离的增大,列车本身的测量装置,如测速电机、测速雷达的测量数据不可避免会出现积累误差。为了消除该误差,当列车运行一定距离后必须对测量数据进行矫正。通过列车车载轨道数据库与应答器的物理位置进行比较,可以精确地重新校准列车的实际位置。

应答器分为无源应答器、有源应答器两种规格。

1. 固定数据应答器:固定数据应答器是无源的。固定数据应答器存储一个可再编程的报文并将其传输给通过列车。

2. 可变数据应答器：当信号系统使用点式通信时，可变数据应答器用于给列车传送报文。可变数据应答器连接到一个和信号机相连的轨旁电子单元(LEU)。

正常情况下，可变数据应答器接收 LEU(轨旁电子单元)连续发送的报文，该报文内容取决于与 LEU 相连接的信号机的显示信息。列车通过该应答器的瞬间，该报文被传送到列车上。

项目六 信号联锁系统设备

【知识目标】
1. 熟悉计算机联锁设备的机构组成；
2. 熟悉计算机联锁的系统功能；
3. 熟悉 VPI 型计算机联锁系统；
4. 熟悉 iLOCK 型计算机联锁系统；
5. 熟悉 DS6-K5B 型计算机联锁系统。

【能力目标】
1. 掌握联锁设备的安全因素和防范措施；
2. 掌握 VPI 型计算机联锁设备的系统维护；
3. 掌握 iLOCK 型计算机联锁系统的故障检测；
4. 掌握 DS-K5B 型计算机联锁系统的故障处理；
5. 培养学生作为信号工的职业素养和协作精神。

【任务6.1】 计算机联锁系统的概述

城市轨道交通信号联锁系统的联锁逻辑与传统的 6502 继电联锁系统在原理上相似。在信号机、道岔和进路之间建立一定的相互制约关系，用来保证列车在进路上的运行安全。整个系统的主要工作可分为进路建立和进路解锁。

一、计算机联锁设备的系统构成

（一）系统的结构

如图 6-1 所示，联锁设备分成五层，分别为表示层、逻辑层、执行表示层、设备驱动层以及现场设备层。SIEMENS 的联锁设备对应分为：LOW（现场操作工作站）、SICAS（联锁计算机）、STEKOP（现场接口计算机）、DSTT（接口控制模块）以及现场的道岔和信号机。在有的系统中可能将执行表示层和设备驱动层结合在一起，统称为执行表示层。以下将以 SIEMENS 的 SICAS 微机联锁系统为例进行描述。

（二）联锁主机的结构及维护

目前主机主要采用两种冗余方式，2取2热备方式或者3取2方式，用于保证设备安全和提高设备可用性。下面就 SIEMENS 的 2取2 和 3取2 故障安全系统的基本原理作简单描述。

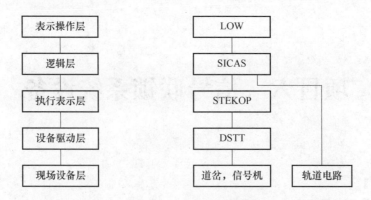

图 6-1 联锁系统结构图

1. SICAS 微机联锁系统 2 取 2 故障安全系统原理

2 取 2 系统工作原理如图 6-2 所示。

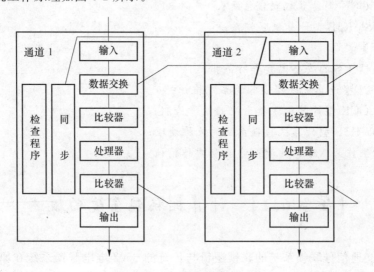

图 6-2　2 取 2 系统工作原理图

系统由两个相互独立的、相同的、对命令同步工作的计算机通道 1 和通道 2 组成。过程数据由两个通道输入,比较和同时进行处理。只有当两个通道的处理结果相同时,结果才能输出。

主要功能有:

——通道同步;

——两个通道的程序和工作现场数据的连续比较;

——输入和输出数据的比较;

——计算机硬件的周期测试。

2. SICAS 微机联锁系统 3 取 2 故障安全系统原理

3 取 2 系统工作原理如图 6-3 所示。

系统至少由三个相互独立的、相同的、对命令同步工作的计算机(通道 1、通道 2 和通道 3)组成。过程数据由三个通道输入,比较和同时进行处理。只有当两个或三个通道的处理结果相同时,结果才能输出。如果其中一个通道故障,另外两个通道会继续工作。电子联锁计算机将按 2 取 2 系统方式继续工作。只有当又一个通道故障时,系统才停止工作。

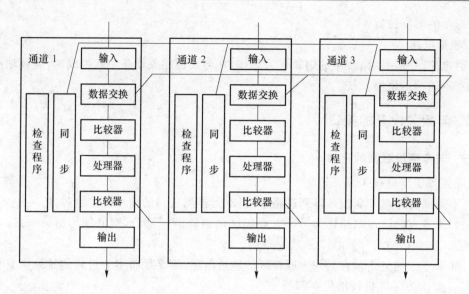

图 6-3 3 取 2 系统工作原理图

主要功能有：
— 通道同步；
— 两个通道的程序和工作现场数据的连续比较；
— 输入和输出数据的比较；
— 计算机硬件的周期测试。

（三）现场操作工作站

联锁系统的本地操作和表示是通过现场操作工作站来实现的。现场操作工作站由一台主机、一台彩色显示器、一台记录打印机、一个键盘、一只鼠标和一对音箱组成。设备和行车状况（轨道占用道岔位置和信号显示、锁闭等）在彩色显示器上显示，通过操作鼠标和键盘，通过命令对话窗口可实现常规和安全相关的联锁命令操作。所有安全相关命令操作、操作员登录/退出操作、设备故障报警将被记录存档。

现场操作工作站有以下主要特点。
— 运用图形显示，清楚地表明了设备的当前运行情况。
— 对每一报警信息都立即直接给出视觉和听觉的报警信号提示，该报警信号是自动发出的，并要求操作员立即采取行动，确认报警。
— 操作员的每个动作都有视觉或听觉的响应来确认，并提示是否为误操作。LOW 设备不会自动执行任何操作，所有的操作均由操作员完成。
— 对不同元件（道岔、轨道区段等）的控制、操作及显示被限制在一个明确的范围。一个操作分为几个步骤，并可以中途取消。
— 进行分级控制，不同访问级别的操作员可以执行的操作是不一样的。

（四）室外主要设备及其驱动设备

1. 信号机

车辆段和各联锁站（带有道岔的车站）安装有地面信号机。

2. 转辙机

在车辆段和联锁站内的每组道岔处，都要设置一台转辙机，用以转换道岔，机械锁闭道岔并反映道岔的实际位置。

3. 轨道电路

轨道电路是利用铁路线路的钢轨作为导体，并与其他相关设备一起组成的，能自动检查其间有无车辆轮对的电路系统。

二、与相关设备的接口

（一）与车辆段联锁的接口

主要实现以下联锁关系。

1. 不能同时向对方联锁区排列进路，并将本方排列进路的信息传送给对方。

2. 如果本方的轨道电路作为另一方联锁区的进路的一部分，则必须传给另一区，以进行进路检查。

3. 如果本方的进路包含另一方联锁区的轨道电路，则必须将本方进路的排列信息传送给另一区，并要求另一区排列出另一部分。

4. 为了减少对咽喉区的影响，列车在坑口方向入段时，必须先排列车辆段接车进路，然后才能排列坑口方向的入段进路。

（二）与洗车机的接口

只有当洗车机给出同意洗车信号时，才有可能排列进入洗车线的进路。否则，进路不能排列。

（三）与防淹门接口

与防淹门实现以下四种信息的传递或控制。

—防淹门状态信息：开门状态。

—防淹门状态信息：非开状态。

—防淹门请求信号：请求关门。

—信号设备给出的同意信号：关门允许。

（四）与相邻联锁的接口

相邻联锁是通过总线连接在一起的，相邻联锁通过一种特殊的进路匹配进行连接的，这个进路匹配与进路信号机联锁。此进路包括自身联锁的进路和相邻联锁的进路。受联锁控制每个进路的最终要素与其相邻联锁的进路要素是镜像的。联锁要素的联系通过进路产生。

三、城市轨道交通计算机联锁的功能

联锁的目的就是防护进路，主要工作为进路建立和进路解锁。

（一）进路的组成及相关的选择原则

进路根据防护的安全等级可以分成安全进路和非安全进路。安全进路是指路径上有道岔并且要运行旅客列车的进路，非安全进路则指其他一切进路。

进路一般由三部分组成，分别为主进路、保护区段和侧面防护。其中侧面防护又可以分成两种：主进路的侧面防护和保护区段的侧面防护。

主进路是指进路上从始端信号机至终端信号机通过的路径，包括道岔、信号机、区段等要素。在装备有准移动闭塞的城市轨道交通信号系统中联锁设备不检查全部区段，只检查一部分区段。这些被检查的区段叫作监控区段,保证列车通过这些区段后能自动将运行模式转为 SM 模式或 ATO 自动驾驶模式。列车之间的追踪保护就由 ATP(自动列车保护系统)来防护了,由 ATP 保证列车前后之间的距离,防止出现列车追尾现象。

保护区段是指终端信号机后方的一至两个区段,这是为了避免列车由于某种原因不能在信号机前方停车而冲出信号机,导致危及列车安全的事故的发生。

侧面防护是指为了避免其他列车从侧面进入进路,与列车发生侧向冲突。防护主进路的侧面防护叫主进路的侧面防护,防护保护区段的侧面防护叫保护区段的侧面防护。

(二) 进路建立的实现原则

进路建立是指进路开始办理、到防护该进路的信号机开放这一阶段,主要分为以下几个操作步骤:

— 进路元素的可行性检查;
— 进路元素的征用;
— 进路监督及开放信号。

(三) 进路解锁

进路解锁是指从列车驶入信号机后方(驶入进路),到出清进路中全部轨道区段这一阶段,或者指操作人员解除已建进路的阶段。进路解锁主要分取消进路、列车解锁及区段强行解锁。其中,取消进路可分为立即取消和延时取消解锁;列车解锁分为正常列车解锁和折返解锁。

四、计算机联锁设备的故障处理及分析

(一) 联锁的故障状态

联锁的故障从表现来分主要有以下一些状态:

1. 联锁计算机通道切断;
2. 联锁计算机对某些输入封锁;
3. 联锁计算机的某些输出锁闭。

(二) 联锁的故障处理程序

1. 故障现象信息的收集
2. 故障的排除

故障的排除应遵循"先通后复"和把影响控制在最小范围内的原则。
造成设备出现故障原因有很多,但归结起来主要有以下几种:
(1) 人为的操作或输入错误;
(2) 程序运行出错(软件故障);
(3) 与联锁有接口的外部设备故障;
(4) 联锁的模块故障;
(5) 配线端子架、机架和电缆等的故障;
(6) 环境与温度。

【任务6.2】 VPI型计算机联锁系统

安全型计算机联锁（VPI）系统是一种"故障-安全"的、以微处理器为基础的车站联锁信号控制系统。安全型计算机联锁系统的逻辑电路由安全型逻辑组成，实现了集联锁控制、微机监测、调度监督接口、DMIS入网接口、网络管理等模块为一体的目标。

VPI系统实现了软件标准化、硬件模块化、采用开放的系统结构，能与调度集中系统（CTC）、超速防护系统（ATP）、数字轨道电路等信号系统接口，并能与其他信息管理系统交换数据。

VPI系统具有很高的可靠性，从人机界面（MMI）、网络系统、电源系统到联锁机等设备均按冗余设计，在主机发生故障的情况下，将自动无缝切换到备机工作。

VPI联锁机具有全面的自诊断功能。电务维修人员可以通过系统维护台查询错误信息，更换发生故障的模块或插件，在短时间内修复故障。同时，联锁机柜中的各种印制电路板上都设有表示灯，以便及时了解各印制板工作状态。

一、VPI系统结构

VPI系统分成五个部分：联锁处理子系统、人机界面子系统、网络及电源子系统、系统维护子系统、室内接口电路子系统。

VPI系统结构框图如图6-4所示。

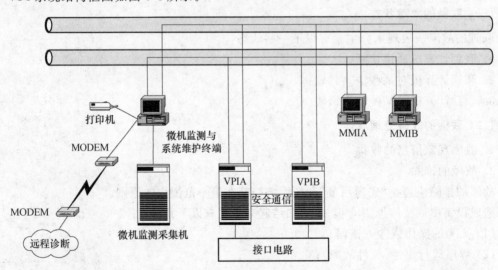

图6-4 VPI系统结构框图

（一）联锁处理子系统

联锁处理子系统是整个系统的核心部分，它由两套"反应故障安全"专用联锁机组成。联锁机采用双机热备的配置，包括双套VPI系统及其切换电路。主系统和备用系统间的切换电路可在不中断VPI工作的情况下进行自动或手动切换。

1. 联锁处理子系统硬件

VPI 联锁处理子系统硬件由一个或多个机柜组成,机柜中有一定数量的印制电路板、连接它们的线路,以及与其他设备交换信息的接口,印制电路板与软件结合完成联锁处理功能。

(1) 中央处理单元(VLE)

VLE 板具有强大的功能,是整个联锁系统的安全核心之一。它执行各种与联锁相关的逻辑操作,包括输入输出地址,方程式求解和输出状态预校验;完成联锁处理子系统的安全型通信,与其余子系统的网络通信;将系统启动的信息及故障信息传送给系统维护子系统等。

每块 VLE 板上有四个网络口,联锁处理子系统通过这四个网络口接入冗余网络,实现与MMI 子系统、GPC 子系统和 SDM 子系统的信息交换。

(2) 安全校验板(VPS)

VPS 实际上是 VPI 系统动态的安全监视器,它与 VLE 板一起,构成 VPI 的安全检查核心。VPS 在精确的周期间隔内接收一组经编码的校验信息,当且仅当校验信息正确,VPS 输出一个安全的数字信号,该信号通过一个安全型的调谐波器,并用于驱动一个安全型继电器,在任何出错的条件下(硬件错误、噪声干扰等)安全继电器均可靠切断 VPI 的安全电源输出。

(3) 输入输出总线接口板(I/OBUS1)

I/OBUS1 板是 VLE 板和输入输出板交换信息的通道,I/OBUS1 板为输入板的测试数据和输出板的端口校验数据提供存储空间;同时它也包含逻辑和时序电路,以控制输出端口的连续校验。I/OBUS1 板功能如下:

① 采集输入板的状态;

② 控制输出板的输出;

③ 传送输出口状态校验信息。

每块 I/OBUS1 板可以带 2 个输入输出机箱,每个 VPI 系统能配置 6 块 I/OBUS1 板。

(4) 输入输出总线接口缓冲板(I/OBE)

输入输出总线接口板(I/OBUS1)板采用差分驱动的方式与输入输出总线接口缓冲板(I/OBE)配合工作。I/OBE 板主要实现差分接受及缓冲的功能。它与 I/OBUS1 板共同完成系统对输入输出的控制。每个输入输出机箱设置 1 块 I/OBE 板,每个 I/O 机箱可以放置 13 块 I/O 板。

(5) 安全型输入板(VIB)

VIB 板又称安全输入板。每个安全输入板包含 16 个安全输入口,安全输入板的电路使 VPI 系统能安全地检测每一个输入的状态。

16 路输入每路输入均有一个 LED 指示灯,在输入接通时,指示灯亮。

每块输入板通过"签名"与数据总线相连。这个"签名"是通过在板上的插座插入一个编程插头生成的。当构成系统时,每个输入插口槽都分配到一个专用的"签名"。如果一块输入板改变了,在该插槽新板上必须插入新的"签名"。

(6) 安全型输出板(VOB)

每块 VOB8 安全输出板包含 8 个安全输出口,VOB16 安全输出板包含 16 个输出口,安全输出板的电路允许 VPI 系统能安全地确定每一个输出状态都符合联锁的当前逻辑条件。

每块输出板上都与输出端口对应地设置有指示灯。

2. 联锁处理子系统软件

VPI 联锁处理子系统软件包括"系统软件"和"应用软件"。

(1) 系统软件

系统软件包含 VPI 的操作系统、执行软件、仿真测试接口和诊断软件等。这些软件构成了本系统的系统安全基础，不随具体应用环境而改变，即除非选用不同系列的 VPI 系统，否则每个站的系统软件都是相同的。

(2) 应用软件

应用软件是一套描述系统所应用的联锁逻辑功能的经过编码的应用数据结构（ADS），数据由 CAA 软件包生成。应用软件可以被应用工程师在规定的语法规则下任意编写，以满足不同联锁车站数据和联锁规则的要求。每个车站的应用软件是互不相同的。

应用软件还应包括仿真测试数据安全切出、切入设计。

系统软件和应用软件原则上应该放在不同的、能避免在线擦除或更改的存储媒介中，以利于系统软件和应用软件的管理。

(二) 人机界面子系统

人机界面子系统是 VPI 与用户之间的人机接口模块。通常情况下，MMI 采用彩色显示器作为计算机联锁系统的人机交互界面，用来供信号员通过鼠标（轨迹球）办理各种作业，显示站场信号设备，给予明了的语音提示。运输人员的行车指挥命令通过 VLE 板的网口传递到 VPI 系统；现场轨道电路和道岔等信号设备的状态，通过安全型输入/输出板与 VPI 的 VLE 板接口，VPI 系统接收到命令并采集到全站的信号设备状态信息后，进行联锁运算处理，处理后的相应结果，如信号机的开放或关闭、轨道电路的占用或出清、道岔区段的解锁或锁闭等均在 MMI 上显示出来。

1. MMI 的功能

(1) 操作员发送控制命令和接收现场表示信息的接口。

(2) 主 MMI 与其他热备 MMI、SDM 子系统、仿真测试系统等通过高速网络交换信息；MMI 与仿真测试系统通信需要安插软件检查块，否则不能进入仿真测试状态。

(3) 完成非安全联锁逻辑功能（如选路判断、表示等）。

(4) 对联锁电路进行脱机模拟试验。

MMI 界面由站场图、输入操作窗口、系统设备状态窗口、信息提示窗口、时钟窗口等部分组成。

2. 站场图窗口

显示一幅完整的车站信号平面图，背景建议为黑色。

(1) 信号机及信号名称

(2) 道岔及道岔号

(3) 轨道电路

(4) 站间/场间联系表示

(5) 其他表示

① 在站场显示图上还有【3 分】、【30 秒】延时表示灯，上下咽喉 3 分、30 秒延时计时框等。咽喉两头分别有【X 排路】和【S 排路】表示灯；

② 显示主副电源的工作状态；

③ 显示主备 MMI 的工作状态；

④ 对于值班员所办理的每一个操作，MMI 给出相应的显示以确认操作的有效性；

⑤ 显示在进路建立但进路未锁闭状态下的有关信息；

⑥ 显示进路延时解锁的有关信息；
⑦ 显示 VPI 和 SDM 的运行状态；
⑧ 显示联锁处理机的运行状态；
⑨ 在车站入口处和股道上有车次窗显示。

3. 输入操作窗口

输入操作窗口包含下列位图按钮。鼠标按压功能按钮后，可办理各种作业；一旦鼠标发生故障，操作人员可以通过数字化仪进行有关操作。位图按钮有以下种类：

① 排列进路
② 取消进路
③ 信号重开
④ 引导
⑤ 引导总锁
⑥ 总人工解锁
⑦ 道岔总定
⑧ 道岔总反
⑨ 道岔单锁
⑩ 道岔解锁
⑪ 封锁按钮
⑫ 其他用户所要求的有关操作

(三) 网络及电源子系统

VPI 系统采用基于高速交换机的以太网冗余网络结构，进一步加强了网络系统的可靠性。

为了保证联锁系统安全稳定工作，各子系统的电源均由不间断电源 UPS 供电。VPI 系统采用双 UPS 热备的冗余供电方式。电源切换不影响系统正常工作。

(四) 系统维护子系统

系统维护台可与微机监测站机构成了二合一的子系统(微机监测与系统维护子系统)，以提高整个系统的综合化水平。系统维护(SDM)模块作为计算机联锁的子系统，主要为计算机联锁完成系统维护及接口设备监测的功能。

(五) 室内接口电路子系统

本系统可与室外信号设备、区间闭塞设备、场间联系电路等设备接口。联锁机通过驱动普通安全型继电器和采集安全型继电器接点与继电电路接口，实现计算机联锁设备与现场设备的电路衔接和安全隔离。采集的信息为道岔位置、轨道电路状态、信号机灯丝状态、场间联系条件等。由于 VPI 系统采用 NISAL 专利技术，计算机输出控制只需采用普通安全型继电器，不需要采用昂贵的动态继电器或动态组合电路，大大降低了室内接口电路的工程造价，也简化了接口电路结构，确保了输出驱动电路的安全性和可靠性，也降低了用户的维修成本。

二、与其他系统的接口

(一) 与调度监督系统的结合

(二) 与微机监测系统的结合

(三) 与道口信号结合

(四) 与其他系统的接口

VPI 系统还可以预留与其他系统的接口,如 ATS 系统、DMIS 系统等。可根据用户的需求决定系统的接口功能。

三、系统维护主要内容

1. 在线监测冗余网络的运行状态,包括双网的连接工作状态和网上各节点的连接工作状态。当网络发生故障或某个网络节点不正常工作时,发出报警信息,并作记录。

2. 记录值班员对 MMI 的各种操作,记录始、终端及铅封按钮操作的时间和次数,并可以在 24 小时内按时间先后次序查询。

3. 进路登记:记录列车进路建立、信号开放、进路解锁及故障时间。按时间对列车、调车故障查询,按照可设置的速率再现列车运行情况。

4. 记录道岔表示、轨道空闲及占用、信号开放及关闭,半自动有关信息,并可以在 24 小时内按时间先后顺序查询。

5. 记录列车信号机主灯丝断丝报警信息、熔丝断丝报警信息、道岔挤岔报警信息等,并可以在 24 小时内按时间先后次序查询。

6. 按需要可随时对测试资料进行打印。

7. 对所测试数据随时记盘储存,并可根据需要回放。

8. 对 A 机 B 机系统运行状态的查看,并可根据需要回放。

【任务6.3】 iLOCK 型计算机联锁系统

iLOCK 智能安全型计算机联锁系统(以下简称 iLOCK 系统)是在一般的"2 取 2"安全结构基础上,再增加独立的"故障—安全"校验模块、采用 NISAL 专利技术,构成智能安全型计算机联锁系统。

iLOCK 系统的联锁功能、系统可靠性、可维性,系统带载能力及系统抗干扰能力等均满足铁道部相关标准和现场的实际需要;系统的仿真测试接口、出厂测试接口和版本校验、防雷和电磁兼容性等,均按照铁道部的有关技术要求进行设计。

一、iLOCK 系统体系结构

iLOCK 系统由人机界面(MMI)、联锁处理(IPS)、值班员台(GPC)、诊断维护(SDM)、冗余网络(RNET)和电源(PWR)等六个子系统组成。

(一) MMI 是 iLOCK 系统与操作员之间的交互接口。通常情况下,iLOCK 系统采用彩色显示器作为计算机联锁系统的人机交互界面,用来供操作员通过鼠标办理各种作业,显示站场信号设备,并给予明了的语音提示。对于特殊要求的车站,iLOCK 系统还可以采用控制台等作为人机交互界面。

(二) iLOCK 系统下的 IPS 是由一个或多个机柜组成的二乘二取二系统,A 系和 B 系无论是否同时启动,双系开机并通过安全校验后即能很快自动同步。A 系和 B 系采集共享、并行输出,当一个系某一路采集或输出发生错误时,只要另一个系对应的码位不发生错误,即不会影响系统的运行。单系实行双通道采集、双断稳态输出,只有在双通道运算结果一致、双通道总线控制结果一致、双通道输出电路完好等各项"2取2"严格条件都满足以后,才使输出真正有效。

(三)根据铁路运营的要求,在比较大的车站,设有GPC,供值班员监视站场内列车运行情况以及站场状态。GPC的界面显示与MMI完全一致。

(四)诊断维护子系统(SDM)采用图形化"诊断维护电子向导",为维修人员进行系统维护和信号设备监测的工具。可与微机监测站机构成二合一系统(微机监测与诊断维护系统),以提高整个系统的综合化水平。

SDM主要完成计算机联锁系统的诊断维护及接口设备的在线监测的功能。最简SDM由一台工业控制计算机、一台彩色显示器、鼠标、键盘组成,根据客户需要还可以提供打印、双套热备等。作为iLOCK系统的子系统,它实现对iLOCK系统的设备和接口设备的在线监视和记录。根据客户的要求,SDM可以联网,提供远程诊断功能。

SDM完成以下功能。

1. 联锁处理子系统(IPS)的系统诊断与维护。通过高速网口接收IPS的诊断结果信息、输入/输出信息、全站简化参数信息、指定参数详细信息。系统正常工作时,不需要查询,SDM自动接收IPS的工作信息,当SDM故障修复后或与联锁处理子系统通信恢复后,SDM仍能接收到IPS记录的一天内的报警和错误信息。

2. 通过网络接收来自MMI的操作和表示,并记录关键操作和表示。

3. 网络管理。

4. 通过MODEM实现远程诊断接入。

5. 通过以太网为其他管理系统与iLOCK系统通信提供接口。

(五)iLOCK系统设有基于交换机的以太网技术的冗余网络和冗余热备的UPS的供电配置。

根据铁道部的要求,iLOCK系统可以通过MMI的串口实现与TDCS、CTC等系统的信息交换。通过标准的联网方式,可以在任何地点接入任意数量的调度显示终端。根据距离远近和用户所能提供的通道情况,可以采用光缆方式,也可以采用专线(或拨号)MODEM方式完成终端接入。也可以通过专用的FSFB2安全通信协议,实现与ATP等安全系统联网,构成全程全网的综合安全系统。

二、iLOCK系统冗余工作原理

基于模块化设计,iLOCK系统采用N+1热冗余的操作员台MMI、冗余联锁机IPS、双网、双UPS等全面冗余结构,任意一个或多个子系统故障时,iLOCK系统能通过自动重组,继续稳定可靠地工作。

IPS既可以采用两系并行控制的工作方式,也可以选用双系热备模式。并行控制的可靠性更高,但双系热备方式比较节能省电。且iLOCK系统输出板有单断或双断、输入板有单采和双采两种不同的类型可供用户选择。

iLOCK系统特有的"双系采集共享和双系并行控制"技术,使每个联锁计算机及其采集板、输出板,都成为一个相对独立的子系统。当两个联锁机的输入/输出出现交叉故障(如联锁A机采集故障、联锁B机输出断线故障)时,仍能继续正常工作,并不会导致其他子系统无故切换。

三、iLOCK 系统的安全性和可靠性

iLOCK 系统的安全性和可靠性指标：

双通道不可检出错误概率：$5.43×10^{-20}$；

系统不可检出危险间隔：$5.8×10^{10}$ 年；

平均故障间隔时间（MTBF）$>15\ 000\ 000$ h；

平均故障维护时间（MTTR）$=10$ min；

系统可用度 $=1\ 000\ 000$ h$/(1\ 000\ 000$ h$+10$ min$)=99.99998\%$

四、iLOCK 系统的故障检测及处理

（一）PCB 故障诊断

iLOCK 系统有故障诊断功能，可以对系统的印制电路板（以下简称 PCB）进行故障判断。故障的 PCB 必须送回卡斯柯公司进行维修。

iLOCK 系统的故障诊断可以有以下几种方法。

观察 PCB 的 LED 灯。每块 PCB 的面板上有许多表示灯，这些表示灯能够用于判断 PCB 的故障。有经验的维修人员，根据 VPI－3/iLOCK 系统内表示灯的不同状态能很快找到故障的 PCB。

通过系统维护台来诊断。系统维护台可用来查询系统运行状态，获得较详细的故障信息；或者用来查询布尔逻辑参数的结果和输出状态，读出输入结果或许多其他系统内部参数。

在进行系统诊断维护时，首先应该检查以下内容：

在 PCB 的电压测试点上测量到的电压值必须在 4.85 V 和 5.25 V 之间。

供给 VPS 板的 12 V 电源必须在 9.0 V 和 16.0 V 之间；

CPU/PD1 或 VLE 板上的应用芯片里的数据是最新版本。

（二）PCB 故障判断及更换

当 SDM 与 MMI 通信中断时，首先确认 SDM 和 MMI 之间的网线是否连接正常；或把 SDM 关机再重新开机。

1. 联锁机 A 机的"A 机联机"灯闪亮

正常状态下，"A 机联机"表示灯亮稳定的灯光。当此表示灯闪亮时，表示联锁机 A 机与 MMI 通信中断。可按以下办法检查故障原因：

（1）检查联锁机、MMI 的通信线接触是否正常；

（2）检查 MMI 网卡是否正常；

（3）复位 CPU/PD1 板或 VLE 板，如故障仍在，请更换 CPU/PD1 板或 VLE 板。

联锁机 B 机的"B 机联机"灯闪亮，同上。

2. 联锁机 A 机的"VRD 灯"灭

正常状态下，"VRD 灯"点稳定的灯光。如果"VRD 灯"灭，则按以下方法检查：

（1）检查此灯的灯泡是否完好；

（2）对联锁机进行诊断，判断故障所在。

联锁机 B 机的"VRD 灯"灭，同上。

3. 联锁机"同步工作"表示灯灭

正常状态下,"同步工作"表示灯点稳定的灯光。如果"同步工作"表示灯灭,则按以下方法检查：

(1) 检查此表示灯的灯泡是否完好；

(2) 检查联锁机 A 机和联锁机 B 机间的安全通信线、非安全通信线接触是否牢固；

(3) 复位 CPU/PD1 板或 VLE 板,如故障仍在,请更换 CPU/PD1 板或 VLE 板。

(三) 其他故障

1. 输出端口未驱动

这种故障是由于输出板上的电流监测模块没有监测到电流的原因而报警的。有两种原因可以造成这种报警：

(1) 输出板该码位电流监测模块故障,不能检测电流通过,这种故障的话只需更换输出板即可恢复正常；

(2) 从输出板驱动继电器之间的回路中有断线,确实造成输出板已输出而继电器不能驱动,这种故障可以通过检查继电器至联锁机柜之间的配线查出。

故障处理步骤：

(1) 关闭联锁机；

(2) 拔出该输出板,更换新的输出板；

(3) 联锁机开机,系统同步后办理操作试验原来报故障的码位是否还是有问题；

(4) 若更换板子后仍有问题,检查 96 芯插头上 KZ-VRD-Q 与 KF-VRD-Q 的电,或是检查相应码位的针是否有问题,或者在驱动该码位时测量继电器线圈两端的电压是否满足要求。

2. 输出端口未驱动、正电混电

这种故障是由于外界混电造成输出板输出端口有正电,可以通过检查联锁机柜该输出板至继电器之间的配线来查找混电的位置。

故障处理步骤：

(1) 根据报警信息找出相应码位的 96 芯插头及其相应位置；

(2) 拔出插头后测量该插头相应码位是否还有电；

(3) 若没有电了,则说明混电的位置在母板和机箱处,再提供观察和测量找出真正的位置；

(4) 若仍旧有电,则说明混电的位置是从 96 芯插头至组合架,可按供线的走向一级一级判断查找。

3. 输出板出错

输出板故障时该板报错,通过更换该报错输出板即可恢复。

故障处理步骤：

(1) 关闭联锁机；

(2) 拔出故障板,更换新的输出板；

(3) 开启联锁机。

4. VRD 继电器前接点采集不到

联锁系统已经自检通过,并且驱动了 VRD,但是系统采集板上没有采集到 VRD 的前节点。引起这种故障的可能原因有：

(1) 系统采集板上采集 VRD 的码位故障,更换系统采集板即可恢复；

(2) 电源机箱系统采集的空气开关跳开了,闭合即可恢复;
(3) VPS 板后的 96 芯插头松动,重新插好即可恢复;
(4) 系统采集电缆故障,需要更换系统采集电缆;
(5) VPS 驱动 VRD 的电缆故障,需要更换电缆后恢复;
(6) VPS 板故障,造成驱动 VRD 的电压过低,更换 VPS 板;

故障处理步骤:
(1) 检查相关空气开关是否跳掉;
(2) 检查相关插座插头是否插好;
(3) 检查相关电缆是否完好,插头上的针是否完好;
(4) 测试 12V 电源是否满足要求;
(5) 更换 VPS 板试验。

5. AB 机标志采集不到

联锁机启动后采集不到系统的标志位,主要有以下情况:
(1) 系统采集板上采集标志位的码位故障,更换系统采集板即可恢复;
(2) 系统采集电缆故障,需要更换系统采集电缆;
(3) 电源机箱系统采集的空气开关跳开了,闭合即可恢复;

故障处理步骤:
(1) 关闭联锁机,更换系统采集板;
(2) 检查系统采集电缆,如有问题可更换该电缆或插头;
(3) 检查相关空气开关。

【任务 6.4】 DS6-K5B 型计算机联锁系统

一、DS6-K5B 的硬件系统组成

DS6-K5B 计算机联锁系统由控制台、电务维护台、联锁机、输入输出接口(在 K5B 系统中,输入输出电路称作"电子终端",用字符"ET"表示)、微机检测和电源六个部分组成。

控制台由控显双机和车站值班员办理行车作业的操作、表示设备组成。每一台控显机内安装了两个采用光缆连接的串行通信接口板 INIO 卡,用于同联锁机的 2 重系通信。控显双机互为备用。通过控显机转换箱实现控显双机之间的转换。操作设备可以选择按钮操纵盘、鼠标或数字化仪。显示设备可选用图形显示器或单元式表示盘。

电务维护台设备包括:监测机、键盘、显示器、打印机。监测机内安装两个采用光缆连接串行通信接口板 INIO 卡,用于与联锁机 2 重系通信,从联锁双机取得联锁系统维护信息。监测机通过串行通信接口从微机检测前置机取得模拟量检测信息。电务维护人员可以通过键盘、显示器、打印机查询或打印输出各类监测信息。

联锁机由 2 重系组成,以主从方式并行运行。两系之间通过并行接口建立的高速通道交换信息,实现 2 重系的同步和切换。联锁机每一系各用一对光缆经过光分路器与控显双机相连,使联锁的每一系都能够分别与两台控显机通信。联锁机每一系用一对光缆分别与监测机的两个光通信接口相连,联锁机每一系的维护信息分别送到监测机。联锁机每一系有 5 个连

接电子终端的通信接口,称 ET 回线 1~5。每个通信接口可连接一个电子终端机架。

DS6-K5B 系统开关量输入输出接口采用京三公司生产的电子终端机(简称 ET)。电子终端电路具有 2 重系,2 重系的输入电路从继电器的同一组接点取得输入信号,分别发给联锁 2 重系。联锁 2 重系的输出分别送给电子终端的 2 重系。电子终端 2 重系的输出并联连接负载。

DS6-K5B 的电源由一套 UPS 和两路直流 24 V 稳压电源组成。UPS 的输入由信号电源屏单独提供的一路交流 220 V 电源供给。两路直流 24 V 电源中的一路称为逻辑 24 V(用符号 L24 表示)。经联锁机和电子终端内部的 DC-DC 转换电路产生 5 V 电压,供逻辑电路工作。另一路直流 24 V 称作接口 24 V(用符号 I24 表示),供电子终端的输出电路驱动继电器和输入电路采集表示信息。

二、DS6-K5B 的软件系统组成

DS6-K5B 的软件系统由联锁机软件、控显机软件和监测机软件组成。

(一) 联锁机软件

联锁机软件运行在 DS6-K5B 的联锁机上。由基本程序(系统管理程序)和联锁运算程序组成。系统基本程序的输入程序模块将从电子终端、控显机和监测机取得输入信息以约定的数据格式放入联锁演算区的输入数据区。联锁程序从该区取得输入数据进行联锁运算。联锁程序将运算结果生成的电子终端输出命令,控制台显示信息和监测信息以约定的数据格式放入联锁演算区的输出数据区。系统基本程序的输出程序模块从输出数据区取得输出数据,发送到相应的外部设备。

(二) 控显机软件

控显机软件是供车务值班人员办理行车作业的人机界面软件。主要功能有:与联锁机通信,从联锁机接收站场实时变化信息、操作提示和报警信息;向联锁机发送按钮命令信息;完成控制台的站场图形显示、操作提示和报警信息的文字和语音输出;鼠标操作和按钮信息处理等。

(三) 监测机软件

监测机软件是在 WINDOWS 操作平台上开发的,供电务维护人员进行设备监视和故障诊断的人机界面程序,其主要功能有:与联锁机通信,接收联锁机发送的站场实时信息和 K5B 系统的工作状态信息和系统自诊断信息。监测程序将所有的信息记录到实时数据库中。维护人员可以通过屏幕菜单操作查询、显示或打印输出各类信息。

(四) 设备安装

K5B 计算机联锁设备分别安装在:联锁主机柜、电子终端柜、监控机柜、计算机电源柜上。另设微机监测工作台一个。柜高 1 800 mm。根据站场规模不同,系统中用的电子终端架的个数不等。在联锁柜内可安装 2 个电子终端架。电子终端柜内最多可安装 3 个电子终端架。一个车站使用的电子终端架数超过 5 个时,需用 2 个电子终端柜。

三、DS6-K5B 的操作与维护

(一) 系统冷机启动的加电顺序

系统从冷机(未加电)状态启动,应首先确认所有设备连接正确,接插件连接牢靠,然后进

行加电。给设备加电应按照先外围,后联锁的顺序进行。

接通 UPS220 V 电源,确认 UPS 输出 220 V 电压正确。

接通控制台设备电源。控制台设备包括:控显机、显示器、控显转换箱。

接通监测机(含显示器)电源。

接通微机电源柜电源。确认两路 24 V 电源输出正常(电源柜操作见电源技术说明书)。

接通联锁 1 系和联锁 2 系的电源开关。

接通各 ET 机架上每个 ET-LINE 和 ET-PIO 模块的电源开关。确认每个模块进入正常工作状态:"Normal"指示灯亮;"Txd"指示灯闪光。

至此,K5B 系统从冷机状态加电启动完成。

系统停机下电,原则上应按上述的逆向顺序,依次切断各设备的电源。

(二) 维护注意事项

联锁机从冷机启动需从 IC 卡上读入程序和数据才能进入正常运行。因此 IC 卡平时应插在 IC 卡插槽内。这样,系统在停电恢复后可自动投入运行。

注意:IC 卡易受静电冲击损坏,须妥善保管。

系统各设备间采用了光缆连接。光缆较为脆弱,应注意以下事项:

(1) 不要用手触摸光缆接头的光端口,光缆接头不用时,一定要带上防尘帽;

(2) 光缆的弯曲半径一定要在 5 公分以上,否则将造成光缆断裂;

(3) 不可使光缆受到强烈的撞击、震动和重力挤压、拉扯;

(4) 拆卸光缆连接须握住光缆接头的外壳拔插,不可拉拽光缆线;

(5) 连接光缆接头要注意插头与插座的吻合,同时要拧紧固定螺丝。

(三) 日常维护工作要点

1. 检查内容

- 各路电源电压及电流值是否正常;
- 机房环境温度、湿度在规定范围:0~40℃,20%~80%;
- 有无局部过热,异常噪声或异常气味;
- 确认各设备指示灯的指示状态是否有异常。

确认联锁两重系哪一系为主系,哪一系为从系。并与前一次的记录对比,确认主、从系有无变化。如有变化应查找变化原因。在值班记录簿上作详细的巡视检查记录。

由于本系统联锁机和电子终端均采取了冗余设计。单重系发生故障,系统仍能完成正常功能。所以须仔细辨认每个模块上指示灯状态,以确认是否在正常运行。也可以通过监测机查询故障报警信息记录,确认设备的运行情况。

2. 故障处理

设备发生故障,首先应认清故障现象、故障影响范围、区分模块本身电路故障和模块之间通信联系故障。确定故障点后,用备品进行更换。更换备件,必须首先切断被更换模块的电源,再从机架上取下故障模块,插入新模块,然后加电恢复。系统的冗余设计,容许单重系模块断电更换,不间断系统运行。

项目七　传输系统

【知识目标】
1. 熟悉传输系统的作用；
2. 熟悉传输系统的组网结构；
3. 熟悉传输系统的业务组成；
4. 熟悉传输系统中心和车站的板块分布；
5. 熟悉各单盘的作用。

【能力目标】
1. 掌握传输系统的告警查看与故障分析；
2. 掌握传输系统的数据备份方法；
3. 掌握传输系统常见指示灯的含义；
4. 掌握传输系统日常作业及二级维护标准；
5. 培养学生作为通信工的职业素养和协作工作精神。

【任务7.1】　系统简介

一、系统简述

传输系统是通信系统中最重要的子系统。它为通信系统中的子系统和其他自动控制管理系统提供信息通道。传输的信息有语音、数据等信息。

城市轨道交通一般设置若干个车站、1个控制中心、停车场和车辆段。在轨道交通工程中，采用四个 SDH 环进行组网，四个环网在 OCC 通过一套 FONST 系列中可从 STM-4 平滑升级到 STM-16 的 GF2488-01B SDH 传输设备作为四个环网传输通道。四个 SDH 环网之间的传输通道容量可以在网管上灵活配置。目前每个 SDH 环网采用逐站跳纤连接方式，形成 2.5 Gbit/s 传输容量的二纤单向通道自愈环网络结构。

二、传输系统的网络结构（以武汉轨道交通为例）

如图 7-1 所示。
环 1：堤角　新荣　丹池　徐洲新村　二七路　头道街
环 2：黄浦路　三阳路　大智路　循礼门　友谊路　利济北　崇仁路　车场
环 3：硚口　太平洋　宗关　汉西一路　古田四路　古田三路　古田二路　古田一路

环 4：舵落口　车辆段　额头湾　五环大道 东吴大道

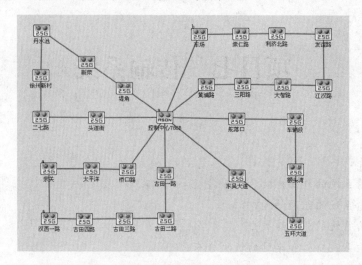

图 7-1　传输系统网络结构

三、传输系统业务组成

传输系统业务组成：以太网、2M、接入。

使用以太网业务通道的子系统：广播系统、时钟系统、乘客显示信息系统（PIS）、自动售检票系统（AFC）、电力监控系统（SCADA）、电视监控图像（CCTV）、ATC 系统等系统。

使用 2M 业务通道的子系统：公务系统、专用系统、无线系统。

使用接入业务通道的子系统：环控系统。

四、中心 780B、车站 550B 以太网分布情况

如图 7-2 所示。

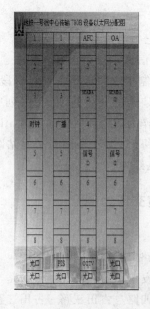

图 7-2　中心 780B、车站 550B 以太网分布

五、中心与车站内部连接图

以公务系统为例:车站远端模块 RT2 通过 2M 链路接入系统并由 SDH 传输系统承载其业务,每个车站配备 RT2 远端模块和 U16 板以及 Z32 板。另外车场站另外配备 100 对电缆已备车辆段使用。如图 7-3 所示为传输系统中心与车站内部连接示意图。

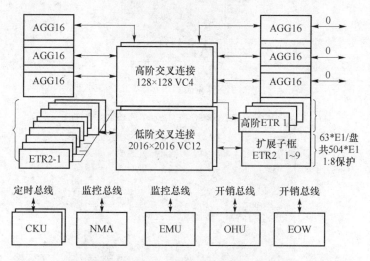

说明: 1. SDH:同步数字传输系统(包括接入系统)
2. 图中箭头表示2M线路
3. RT2模块:中心与车站构成话务连接工作模块

图 7-3　中心与车站内部连接图

六、中心传输(780B)主要板块分布

如图 7-4 和图 7-5 所示。

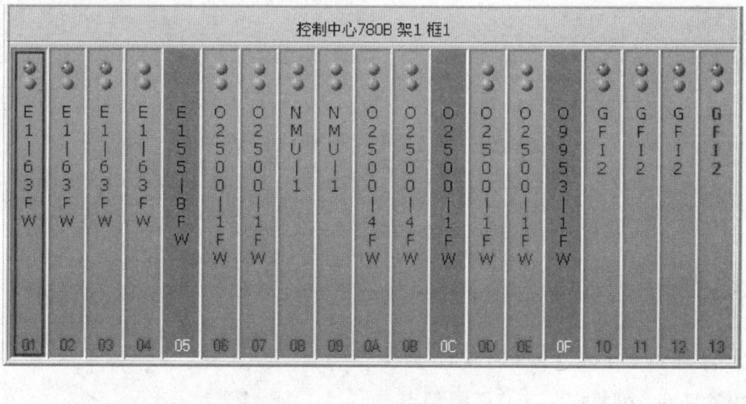

图 7-4　780B 板块 1

七、车站传输 550B 主要板块分布

如图 7-6 所示。

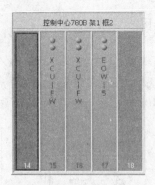

图 7-5 780B 板块 2

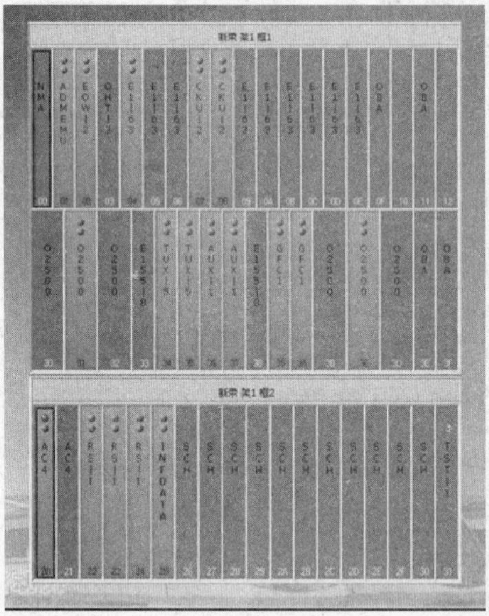

图 7-6 550B 板块

【任务 7.2】 单盘介绍

一、单盘名称

NMU：网元管理盘，可插于 09、0A 槽位。
XCU：时钟交叉盘，可插于 15、16 槽位。
O9953：10G 光盘，可插于环 1、3～7 的任意槽位。
O2500：2.5G 光盘，可插于环 1～9 的任意槽位。
O622 ：622M 光盘，可插于环 1～9 的任意槽位。
O155：155M 光盘，可插于环 1～9 的任意槽位。

E155:155M 电盘,可插于环 3~5 的任意槽位。
E1:2M 电盘,可插于环 6~9 的任意槽位。
E3DS3:34/45M 电盘,可插于环 6~9 的任意槽位。
GFI1:以太网接口盘,可插于环 1、3~9 的任意槽位。

二、单盘在系统中的作用

光接口盘:提供标准的 SDH 接口,以供系统使用。
电接口盘:提供标准的 PDH 接口,以供系统使用。
时钟交叉盘:提供系统定时、交叉连接以及业务保护功能。
网元管理盘:提供日常管理和维护功能。

【任务7.3】 系统备份

系统备份目的主要是为了防止数据崩溃后在不影响业务的情况下第一时间还原数据。
系统备份操作过程如图 7-7~图 7-10 所示。

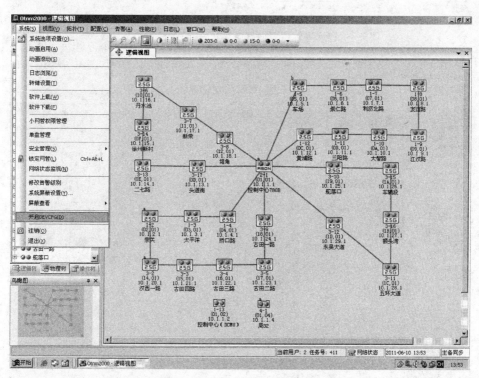

图 7-7 单击左上角"系统",进入子菜单的"DEVCFG"

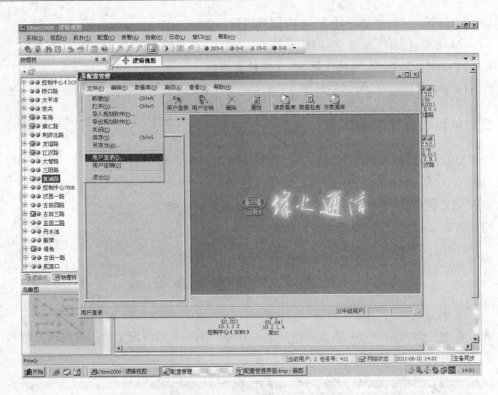

图 7-8 在配置管理里面登录用户,用户名和密码都是 2

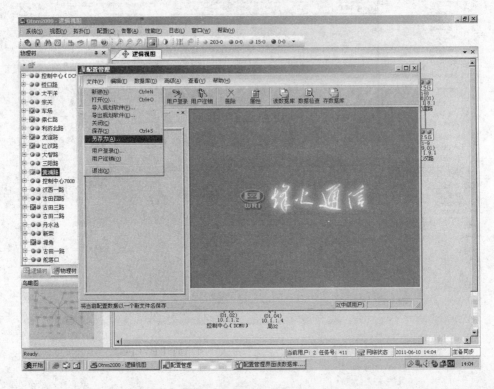

图 7-9 读取数据库后单击文件另存为指定的文件夹内

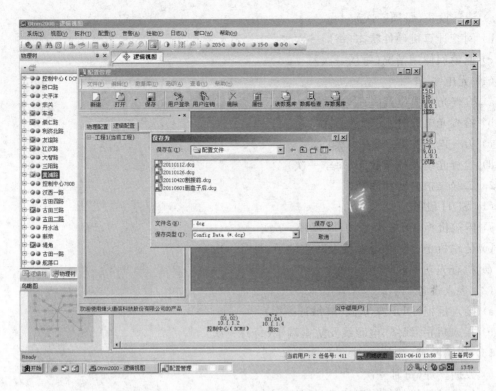

图 7-10　保存备份的文件，文件名为"年月日.dcg"格式

【任务7.4】　传输系统作业程序及技术质量标准

一、检修规程

（一）适用范围

适用于轨道交通通信专业传输系统设备的运行维护和管理。

（二）检修内容、周期和质量标准

轨道交通传输系统设备的检修分为日常维护、二级维护和深度维护。

1. 日常维护内容和周期

（1）SDH 设备

a）清洁各站传输机柜卫生（每周一次）

b）传输机柜各板状态检查（每周一次）

c）公务电话的检查（每周一次）

d）节点检查（每周一次）

（2）接入设备

a）清洁各站接入机柜卫生（每周一次）

b）接入机柜各板状态检查（每周一次）

（3）传输网管

a) 清洁设备(每周一次)

b) 网管计算机硬件状态(每周一次)

c) 通信网使用情况(每周一次)

(4) 光电缆

a) 检查光电缆位置(每季一次)

b) 检查光电缆外观(每季一次)

c) 检查电缆支架(每季一次)

d) 检查光缆及托架状态(每季一次)

2. 二级维护内容和周期

(1) SDH 设备

a) 传输机柜、ODF 架紧固件(每月一次)

b) 传输机柜、线缆、电源线及防雷端子(每月一次)

c) 检查光功率(每半年一次)

(2) 接入设备

a) 接入机柜、DDF 架紧固件(每月一次)

b) 接入机柜、线缆、电源线及防雷端子(每月一次)

(3) 传输网管

a) 数据整理(每月一次)

b) 网管计算机软件使用情况(每月一次)

c) 数据整理(每月一次)

(4) 光电缆

a) 检查电缆支架(每年一次)

b) 检查光缆及托架状态(每年一次)

3. 深度维护内容和周期

(1) SDH 设备

a) 2M 通道 24 小时误码抽测(每年一次)

b) 最大输出抖动抽测(每年一次)

c) 输入抖动容限(每年一次)

d) 更换老化的板卡(每年一次)

(2) 接入设备

a) 数据盘业务通道误码抽测(每年一次)

b) DN1601 数据检查(每年一次)

c) 更换老化的板卡(每年一次)

(3) 传输网管

a) 耗材更换(需要时)

b) 数据整理(每年一次)

c) 接地检查(每年一次)

(4) 光电缆

a) 测试电缆直流特性(每二年一次)

b) 测试电缆交流特性(每二年一次)

c) 测试光缆平均衰耗(每二年一次)

二、检修作业指导书

(一) 适用范围

适用于武汉轨道交通通信专业传输系统 Citrans 550B、FonsWeaver780B、OTNM2000、SAU03A 等设备的维护操作。

(二) 所需工器具及材料

1. 使用工具仪表

组合工具,数字万用表、PCM 音频通道测试仪、传输测试仪、光源、光功率计、光衰减器、OTDR、网络测试仪、手电筒等。

2. 使用材料

毛刷、抹布、跳线、扎带、吸尘器、电池、柔湿纸、打印纸、记号笔、尾纤、清洗液、多功能插座板、绑扎带、绝缘胶布、相关缆线、热缩套管及配件等。

3. 安全操作须知

传输系统维护作业时,必须佩戴防静电手镯。

4. 检修范围、内容、标准/要求、工艺过程及方法

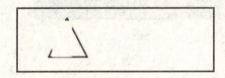

(1) 日常维护
- SDH 设备
- 清洁传输机柜

传输机柜如图 7-11 所示。用白布和清洁剂擦去传输机柜、ODF 架、DDF 架内、外积尘。达到传输机柜、节点和 ODF 架内、外清洁无积尘。

图 7-11 SDH 设备传输机柜

① 传输机柜各板状态检查

光板：'ACT'灯常亮，'ALM'灯灭为正常。

高阶交叉板（两个交叉板互为热备份）：'ACT'灯常亮，'ALM'灯灭为正常，'ACT'灯快闪的为主用盘。

低阶交叉板（两个交叉板互为热备份）：'ACT'灯常亮，'ALM'灯灭为正常，'ACT'灯快闪的为主用盘。

以太网板：'ACT'灯常亮，'ALM'灯灭为正常。如图7-12所示。

图7-12 以太网板

E1板：'ACT'灯常亮，'ALM'灯灭为正常。

EMU板：'ACT'灯常亮，其他灯灭为正常。

公务板：'ACT'灯常亮，'ALM'灯灭为正常。

时钟板：两个交叉板互为热备份，'ACT'灯常亮，'ALM'灯灭为正常，'ACT'灯快闪的为主用盘。如图7-13所示。

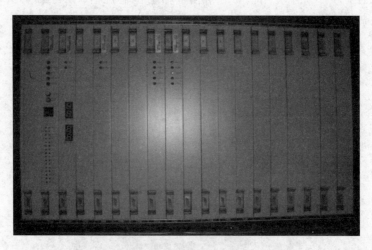

图7-13 时钟板

PDP：开关1,2位置是'ON'，无告警为正常。如图7-14所示。

② 公务电话的检查

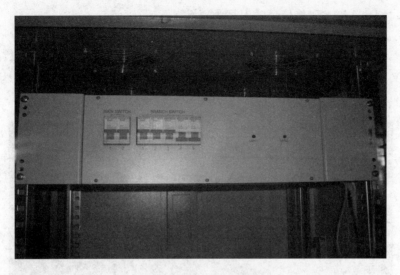

图 7-14 PDP

拨打各站公务电话。达到正常通话为正常。

③ 节点检查

用网管记录模块及接口卡的状态显示是否正常。通过网管软件各节点状态为绿色为正常。

④ 接入设备

a) 清洁各站接入机柜卫生

用白布和清洁剂擦去接入机柜、MDF 架内、外积尘。达到接入机柜、节点和 MDF 架内、外清洁无积尘。接入机柜如图 7-15 所示。

图 7-15 接入机柜

b) 接入机柜各板卡状态检查

AC2 盘:'ACT'灯常亮,'ALM'灯灭为正常。

2/4 线盘:'ACT'灯常亮,'ALM'灭为正常。

D64 盘:'ACT'灯常亮,'ALM'灭,'L1-L4'灯传数据时绿灯亮正常。

RS232/485 盘:'ACT'灯常亮,'ALM'灭,'L1-L4'灯传数据时绿灯闪亮为正常。

E/M盘:'LD1、LD1灯'传信令时闪亮为正常。
8E1交叉盘:'ACT'灯常亮,'ALM'灯灭为正常。
电源盘:'ACT'灯常亮,'ALM'灯灭为正常。
1601交叉盘:'P'灯亮,其余灯灭,地址、控制开关在初始位置,无声音告警为正常。如图7-16所示。

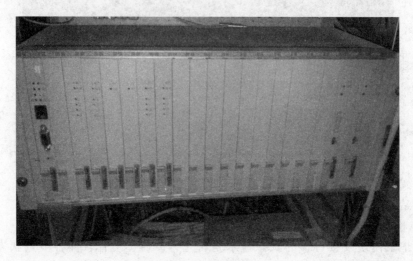

图7-16 1601交叉盘

⑤ 传输网管

a) 清洁设备

设备外部清洁,达到主机、打印机、显示器无尘。

b) 网管计算机硬件状态

- 检查设备紧固件是否牢固、破损。设备紧固件牢固,无破损为正常。
- 检查主机、打印机、显示器状态是否正常。
- 检查电源线与机房电源连接是否安全可靠。电源线连接牢固为正常。

c) 通信网使用情况

- 网元及单盘状态检查。能正常获取各网元及单盘状态为正常。
- 告警的检查。能正常获取或查看各单盘的即时或历史告警,对于那些无效告警应及时屏蔽为正常。
- 性能数据的检查。能正常获取或查看各单盘的即时或历史性能数据为正常。
- 查询消息记录。在网管消息栏中,查看每日在网管中有何操作及错误消息。
- 保护倒换的检查。在线路无倒换的情况下,网管上不会出现倒换告警为正常。

⑥ 光电缆

a) 检查光电缆位置

- 直观检查电缆有无破损,达到电缆无破损。
- 直观检查电缆有无变形,达到电缆无变形。
- 直观检查电缆有无叠压,达到电缆无叠压。

b) 检查电缆外观

- 检查光、电缆外观,无破损无老化为正常。
- 对破损老化部分用热缩套管封套或重新接。

- 检查光、电缆线对性能,替换电阻值偏大的线对,电缆线对性能符合要求为正常。

c) 检查电缆支架
- 直观检查电缆是否固定好,电缆固定良好,每个拖臂均绑扎好为正常。
- 必要时对电缆重新绑扎。

d) 检查光缆及托架状态

光缆及托架如图7-17所示。
- 目测光缆位置是否正确,光缆位于托架第一层为正常。
- 目测光缆是否破损、变形、被挤压、漏油。达到光缆无破损、变形、被挤压、漏油。
- 目测光缆托架有无脱落、变形、锈蚀。达到光缆托架无脱落、变形、锈蚀。
- 目测光缆是否绑扎固定。达到光缆绑扎固定。
- 目测光缆是否被水滴,达到光缆不被水滴。

图7-17 光缆及托架

(2) 二级维护

① SDH 设备

传输机柜、ODF 架紧固件,如图7-18所示。
- 检查设备紧固件是否牢固。
- 检查 SDH 的尾纤接头是否紧固。
- 检查 ODF 架内光纤终端盒是否牢固。
- 检查地线连接是否牢固。

② 传输机柜、线缆、电源线及防雷端子

如图7-19所示。

a) 检查机柜标牌是否完整。
b) 检查机柜线缆是否完好无破损。
c) 检查 ODF 架内尾纤是否完好无破损。
d) 检查 DDF 架内 2M 配线有无脱落。
e) 线缆标识是否完整。

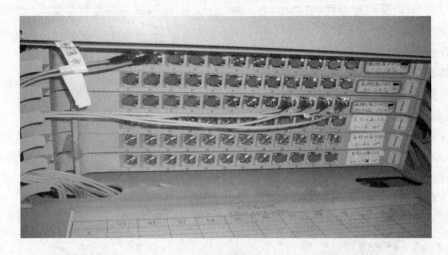

图 7-18 传输机柜、ODF 架紧固件

f) 检查 DDF 架内用户外线侧防雷端子是否正常,DDF 架内用户外线侧防雷端子没有变焦发黑为正常。

g) 检查电源线与机房电源连接是否安全可靠。

图 7-19 传输机柜、线缆、电源线及防雷端子

③ 光功率检查

a) 清洁尾纤,拔出光板所连一端尾纤,用光纤清洁带擦拭尾纤。

b) 测量光功率,将光功率计设置在 1 310 nm,将一尾纤连接至光功率计,用光源在端打开,并记录数据,达到测量值符合发射接收门限范围。传输光板发光功率:0～−5 dBm,收光功率−7～−15 dBm。

④ 接入设备

a) 接入机柜、DDF 架紧固件

- 检查设备紧固件是否牢固。
- 检查接入设备 2M 接头是否紧固。
- 检查地线连接是否牢固。

b) 接入机柜、线缆、电源线及防雷端子

- 检查机柜标牌是否完整,线缆是否无破损。

- 检查 DDF 架内 2M 配线有无脱落。
- 线缆标识是否完整;达到线缆标识是否完整。
- 检查 MDF 架内接入用户外线侧防雷端子是否正常。达到 MDF 架内接入用户外线侧防雷端子没有变焦发黑。
- 检查电源线与机房电源连接是否安全可靠。

⑤ 传输网管

a) 数据整理

设备数据的整理。将记录的设备数据的更新情况进行整理并存档 d:\back\传输\data\。

b) 网管计算机软件使用情况

- 网管功能的检查。是否能点击网块、网元,是否能自动刷新告警。
- 网管重启动的恢复情况。将网管按正常方式重新启动,是否能正常工作,禁止非法关闭网管。

c) 数据整理

故障报警记录备份;存放于传输网管 d:\back\传输\接入\告警\目录里。

⑥ 光电缆

a) 检查电缆支架

检查电缆支架有无脱落、歪斜、折断及严重锈蚀。若有则及时固定、更换,达到电缆托臂无脱落,无歪斜。

b) 检查光缆及托架状态

- 对状态不良的绑扎带、托架整治,达到绑扎带及托架完好、齐整。
- 用专用风筒对破损光缆用热缩管进行封套或重新接续,达到光缆完好无破损。

(3) 深度维护

① SDH 设备

a) 2M 通道 24 小时误码抽测

操作程序:

- 用 SDH 测试仪,调用 configuration:user。
- 将光纤接入光口待所有指示灯都亮。
- 按"Menu"键,进入"Measurement Setup" Mode:Single Period(自动测试)Duration:24hour Auto Start;填自动开始的时间(必须大于目前系统时间)在菜单填完执行时间后 Lock Stop:使测试锁定。
- Function:(1)Alarm/Error Scan 表示只要有告警和误码就列出;(2)SDH Path Trace Message 可以在 Tx 的几个菜单里插入若干字符(随便什么字符)Type 选择 E.164 窗口内小键盘里确认按"Intro"随后按"Start"键,可以在 Rx 的空行内显示那若干字符以鉴别测试接收是否好;(3)Roundel Trip Delay 环路延时时间。
- Result:PDH Errors:PDH 误码。
  PDH Alarms:PDH 告警。
  SDH Errors:SDH 误码。
  SDH Alarms:SDH 告警。
  ES:误码秒 6. Action:设置仿真的各种误码信息。

达到的目标:数字段 ES:0 秒,链路 端到端 ES 的时间:2%。

b) 最大输出抖动抽测

- 步骤同误码测试。
- 只在 Result:JITTER 0.172 测抖动（WANDER 0.172 测漂移）

达到的目标：B1<1.5UIpp,B2<0.15UIpp。

c) 输入抖动容限
- 步骤同误码测试。
- 在"Generator"中的"JITTER/WANDER"中进行设置 Deviation:加入频偏 Sinusoidal:正弦信号。

达到的目标：B1<1.5UIpp, B2<0.15UIpp。

d) 更换老化的板卡

更换板卡后能正确工作，达到无告警。

② 接入设备

a) 数据盘业务通道误码抽测

PCM 测试仪测试：达到 64K、RS232/485 盘无误码。

b) DN1601 数据检查

察看网管，达到对照出厂设置，无时隙交叉错误。

c) 更换老化的板卡

更换老化的板卡，更换板卡后能正确工作，无告警。

③ 传输网管

a) 耗材更换

检查并更换打印机油墨，达到正常使用。

b) 数据整理
- 设备数据的整理。对业务通道的使用状况和通道的性能数据进行统计和分析，整理全网通道资源利用率及通信质量的报告存放于传输网管 d:\back\传输\data\目录里。
- 网管功能的检查。达到能点击网块、网元；能自动刷新告警。

c) 接地检查
- 用欧姆表（可用万用表）测试机架接地电阻，要求电阻<5 Ω，以免雷击或接地不好产生误码。
- 检查地线与地线之间连接是否安全可靠。

④ 光电缆

a) 测试电缆直流特性

电缆测试仪、摇表测试。

绝缘电阻：干线≥1 000 MΩ·km,地区≥5 MΩ·km。

环路电阻：干线<标准值的 5%,地区<标准值的 10%。

不平衡电阻：干线<2 Ω,地区<3 Ω。

b) 测试电缆交流特性

电缆测试仪测试。达到线路衰耗不大于标准值的 10%。

c) 测试光缆平均衰耗

光源、光功率计、OTDR 测试，达到每公里平均衰耗<0.3 db。

5. 废弃物处理

检修产生的废弃物按《废弃物管理程序》处理。

项目八　专用无线系统

知识目标
1. 熟悉专用无线系统的作用；
2. 熟悉专用无线系统的功能；
3. 熟悉专用无线系统的组成。

能力目标
1. 掌握专用无线系统的终端通话流程；
2. 掌握专用无线系统的维护及故障检修，熟练故障检修流程；
3. 掌握专用无线系统各接口的作用；
4. 掌握专用无线系统日常作业及二级维护标准；
5. 培养学生作为通信工的职业素养和协作精神。

【任务8.1】　系统概述

专用无线通信系统为地铁固定用户与移动用户之间、移动用户与移动用户之间提供可靠的通信手段，对行车安全、提高运输效率和管理水平、改善服务质量提供了重要保证。武汉地铁1号线无线通信子系统采用 EADS 800 MHz 频段 TETRA 数字集群系统。

【任务8.2】　系统功能

一、系统功能及原理说明

整个轨道交通无线通信系统，利用 EADS TETRA 系统强大的虚拟专网功能，能满足地铁运营线路无线调度通信系统——行车调度无线通信子系统、防灾调度无线通信子系统的调度需求，各通话组相互独立，在各自的通话组内的通信操作互不妨碍，同时又可实现设备和频率资源的共享，使其在各自的通话组内的通信及管理互不干扰。

以上各调度组的话音及控制信令通过有线通道，基站及漏泄同轴电缆将电波传给列车司机、车站值班员及其他流动人员。车站值班员及其他流动作业人员的话音及呼叫信息经天线基站、漏缆及有线通道传给调度台，从而达到上、下行不间断互通信息的目的。

（一）通话功能

数字集群系统本身具备全双工、半双工、单工等各种通话方式，在地铁无线通信系统中有多种不同种类的用户,根据不同种类用户的性质、功能,可组成相互独立的通话组。实现固定用户与移动用户之间,以及移动用户之间的通话呼叫功能。具体可分为:

- 调度台与车载台之间;
- 车载台与车载台之间;
- 调度台与无线用户(车载台、便携电台)之间;
- 无线用户(车载台、便携电台)之间;
- 无线用户(车载台)与有线用户(PABX 用户)。

(二) 编组功能

TETRA 先进的虚拟专网功能,可使多个用户组织共享一个 TETRA 系统平台,而网络中所有的服务和功能都可以合理地分配给每一个用户组,以满足每个组的需求。这一特点为轨道交通用户提供多个不同用户组(如行调、维修等组)之间相互独立的工作模式。

EADS 的 TETRA 系统单个交换机最大可以支持 10 000 个通话组,完全能够满足武汉地铁 1 号线工程未来扩展的需求。

(三) 呼叫功能

轨道交通采用了数字集群 TETRA 的制式,具备强大的呼叫功能,固定用户与移动用户之间,以及移动用户之间根据管理模式呼叫实现组呼、全呼和紧急呼叫等呼叫。

1. 组呼

用户台之间的组呼可以通过用户组选择旋钮选择相应的组,同时用户台将发出语音提示组的变化,适合用户在紧急情况下选组。同时用户台还可以通过操作面板的按键选择需要进行通话的工作组。通话组呼叫是集群调度系统的主要通信方式,具有占用无线资源少、通信效率高、一呼百应的特点。

2. 单呼

EADS TETRA 系统的单呼(也称选呼、个呼)与普通电话呼叫是一样的:主叫用户拨打他想通话的用户号码,然后按键。被叫用户的终端振铃,然后应答。用户接口随移动台类型变化而变化。移动用户间,移动用户和调度员间,以及调度员间均可以发起选呼。EADS 的 TETRA 系统支持全双工选呼和半双工选呼。

3. 紧急呼叫

紧急呼叫对信令和接入资源具有最高优先级,这样在任何情况下都保证呼叫的建立。在网络过负荷时,一个强拆型的紧急呼叫能让系统自动释放低优先级呼叫所占用的资源。如图 8-1 所示。

4. 移动终端对调度台呼叫

用户台能够呼叫本工作子系统内的调度员。包括:发出呼叫请求、利用调度 ID 号进行选呼(即私密调度呼叫)、对调度台发起组呼、紧急呼叫(紧急呼叫的目标地址是预先在调度台或网管终端上对每个终端设备单独设定的)。

(四) 录音输出功能

系统提供录音接口,所有调度员和重要通话组的通话都将通过录音接口输出到录音设备。

(五) 强拆功能

在网络繁忙情况下可以强拆其他低优先级的呼叫以保证呼叫能够建立,例如调度员或移动终端的紧急呼叫,对信令和接入资源都具有高优先级。

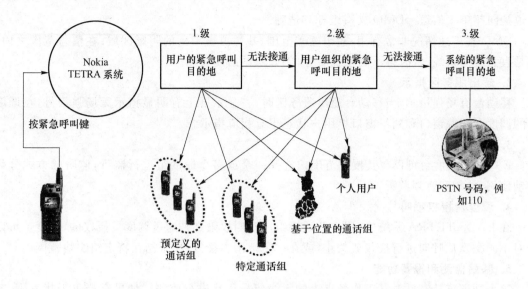

图 8-1 紧急呼叫示意图

强拆:在系统中强拆分为强拆信道资源和强拆通话时段。强拆信道是将该呼叫的信道进行释放;强拆通话时段则是在一个组呼通话过程中打断当前发言者,获得通话时段使用权并讲话。

呼叫强插:调度员可在所参与的个呼或组呼中进行强插,打断他人的讲话,发布重要指令。

(六)用户动态重组功能

经授权的调度员或系统管理员可通过空中无线路径将新的通话组编入终端,即动态重组 DGNA。

(七)多级优先呼叫功能

在 EADS TETRA 系统中,每个个人用户都有自己的呼叫优先级。高优先级有利于在话务忙时优先得到信道建立个呼,或在组呼中优先得到发言权;个人用户呼叫优先级参数范围是 1~10。

(八)广播功能

运营无线系统提供位于控制中心的调度台对相应用户群的广播通信,接收并将来自综合办公楼的广播信息传输到车载台上。

1. 控制中心(OCC)对列车发起广播

控制中心调度员通过在调度台选择相应列车组成临时通话组,并通过界面选择相应按钮对其发起广播通信的信息,使车载台打开其与广播系统的接口,然后由中心调度员按下 PTT,发起广播呼叫。

2. 手持台对广播系统发起广播

每个车站设置固定台,此固定台不作通话使用,仅用于接收有无线广播授权的便携台的信令和话音,以实现便携台通过车站广播系统对车站进行全广播区或分广播区的广播功能。

(九)故障弱化功能

1. 直通模式

直通模式(DMO)是 TETRA 移动台的一种工作模式。移动台(手持台、车载台)在不需要系统的模式下仍能直接发生通信,这种模式需要移动台预先定义好直通模式信道。直通模式信道是同频单工信道。DMO 支持组呼和选呼。

DMO 在下述情况非常有用：超出覆盖范围；基站覆盖不到的阴影区域；在覆盖范围之内，但是有意脱离系统；暂时得不到系统服务，例如基站出现故障。

2. 超出服务区指示

移动台有场强指示，当移动台超出服务区时，在显示屏上有明显指示无场强信号，在调度台的调度台跟踪窗口和列组窗口里用户状态也有相应指示。

3. 监听

EADS 的调度台可以在其授权范围内选择一个或多个通话组进行监听，监听的方式分为主动使用、使用和音频监听。

4. 调度台授权呼叫

在 EADS TETRA 系统中，用户及通话组的呼叫权限都是通过调度员授权的，调度员可以针对不同类型的呼叫进行授权或禁止，或在一定范围内授权，如限制在特定组织块范围内。

5. 基站监测和报警功能

这个功能支持基站对其工作频点上的无线信号干扰进行监测。如果有严重干扰发生，基站会自动诊断并告警。以便于管理维护人员及时调整工作频点。

（十）移动用户功能

1. 场强指示

移动台包括：车载台、便携台等。移动台在下面情况下均可在人机界面上显示所处位置的接收信号强度：(1) 正常情况下使用；(2) 直通模式下使用。

2. 自动登录功能

无线终端通过登记将识别码（身份码）发给系统。登记使系统可以掌握终端的位置信息，此外也保证了只有合法的终端才能在系统中通信。

二、数字交换机 DXTip

交换机 DXTip，交换机采用完全模块化的设计，可以根据用户数量及系统规模的扩大，平滑地升级，单个交换机最大的容量可以容纳 256 个载波（1 024 个无线信道），128 个基站，128 个调度台，容纳 40 000 用户。

交换机已经配置的容量是 140 个载波，连接 53 个基站，10 个调度台，容纳 1 000 个用户。而 1 号线需要的配置容量是处理 58 个载波、连接 29 个基站、10 个调度台、容纳 560 个用户。

三、基站 TB3

EADS 基站采用模块化的设计，可配置 1～8 个载波。

（一）系统构成

根据系统总体建设要求和设计目标，武汉地铁 1 号线一期工程专用无线通信系统项目由下列三部分构成：Tetra 主设备、二次开发设备、无线覆盖设备组成。无线通信系统网图如图 8-2 所示。

采用各基站与控制中心交换机点对点星形连接的方式，基站与交换机的传输通道类型为标准的 E1 通道，2 Mbit/s，G.703/G.704，该接口由 TETRA 设备直接提供，不需要通过外接的接口转接器转接，减少了中间环节，意味着设备的可靠性得到了增强。

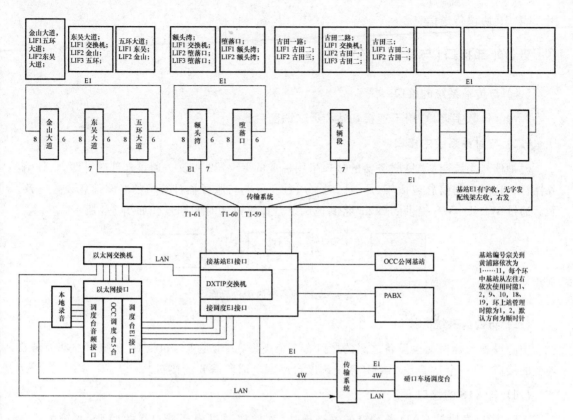

图 8-2 武汉地铁 1 号线一期专用无线通信系统网图

(二) 系统覆盖方案

场强覆盖范围是运营线路(包括隧道区间、地面段、高架段)、各车站(包括站厅站台、人行通道及消防出/入口 50 m 范围,站内公众区及非公众区、设备房、通风口、紧急逃生通道和附属主变电所内)以及车辆段及其各楼宇内、综合办公大楼,还包括进出车辆段转换区段。

具体覆盖方案如下所示:

1. 车站站厅、人行通道及地面消防出/入口、站内公众区及非公众区、设备房和附属主变电所、车辆段及其各楼宇内、综合办公大楼采用室内天线为主辅以漏泄电缆进行覆盖。车站站台及区间场强覆盖采用基站加漏泄电缆覆盖方式。

2. 基站(或中继器)的耦合/分路设备应包含滤波器,确保基站的高电平发射信号不会造成基站接收器前端的灵敏度降低或阻塞。在考虑无线设备的制造商和频道类型时,无线设备应拒绝接收来自任何接收端口的发射信号,以确保所有频道能同步工作。

3. 考虑列车满载乘客以最高时速行走或静止时及安全门等对计算信号衰减的影响。

四、内部接口

(一) TETRA 网管终端接口

TETRA 网管终端通过以太网 10/100Base-T 接口,与控制中心以太网交换机相接,它们之间传送的信息采用 TCP/IP 协议。

(二) 调度台接口

近端调度台通过以太网 10/100Base-T 接口,与控制中心以太网交换机相接,它们之间采用 TCP/IP 协议传送信息。

五、外部接口(与其他系统接口)

(一) 与传输系统的接口

2 Mbit/s 数字接口:用于连接基站和远端调度台。

(二) 与时钟系统的接口

时钟信号系统与 CAD 服务器的接口采用标准的 RS-422 协议。通过外部时钟源,CAD 服务器将收到的时间信息包括年、月、日、时、分、秒及星期与服务器计算机的时间信息设置一致,而后通过 WINDOWS 提供的 NTP 将其他调度台计算机的时间同步。如图 8-3 所示。

图 8-3 与时钟系统的接口界面

(三) 与公务系统的接口

中心设备与程控交换设备之间的接口有 2 个类型,一个是 Dimetra IP 系统与外部公务交换机的接口,另一个是 Dimetra IP 系统调度台座席电话所需要的接口。

(四) 与 ATS 的接口

ATS 接口模块是 CAD 子系统的关键模块,该模块通过串行接口接收 ATS 系统的道轨(trackside)信号,获取地铁列车的实时数据,根据此数据进行实时更新,这是实现按车次号呼叫列车司机和自动确定列车所属调度区段的关键技术之一。

ATS 信号系统与 CAD 服务器之间为串行通信,遵循一定的通信规程,而 CAD 服务器与 CAD 调度台之间利用 SOCKET 进行通信,采用 TCP/IP 网际协议。如图 8-4 所示。

图 8-4 与公务系统的接口界面

(五) 与录音设备的接口

为了对调度员的通话进行录音,调度台的控制台接口电子设备(GPIOM)在正常情况下可通过其内部扬声器和麦克风向外输出音频信号到外部数字录音设备。

(六) 车载台主机与列车电源

DC110 单相电源。

【任务 8.3】 设备组成

本系统由 1 套 TETRA 交换控制中心(在 1 号线上扩容)、6 个调度台(其终端是由自动化集成系统提供的控制台)、1 个集群调度服务器、1 个集中网管、24 个 TETRA 基站(1 号线招标时已购买)、23个TETRA固定电台、270个TETRA便携电台、64套TETRA车载电台、以3套光纤直放站所构成,采用各基站与控制中心交换机点对点星形连接的方式,基站与交换机的传输通道类型为标准的E1通道,2 Mbit/s,G.703/G.704,该接口由TETRA设备直接提供,不需要通过外接接口转接器转接,减少了中间环节,意味着设备的可靠性得到了增强。

一、控制中心设备

控制中心设备由以下设备组成:TETRA交换机1台(1号线扩容);基站(1号线);TCS互联服务器软件和音频套件(用于AIS二次开发调度操作控制台);固定台;调度服务器1套;网管系统1套。

控制中心设备是整个无线通信系统的核心设备。TETRA交换机处理无线通信系统内部的语音、数据业务,实现与公务电话的互连;实现对TETRA设备的管理。设在控制中心的3套TCS互联服务器软件和音频套件(外围音频套件由桌面麦克风及扬声器等构成)提供授权开放的平台支持将来AIS系统对调度台的二次开发,实现正线行车调度和通信控制、防灾调度。调度服务器用于与时钟系统和ATS系统互联,提供系统时钟信号和ATS信号。

(一)控制中心设备主要板卡说明

控制中心的核心设备TETRA交换机DXTip,是TETRA网络的交换和控制中心,具有呼叫控制、信令交换、数据库处理、通信协议处理等功能,用于连接基站、调度系统、局域网交换机、TETRA互联服务器和外部网络。

交换机DXTip是由一系列具备特定功能的模块组成的。主要包括:呼叫控制计算机CCC、中心内存CM、交换单元GSW1KB、操作和维护单元OMU、交换机终端ET、时钟和同步单元CLSU、时钟和告警缓冲单元CLAB、分组数据计算机模块PDCU和公共信道信令单元CCSU等。

(二)车站设备主要板卡说明

基站采用模块化的设计,主要功能板卡和功能描述如表8-1所示。

表8-1 基站主要功能板卡和功能描述表

序号	基站板卡名称	描述
1	基站控制器TBC-S	基站TBS的"告警和维护"单元,负责与交换机之间进行网管信息的沟通
2	电源设备,230伏交流	为收发信机提供供电
3	自动调谐合路器(834~870 MHZ),ATC	信道机发射端合路器,自动调谐
4	多路耦合器(806~824 MHZ) DRMC	信道机接收端耦合器
5	收发信机(TX 851~869 MHz RX 806~824 MHz),TTRX	基站信道机,无线信号的发射和接收装置

【任务8.4】 无线系统作业程序及技术质量标准

一、检修规程

(一) 适用范围

适用于轨道交通通信专业无线系统设备的运行维护和管理

(二) 检修内容、周期和质量标准

轨道交通无线系统设备的检修分为日常维护、二级维护和深度维护。

1. 日常维护内容和周期

(1) 无线地面设备

a) 机柜设备清洁卫生(每周一次)

b) 无线机柜各板卡状态检查(每周一次)

c) 固定台的功能检查(每周一次)

d) 系统功能检查(每周一次)

e) 数字录音仪功能测试(每周二次)

f) 天线外观检查(每周一次)

(2) 无线车载台

a) 天线检查(每周二次)

b) 车载台功能检查(每天一次)

c) 车载台外观检查(每周二次)

(3) 无线区间漏缆

a) 漏缆外观检查(每季一次)

b) 漏缆固定检查(每季一次)

(4) 调度台、手持台

a) 调度台功能功能检查(每天一次)

b) 手持台功能检查(每周一次)

c) 无线网管功能检查(每周一次)

d) TETRA 网管功能检查(每周一次)

2. 二级维护内容和周期

(1) 无线地面设备

a) 机柜、射频柜紧固(每月一次)

b) 地线、线缆、电源线及防雷模块检查(每月一次)

c) 网管数据备份(每季一次)

d) 调度服务器、无线录音 PC 数据整理(每季一次)

e) 交换机数据整理(每年一次)

(2) 无线车载台

a) 天线及接头紧固(每月一次)

b) 车载台受话器检查
c) 车载台主机紧固检查(每月一次)
d) 车载台连接线缆检查(每季一次)
e) 车载台电源保险检查
(3) 无线区间漏缆
a) 漏缆支架检查(每半年一次)
b) 漏缆连接头检查(每半年一次)
(4) 调度台、手持台
a) 调度台主机软硬件及接口检查(每月一次)
b) 调度台主机数据备份(每半年一次)
c) 手持台分组及号码分布统计(每半年一次)
d) 调度录音检查(每月一次)

3. 深度维护内容和周期

(1) 无线地面设备
a) 基站发射功率、接收功率检查(每年一次)
b) 天线驻波比测试(每年一次)
c) 与传输、时钟等接口检测(每年一次)
d) 网管软件及数据镜像(每年一次)
e) 无线场强覆盖测试(每年一次)
(2) 无线车载台
a) 车载台主机数据备份(每年一次)
b) 受话器更换(需要时)
c) 车载台主机电源测试(每年一次)
(3) 无线区间漏缆
漏缆场强测试(每年一次)
(4) 调度台、手持台
a) 调度台主机数据备份(每年一次)
b) 手持台分组及权限管理(每年一次)
c) 调度服务器数据镜像(每年一次)

二、检修作业指导书

(一) 适用范围

适用于武汉轨道交通一号线通信专业无线集群系统 EADS 等设备的维护操作。

(二) 所需工器具及材料

(1) 使用工具仪表

Tetra 综合测试仪、组合工具、数字万用表、通过式功率计、驻波测试仪、场强测试仪、手电筒等。

(2) 使用材料

扎带、吸尘器、记号笔、多功能插座板、绑扎带、绝缘胶布、相关射频电缆、射频电缆连接器及配件等。

(三)安全操作须知

无线传输系统维护基站作业时,必须佩戴防静电手镯,必须关闭基站电源后方可测试。

(四)检修范围、内容、标准/要求、工艺过程及方法

 如果无视"警告"提示,可能会造成人员伤亡或物质损失。

1. 日常维护

(1) 无线基站设备

① 机柜设备清洁卫生

机柜如图 8-5 所示。清洁设备时,先使用 5 mm 毛刷对设备表面上的灰尘进行清扫,然后使用半干抹布轻拭;对各单元模块用毛刷清扫,然后用微型吸尘器除尘。注意不要触碰零部件,以免造成短路。清扫完毕后,检查确保设备正常工作。

先用毛刷和干抹布清扫擦拭机柜及其细缝的灰尘,然后使用微型吸尘器进一步除尘,最后用半干抹布再一次擦拭机柜,进行清洁。

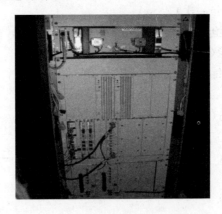

图 8-5 机柜

② 无线机柜各板卡状态检查

如图 8-6 所示。

基站电源 PSU:指示灯显示绿灯 OPR 工作状态。

传输单元 FXC:状态指示灯显示为绿灯 WO 工作。

基站控制器 TBC:状态指示灯 STA1 和 2 有一个或者两个显示为绿灯。

收发信机 TTRX:状态指示灯 STA1 和 2 有一个或者两个显示为绿灯。

ATC 自动调谐合路器:状态指示灯显示为 OPR 绿灯。

③ 固定台的功能检查

a) 呼叫调度

- 在车站固定台上按调度键向调度台发起呼叫请求;
- 在调度台界面上点击该呼叫请求,向固定台发起呼叫;
- 在调度台界面上按下 PTT 并讲话;
- 在调度台界面上松开 PTT;按下车站固定台的 PTT 并讲话。

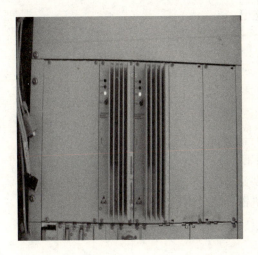 

图 8-6 无线机柜各板卡

b) 组呼
- 在调度台界面上选择静态列表中的组,向该组的用户发起组呼叫;
- 在调度台界面上按下 PTT 并讲话。

c) 个呼
- 在机车台界面上输入 ID 号向便携台 A 发起呼叫;
- 按下机车台的 PTT 并讲话;
- 松开机车台的 PTT,按下便携台 A 的 PTT 并讲话。

d) 接听组呼或个呼

单呼:
- 通过便携台 A 键盘输入车站台 ID 号向车站台发起单工呼叫;
- 按下便携台 A 的 PTT 并讲话;
- 松开便携台 A 的 PTT,按下车站台的 PTT 并讲话。

组呼:
- 便携台 A 键盘输入组(含车站台 A)ID 号,发起便携台组 A 呼叫;
- 按下便携台 A 的 PTT 并讲话;
- 松开便携台 A 的 PTT,按下车站台的 PTT 并讲话。

e) 收、发短消息

在调度台界面上点击车站名及选定状态信息,并向车站台 A 发送。

f) 时钟显示

查看固定台主机界面是否有时钟显示。

g) 系统校时

在系统功能中选择系统较时发出校准时钟信息,系统将对该固定台进行校时。

h) 模式切换

按车站固定台上的模式按键,可以在网络模式和直接模式之间进行切换。

④ 系统功能测试

a) 移动台登记
- 移动台 MS1,MS2,MS3 开机;

- 移动台 MS1，MS2，MS3 向系统发起登记。

b）登记撤销
- 移动台 MS1，MS2 关机；
- 移动台 MS1，MS2 向系统撤销登记。

c）直通模式（DMO）
- 设置移动台 MS2，MS3 至直通模式；
- 将以与系统不冲突的频率分别写入移动台。

d）同一基站下移动台至移动台的双工单呼
- 移动台 MS1，MS2 位于同一基站/不同基站下；
- 在移动台 MS1 上键 MS2 号码，按下摘机键；
- 移动台 MS2 振铃，按下摘机键接听。

e）同一基站下移动台至移动台的直接呼叫
- 移动台 MS1，MS2 位于同一基站/不同基站下，大扬声器开启；
- 在移动台 MS1 上键入 MS2 号码，并按下 PTT 键讲话；
- 在移动台 MS2 上直接听到呼叫方的声音。

f）单呼时越区切换
- 在基站 1 下，移动台 MS1 呼叫 MS2；
- 在通话中，MS1 向基站 2 移动，直到到达基站 2 并占用基站 2 的信道。

g）同一基站下组呼
- 在调度台的通话组管理界面下，定义一个通话组 GROUP01，其呼叫范围为基站 1；
- 移动台 MS1，MS2，MS3 是 GROUP01 的成员，守候在该组上并在基站 1 的覆盖区内；
- 由 MS1/MS2/MS3，按下 PTT 发起 GROUP01 组呼。

⑤ 数字录音仪功能测试

a）通话录音

用调度台进行通话，在录音机界面上将出现对应的该调度台的录音线路显示开始录音。

b）录音查询

在调度台上调出录音机上的录音。

c）日志浏览、权限设置

在录音软件界面上进行该功能的设定。

⑥ 天线外观检查

查看天线接头是否破损，天线接头是否脱落。

（2）无线车载台

① 天线检查

检查天线接头是否牢固，天线接头是否破损，天线有没有倾斜。

② 车载台功能检查

a）呼叫请求
- 在机车电台 A 界面上按调度键向 1 号正线/车辆段/车场调度台发起呼叫请求；
- 在调度台界面上点击该呼叫请求向机车电台 A 发起呼叫；
- 在调度台界面上按下 PTT 并讲话；
- 在调度台界面上松开 PTT；按下机车电台 A 的 PTT 并讲话。

b) 紧急呼叫
- 在机车电台 A 界面上按紧急呼叫键 2 秒向 1 号正线/车辆段/车场调度台发起紧急呼叫；
- 按下机车电台 A 的 PTT 并讲话；
- 在调度台界面上点击强插键及按下 PTT 并讲话；
- 在调度台界面上松开 PTT;按下机车电台 A 的 PTT 并讲话；
- 机车电台 A 按下结束键 2 秒,结束紧急呼叫。

c) 接收调度呼叫
- 通过 ATS 获得机车电台 A 的 ID 号与车次号的对应关系；
- 在调度台界面上输入车次号向机车电台 A 发起呼叫；
- 在调度台界面上按下 PTT 并讲话；
- 在调度台界面上松开 PTT;按下机车电台 A 的 PTT 并讲话；
- 通过 ATS 改变机车电台 A 的车次号,重复上述步骤。

d) 呼叫司机
- 在机车电台 A 界面上按司机键向当前线/段机车电台 B 发起呼叫；
- 按下机车电台 A 的 PTT 并讲话；
- 松开机车电台 A 的 PTT;按下机车电台 B 的 PTT 并讲话。

e) 呼叫便携台
- 在机车台界面上输入 ID 号向便携台 A 发起呼叫；
- 按下机车台的 PTT 并讲话；
- 松开机车台的 PTT,按下便携台 A 的 PTT 并讲话。

f) 开机自检

车载台开机后自动对控制盒和主机进行连接测试,自检结果为 OK 则完成。

g) 屏幕亮度调节

按控制盒键盘的"＊"键进行变暗的调节；按"♯"为变亮的调节,调节同时观察屏幕亮度的变化。

h) 信号强度显示

开机进入主界面后可在液晶屏的左上角观察到信号强弱的显示信号强度。

i) 正线车场模式切换

在控制盒上进行换段操作；可在正线与车场之间手工切换。

j) 音量设置

在控制盒界面上按照"其他"—"下页"—"设置"—"音量"界面中进行音量调节。

③ 车载台外观检查
- 车载台面板是否破损；
- 送话器接头是否牢固；
- 车载台主机是否牢固。

(3) 无线区间漏缆

① 漏缆外观检查
- 漏缆外观是否破损；
- 漏缆接头处是否紧固；

- 漏缆接头是否积水。
② 漏缆固定检查
- 查看漏缆支架是否牢固；
- 漏缆线卡是否牢固。

(4) 调度台、手持台
① 调度台功能检查
a) 组呼
- 在调度台界面上选择静态列表中的组，向该组的用户发起组呼叫；
- 在调度台界面上按下 PTT 并讲话。

b) 选呼（单呼）
- 在调度台界面上输入 ID 号向便携台 A 发起呼叫；
- 在调度台界面上按下 PTT 并讲话；
- 松开便携台 A 的 PTT，按下车站台的 PTT 并讲话。

c) 上行列车组呼叫
- 在调度台界面上按下上行列车组，向所有上行列车发起呼叫；
- 在调度台界面上按下 PTT 并讲话。

d) 下行列车组呼叫
- 在调度台界面上按下下行列车组，向所有下行列车发起呼叫；
- 在调度台界面上按下 PTT 并讲话。

e) 动态重组
- MS1 和 MS2 同属于 Group1 和 Group2；
- 在调度台上新建一个动态组 Co-op；
- 将 MS1 和 MS2 分别从 Group1 和 Group2 重组到 Co-op 组中。

② 手持台功能检查
用无线手持台设置组呼呼叫测试，手持台个呼测试。

③ 无线网管功能测试
位置地图
- 设备列表视图；
- 模块视图；
- 当前告警视图；
- 告警细节视图；
- 历史告警视图；
- 导出历史告警信息。

④ Tetra 系统网管功能测试
a) 创建、更改、删除组织块
- 在调度台中打开组织块管理；
- 建立组织块 TEST1；
- 删除组织块 TEST1；
- 修改通话组 Group1 的属性。

b) 创建、更改、删除无线用户

- 在调度台中打开用户管理;
- 建立无线用户 MS1,MS2;
- 删除无线用户 MS1;
- 修改无线用户 MS2。

2. 二级维护内容和周期

(1) 无线地面设备

① 机柜、射频柜紧固

射频柜如图 8-7 所示。检查射频机柜底座是否牢固,射频柜是否牢固。

图 8-7 射频柜

② 地线、线缆、电源线及防雷模块检查

检查射频柜门旁地线是否接好,射频缆连接是否牢固,电源空开处电源线是否牢固,防雷模块是否变颜色(如变颜色说明防雷模块已经击穿)。

③ 网管数据备份

检查无线网管软件是否开启,检查各基站的设备状态是否有告警,将整机设备做个镜像,放入 e:盘目录下,取名为网管备份。

④ 调度服务器、无线录音 PC 数据整理

调度服务器如图 8-8 所示。

图 8-8 调度服务器

检查调度服务器软件是否开启,检查设备状态是否有告警,按 Capslock 键按两下进行网管切换,将整机设备做个镜像,放入 e:盘目录下,取名为调度服务器备份。

⑤ 交换机数据整理

检查交换机状态,看交换机运行指示灯是否闪烁,各网口连接处指示灯是否闪烁正常,定期进行重启(每两个月一次,工作条件:停运以后)。

通过镜像,把数据文件存于 E:\数据备份\。

(2) 无线车载台

① 天线及接头紧固

检查天线及接头是否牢固,接头处是否有破损,接头处是否漏水。

② 车载台受话器检查

用车载台呼叫调度,测试车载台受话器声音是否可以接收到。

③ 车载台主机紧固检查

检查车载台与列车底座是否牢固。

④ 车载台连接线缆检查

检查车载台天线、地线、电源线以及数据线连接是否牢固。

检查车载台主机处保险是否熔断。

(3) 无线区间漏缆

检查区间漏缆接头处是否牢固,接头处是否漏水,区间漏缆是否有破损,漏缆是否都平放在漏缆支架上,支架是否脱落。

① 漏缆支架检查

检查漏缆支架是否牢固,漏缆是否正常卡在支架上。

② 漏缆连接头检查

检查漏缆连接接头处是否牢固,检查漏缆接头处是否有漏水。

(4) 调度台、手持台

① 调度台主机软硬件及接口检查

检查调度台主机软件是否运行正常,查看硬件设备是否齐全,接口数据线路是否正确。

② 调度台主机数据备份

用笔记本将调度台软件进行检查及数据备份整理。

③ 手持台分组及号码分布统计

将各个手持台的组号使用及手持台号码使用情况进行统计汇总。

④ 调度录音检查

- 检查录音文件是否存在;
- 对录音文件进行备份及清理;
- 查听录音文件是否清晰,连贯。

3. 深度维护内容和周期

(1) 无线地面设备

① 基站发射功率、接收功率检查

用通过式功率计测试基站发射功率和接收功率,并与设定数值比较。如图 8-9 所示为各基站的发射功率和接收功率设定表。

② 天线驻波比测试

中文名	Item	TBS name	LAID	CEID	C.C.	功率	频率对	载波1	载波2
东吴大道	TBS-20	DWDD	1020	1	20	34 dBm	A	2621	2631
五环大道	TBS-21	WHDD	1021	1	21	34 dBm	B	2629	2639
额头湾	TBS-22	ETWA	1022	1	22	38 dBm	A	2621	2631
龙落口	TBS-23	DLKO	1023	1	23	36 dBm	B	2629	2639
古田一路	TBS-24	GTYI	1024	1	24	34 dBm	A	2621	2631
古田二路	TBS-25	GTER	1025	1	25	34 dBm	B	2629	2639
古田三路	TBS-26	GTSA	1026	1	26	32 dBm	A	2621	2631
古田四路	TBS-27	GTSI	1027	1	27	32 dBm	B	2629	2639
汉西一路	TBS-28	JXYL	1028	1	28	32 dBm	A	2621	2631
古田车辆段	TBS-29	CHLD	1029	1	29	40 dBm	C	2624	2633
宗关站	TBS-1	ZOGU	1001	1	1	36 dBm	B	2629	2639
太平洋站	TBS-2	TPYA	1002	1	2	34 dBm	A	2621	2631
硚口路站	TBS-3	QKLU	1003	1	3	34 dBm	B	2629	2639
停车场	TBS-4	TCHC	1004	1	4	34 dBm	C	2624	2633
崇仁路站	TBS-5	CHRL	1005	1	5	34 dBm	A	2621	2631
利剂北站	TBS-6	LJBL	1006	1	6	34 dBm	B	2629	2639
友谊路站	TBS-7	YYLU	1007	1	7	34 dBm	A	2621	2631
循礼门站	TBS-8	XULM	1008	1	8	34 dBm	B	2629	2639
大智路站	TBS-9	DZHL	1009	1	9	34 dBm	A	2621	2631
三阳路站	TBS-10	SYLU	1010	1	10	34 dBm	B	2629	2639
黄浦路站	TBS-11	HPLU	1011	1	11	34 dBm	A	2621	2631
控制中心	TBS-12	KZZX	1012	1	12	42 dBm	D	2627	2636
头道街	TBS-13	TDJI	1013	1	13	34 dBm	B	2629	2639
二七路	TBS-14	EQLU	1014	1	14	34 dBm	A	2621	2631
徐州新村	TBS-15	XZXC	1015	1	15	34 dBm	B	2629	2639
丹水池	TBS-16	DSCH	1016	1	16	34 dBm	A	2621	2631
新荣站	TBS-17	XRZH	1017	1	17	34 dBm	B	2629	2639
堤角站	TBS-18	TJZH	1018	1	18	34 dBm	A	2621	2631

图 8-9 基站发射功率和接收功率表

用频谱分析仪测试各天线驻波是否在 1.5 以内。

③ 与传输、时钟等接口检测

检查无线 DDF 架 2M 接口是否紧固，检查无线 MDF 架配线是否牢固。

④ 网管软件及数据镜像

- 检查无线网管软件是否处于开启状态；
- 查看有无告警及告警信息；
- 对无线网管进行数据备份。

⑤ 无线场强覆盖测试

用场强仪对全线漏缆场强覆盖值进行检查，查看是否在 －85db～－65db 标准内。

(2) 无线车载台

① 车载台主机数据备份

用笔记本将各列车车载台控制盒字库数据检查及整理备份，把车载电台数据导入进行备份。

② 受话器更换（需要时）

与调度台呼叫，测试受话器是否正常。

③ 车载台主机电源测试

- 用万用表测试车载台主机输入电源是否正常；
- 电源模块输出电源是否正常。

(3) 无线区间漏缆

漏缆场强测试

用场强仪对全线漏缆场强覆盖值进行检查,查看是否符合标准值以内。

(4) 调度台、手持台

① 调度台主机数据备份

各调度台软件及数据检查及备份,并将备份数据拷出。

② 手持台分组及权限管理

通过无线网管对各手持台组号及权限进行查询整理,并做出报表。

③ 调度服务器数据镜像

各调度服务器软件及数据检查及镜像备份,并将备份数据拷出。

(五) 废弃物处理

检修产生的废弃物按《废弃物管理程序》处理。

项目九　专用电话系统

知识目标：
1. 熟悉专用调度电话系统的作用；
2. 熟悉专用调度电话系统的结构；
3. 熟悉专用调度电话系统的业务；
4. 熟悉专用调度电话系统的硬件分布及每个板块的作用。

能力目标：
1. 掌握专用调度电话系统终端的使用方法；
2. 掌握专用调度电话系统的板块指示灯的含义；
3. 掌握专用调度电话系统的故障查看及分析，并可对故障进行处理；
4. 掌握该系统日常维护、二级维护和深度维护；
5. 培养学生作为通信工的职业素养和协作精神。

【任务9.1】　系统概述

一、系统概述

专用系统是通过一种接入设备，利用数字信道把沿线各站的各种专用通信业务综合起来，提供全面的数据、语音等服务，形成以自控为主的、智能化的、全程全网的网络化综合调度指挥平台。

专用系统实现了全数字化的调度通信、专用通信、站场通信以及各种数据业务，并使用专用的网管系统，对专用系统设备进行维护管理。

（一）系统总体结构

专用系统分为两大部分：枢纽主系统和车站分系统。如图9-1所示。

枢纽主系统位于控制中心，车站分系统位于正线各个车站或车场、车辆段，两者之间通过数字传输通道构成通信网络，在网络内部实现语音、数据等业务。专用系统同时兼容模拟传输接入的方式，实现数字和模拟通信方式互为备份。

1. 枢纽主系统组成

枢纽主系统总体分为三个相对独立的部分：分别为系统后台、前台操作台、网管系统（维护台）。如图9-2所示。

枢纽主系统后台由多层机架组成，包括主控层、数字模块层、模拟模块层和扩展模块层。

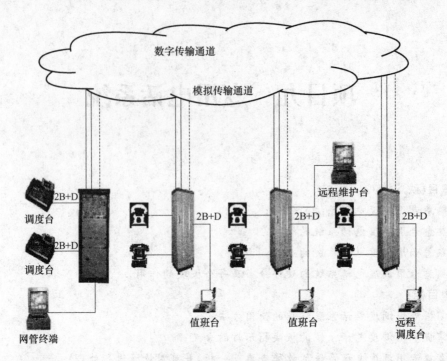

图 9-1　系统总体结构示意图

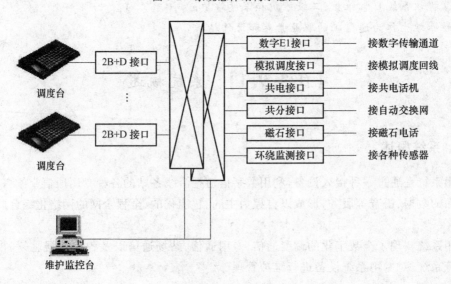

图 9-2　枢纽主系统结构图

每层由多块不同的电路板组成。

枢纽主系统的前台操作台一般称调度台,与后台之间通过 2B+D 接口连接,后台能够对前台远程供电。

专用系统采用微机作为维护监控终端,通过 RS-232 串口与后台主控单元背板上的串口连接。管理人员可通过图文界面的维护软件对整个系统进行数据维护、监控管理。

2. 车站分系统组成

车站分系统总体分为两大部分:后台交换网与前台操作台。如图 9-3 所示。

车站分系统是通过数字 E1 接口接入数字传输系统,与主系统共同构成数字通信网络。

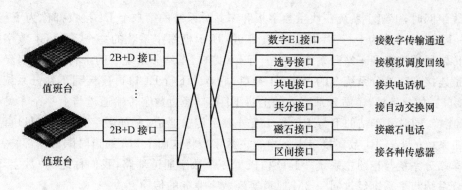

图 9-3 车站分系统结构图

其主要功能为接入数字调度电话、接入数字化的专用电话、站场通信(集中机功能)、区转机功能等。

车站分系统前台一般称为值班台,与后台交换网以 2B+D 接口相连接。由后台系统供电,键控式值班台实现了与调度台通话及站场内部用户通话。

(二) 系统网络结构

专用系统通过车站分系统设备把沿线各站的专用通信业务综合起来,利用数字信道传输到枢纽主系统,或通过主系统分配到相应的目的地址。根据数据配置的不同,组网类型可分为:星形方式、共线方式和综合方式。

1. 星形方式

如图 9-4 所示。

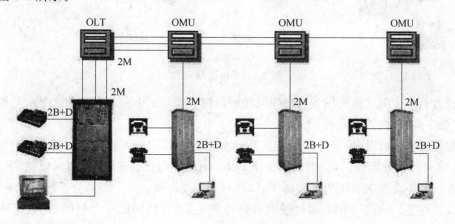

图 9-4 星形组网方式

枢纽侧每一块主数字板提供 2 个 E1 数字接口,通过传输通道,与某一个车站分系统的 E1 数字接口连接,实现该车站通信的数字接入。每一个车站分系统数字板一般也提供 2 个 E1 数字接口,当 2 个 E1 接口同时和枢纽数字板的 E1 接口连接时,形成一个保护通道。一个 E1 传输出现故障时,不影响该车站业务。

星形组网方式相对要求占用更多的传输资源,以确保网络的安全性。

2. 共线方式

枢纽主系统与多个车站分系统是通过 E1 数字中继接口连接的(中间经过数字传输通道,如 SDH/接入网等)。

共线组网时,枢纽主系统一块主数字板和车站分系统的第二个 E1 接口都称为下行 E1 接口,第一个 E1 接口称为上行 E1 接口。如图 9-5 所示枢纽主系统的一个下行 E1 数字接口经过数字传输通道连接到车站分系统 1 的上行 E1 接口,车站分系统 1 的下行 E1 接口经过数字传输通道连接到车站分系统 2 的上行 E1 接口,后者的下行 E1 口再连接到车站分系统 3 的上行 E1 接口。如此类推,车站分系统 n 的上行 E1 接口经过数字传输通道与上一个车站的下行 E1 接口连接,同时 n 车站的下行 E1 接口经过数字传输通道(例如数字微波、SDH)直接连接到枢纽主系统的上行 E1 数字接口上。枢纽主数字板将这两个 2M 通道时隙在内部一一对接,这 n 个车站分系统与枢纽主系统一起就构成了一个数字通道环路,我们称之为"数字环"。所有车站分系统与主系统经过同一 2M 通道实现数字业务的传输。

专用系统枢纽主系统 12 块主数字板提供 24 个 E1 数字接口,可以组成多达 12 个"数字环",每个"数字环"最大接入 50 个车站分系统。而车站分系统每块数字板可提供 2 个数字 E1 接口,接入同一个"数字环"中。在特殊车站分系统如需要接入两个不同的"数字环"或属于不同的两个枢纽时,可使用 4E1 的数字板。

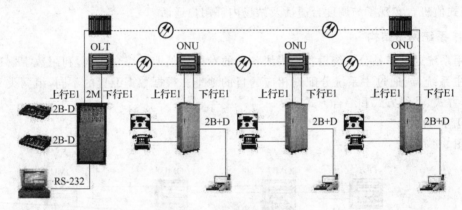

图 9-5 共线组网方式

共线方式最大限度地利用了"数字环"中的时隙资源,专用系统对数字调度和专用电话业务采用"数字共线"的方式实现。

一般情况下,通信使用下行 E1 通道,系统实时监测 2M 口的通信状态,当检测到"数字环"下行 E1 通道的某处断开时,立刻切换至上行 E1 通道方向进行通信,从而保证"数字环"的任何一处断开都不会影响系统的正常通信,切换时间为毫秒级。某个车站分系统出现断电时,此车站分系统的上、下行 E1 接口通过继电器自动导接起来,仍构成一个封闭的"数字环",从而不影响系统正常通信。

3. 综合方式

根据实际需要,将共线方式、星形方式同时运用在一个专用通信网中,形成综合组网方式。

以上三种组网方式在硬件上没有区别,只是软件不同,专用系统在组网时,可以同时采用其中的一种、两种或三种方式相结合组网,以适应铁路复杂的网络情况。

二、系统主要业务

专用系统主要实现数字调度业务、专用电话、数字站间闭塞及各种模拟接入业务。同时能够替代站场集中机、区转机等设备。

（一）调度电话

专用系统可以实现控制中心、车场、车辆段和沿线各个车站之间的调度电话业务。一个调度电话系统由后台交换网、调度台、调度分机、录音设备及数字传输通道构成。

专用系统可接入模拟通道，采用模拟调度通信的方式通信，作为数字调度通信的有效备份，形成数/模通道互为热备份的方式。无论数字通道还是模拟通道，调度分机既可以是值班台，也可以是共电话机或原有的音频（高阻式）调度分机。

（二）站场通信

站场通信主要通过车站分系统实现。键控式操作台通过 2B+D 接口接到分系统；站场内的用户可以接入到分系统的共电接口、共分接口、磁石接口等。这些接口通过分系统内部的全数字无阻塞时隙交换网络、多方会议电路方便灵活地组成了站场通信，值班员可以通过操作台上的按键任意实现单呼、组呼、会议、全呼。

（三）站间通信

站间通信指两个车站分系统值班台进行的通信业务。通过"数字环"的一个时隙实现话音业务。一个车站分系统与其上行车站分系统的站间通信，需使用 2M 中一个时隙，而此车站分系统与其下行车站分系统的站间通信，可同时使用 2M 中的这一个时隙。专用系统系统实现了时隙的分段复用。一个车站除了与其邻站通信外，还可能与其他不相邻车站进行站间通信。

模拟站间通信是通过相邻车站间的模拟实回线完成的。车站分系统可以将这些保留的模拟实回线接到磁石接口上，作为对数字站间通信的模拟备份。

（四）区间电话

车站分系统具有区转机功能，区转机板有上行区间电话接口和下行区间电话接口，接入区间通话柱。1 号线仅一期工程设有区间轨旁电话。

（五）站场广播接入

车站分系统中设有共分接口，与站场广播系统提供的共电接口对接，实现值班员对站场的广播。

（六）无线调度接入

专用系统在铁路分局调度所与沿线车站之间提供 4 线音频共线通道，为无线调度系统的各设备之间提供音频通道。

三、系统主要功能特点

（一）应急分机

车站分系统可通过软件将一部共电话机设置成应急分机，对应该分系统的一个值班台。当该值班台出现故障，系统将自动切换到应急分机，由应急分机替代值班台实现通信业务。分机可通过"19＋对应值班台的按键号"来拨号实现呼叫业务。

（二）多通道录音仪

多通道录音仪由工控机、语音卡、系统软件组成。它可以替代单路或多路录音设备，并实现远程监听和放音功能。

(三) 全数字无阻塞交换

专用系统采用先进的数字时分交换技术。枢纽主系统和车站分系统分别具备1024X1024、512X512的全数字无阻塞交换网络,为各种业务的实现打下了坚实的基础。

(四) 稳定的系统平台

专用系统采用模块化设计,为提高系统可靠性,采用了两套主控制单元,双机双网同时工作,互为热备份,一旦主用的控制单元出现故障,系统控制程序检测到后自动切换,系统提供了两种切换方式:故障切换、人工切换。专用系统系统(包括枢纽主系统和车站分系统),提供对接口板的N+1(N≥1)实时热备份,包括U口板及其他类型的模拟接口板。枢纽主系统还提供对数字板的N+1(N≥1)实时热备份。对于系统所有模拟接口板,都支持热插拔功能。

【任务9.2】 硬件结构和原理

一、硬件整体结构

专用系统系统分为枢纽主系统和车站分系统,通过数字传输通道构成通信网络,使用统一网管系统。车站分系统可独立实现站场集中机功能。操作台与后台分离设计。系统提供了丰富的接口,包括2B+D、磁石、四线音频、模调、共分、共电、选号等接口。

二、枢纽主系统

枢纽主系统采用先进的大规模集成电路,组成高性能的交换网络及控制电路,如图9-6所示。后台交换网模块化结构设计,由上至下依次由数字模块层、模拟模块层、主控层、扩展模块层组成。一个数字模块层可配接12块数字板,一个接口模块层可配接15块接口板。主控层与其他模块层之间采用自定义的信号总线相连接。

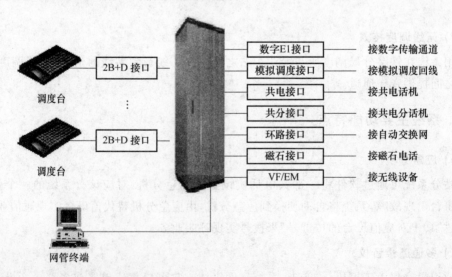

图9-6 枢纽主系统

1. 主控层

主控层包括主控单元和电源单元,以及一块主控层背板。主控单元能够实现:提供系统工作时钟,提供大容量的会议电路和系统所需的各种信号音,与数字板、接口板、和网管终端通信,交换与汇接各接口的消息和话音等,是整个系统运行和数据交换的核心部分。为保证系统的安全可靠性,系统配有互为热备份的两套主控单元。主控平面每块电路板在系统中的槽位固定,不能任意改变位置。电源单元为两块有铃流电源板,分别给接口模块层提供+5 V、-5 V直流电源,铃流以及磁铃,两块电源板互为热备份。

2. 数字模块层

每个数字模块层可包括数字背板一块,无铃流电源板两块,主数字板1至12块。两块无铃流电源板互为备份,给主数字板提供+5 V、-5 V直流电源。每块主数字板提供2个数字接口(E1接口),分别为"上行E1接口"与"下行E1接口",通过这两个E1口,实现枢纽主系统和数字传输通道连接,并将各车站分系统依次接入,形成调度专用网的"数字环"。枢纽主系统通过此接口板与各车站分系统通信,传送数字调度电话,传送数字专用电话以及转接数字化的站间、站内通信。

3. 模拟模块层

模拟模块层由背板和各模拟接口板组成。模拟模块层可安装15块模拟接口板,包括U口板、共电板、接口板、数据通信板等。专用系统系统规定模拟模块层模拟接口板的模块号从左至右为1~15模块。

4. 扩展模块层

扩展模块层由背板和15块模拟接口板组成,专用系统系统规定扩展模块层模拟接口板的模块号从左至右为16~30模块。

三、车站分系统

车站分系统由分标准层和模拟接口扩展层组成。提供了丰富的模拟接口,如图9-7所示。

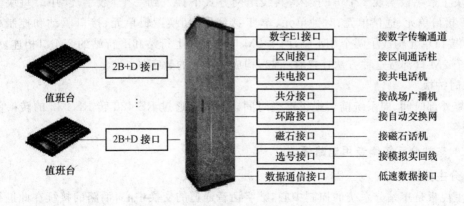

图9-7 车站分系统

1. 分标准层

分标准层由一块标准背板、两块分主控板、两块分数字板、两块有铃流电源板和各种模拟接口板构成。包括U口板、共电板、接口板、选号板、区转机板、数据通信板等。分标准背板提供与扩展层的数据总线接口,分标准层电源模块向扩展层供电的电源接口。分主控板和分数字板均为1∶1热备份。

2. 模拟接口扩展层

由一块模拟接口扩展背板和15块模拟接口板构成。15个模拟接口模块的模块号从左至右侧为1～15模块。模拟接口扩展层由分标准侧通过ATX电源线供电。

四、主要电路板

(一)枢纽主系统侧专用电路板

枢纽主系统侧主要包括主控板、音源板、会议板、主数字板、时钟板、信令板、模调总机板等,每块电路板的前面板显示了不同的状态指示灯,各有一个复位按钮,用来手动复位。这些电路板只能使用在枢纽主系统侧。

1. 主控板

主控板包括处理机、时钟电路、交换网、通信和复位等部分电路,完成存储控制工作,提供系统时钟,提供各模块交换时隙,与各接口模块通信、各调度台通信和系统维护监控台通信,交换与汇接各接口模块的语音通道等。为提高运行可靠性,系统采用两块主控板(即主交换网)同时运行,互为热备份,一个处于主用状态,另一个处于备用状态。可通过软件主备切换或在主控面板上手动切换复位键,实现整个主网的切换。

2. 音源板

音源板上有两组音源发生器,每组发生器可以支持60 s音信号。面板上的指示灯分别表示各音源发生器是否正常工作。各音源发生器上电时自动复位,也可用软件通过复位。音源板为系统提供各种回铃音和忙音等提示音。音源板同时还提供对数字模块层的驱动电路。

3. 会议板

系统提供8组240方多方会议功能。同时提供与接口模块层的接口驱动电路。

4. 主数字板

每块主数字板实现2个E1接入,共线组网方式下接入到一个"数字环"中。每块数字板包括E1接口单元、通信单元、时钟单元、单T接线器、切换逻辑单元、接口驱动和控制单元构成。E1接口单元构成了两个2M口,两个2M口分别同上行站和下行站的2M口相连,所有车站的两个2M口都按这种方法连接在一起,构成一个大的数字环。

5. 时钟板

采集外部时间,向系统前台提供准确时间。时钟板通过RS-422转RS-232的转换头和时钟源连接。

(二)车站分系统侧专用电路板

1. 分主控板

分主控板是车站分系统的控制中心,数字话音通道的交换中心,话路的接续在此进行。分主控板由主处理机系统(80186)、时钟提取单元、交换单元、会议单元、通信单元、处理机接口单元、告警单元、主/备控制单元等组成。

2. 分数字板

分数字板由单T接线器、通信单元、会议单元、E1接口单元、时钟单元、音信号单元、主/备切换逻辑单元、接口驱动和控制单元组成。

3. 区转机板

区转机板包括两种接口：上行区间电话接口和下行区间电话接口。

上行区间电话接口：接上行区间电话回线，检测上行区间转机送过来的 DTMF 信号，并向主控 CPU 传送信号。

下行区间电话接口：接下行区间电话回线，检测下行区间通话柱上电话摘挂机信号，识别号码，振铃，发送 DTMF 信号至下行站。

区转机板专用与区间电话的连接，区间电话的连接如图 9-8 所示。

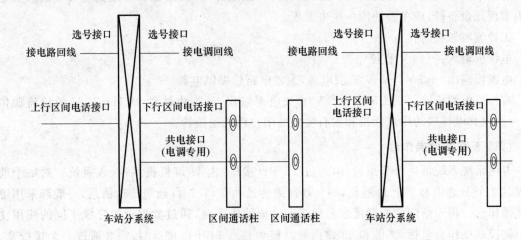

图 9-8　区间电话与车站分系统的连接示意图

4. 选号板

提供选号接口，以共线方式与调度总机连接。单板电路主要由如下单元构成：处理器单元、交换网单元、时钟单元、协议通信单元、接口单元、自动备份倒换单元。

（三）枢纽主系统和车站分系统通用电路板

1. U 口板

U 口板通过 2B+D 接口以 4 芯电缆为距离较近的键盘式调度台或值班台提供工作电源和信号（−48 V/200 mA）。前两线为电源线，后两线为信号线。U 口板由控制单元、通信单元、交换网、U 接口、继电器组、在线/离线切换逻辑、接口驱动和控制单元组成。

2. 共电板

提供 6 路共电接口，接音频话机。共电板由通信单元、共电接口单元、交换网等部分组成，分别完成与主控通信，提供接口电路和内部母线分配功能。

3. 接口板-6

提供 6 路插槽，可用来插接两线接口子板和四线接口子板，即两线或四线的小插板。包括：磁石、共电、环路、共分、两线模调、四线模调、四线音频等。主要由处理器单元、交换网单元、时钟单元、协议通信单元、测试单元及接口单元构成。分别完成本板信息处理和对各功能模块的控制，与主网板之间信道匹配功能，时钟及帧同步，与主控板之间的 HDLC 通信协议控制等功能。其中磁石、共电、共分、两线模调占用六路母板的一个槽位，而四线模调、四线音频等占用两个槽位，并且要插在第 1、3 或第 5 路上。

4. 模调板

模调板设计为插在多功能接口板上使用，一般应用于枢纽主系统的两线或四线模拟调度总机接口,也可应用于某个车站分系统。模调板内置音控电路,实现半双工的功能,使用时采用共线方式与调度分机连接。

5. 磁石板

磁石插板安装于接口板上,占用一个槽位,提供两线接入模拟实回线。相邻站间可以通过各站的磁石插板接入模拟实回线实现模拟站间闭塞,也可以直接接磁石话机。

6. 电源板

专用系统系统电源板分有铃流电源板和无铃流电源板,枢纽侧和车站侧均可使用两块电源板实现冗余备份,或单独使用一块电源板。

无铃流电源板时:

电源板输入:-48 V 直流电源;

电源板输出:+5 V、-5 V 直流电源,为各电路板提供电源。

有铃流电源板除提供+5 V、-5 V 直流电源输出,还提供两种 25 Hz、75 V 的铃流源信号,分别向共电接口的用户话机和磁石接口的用户话机送振铃。

(四)系统前台操作台

专用系统系统前后台分离设计,通过 2B+D 接口(由 U 口板提供)接入系统。对每个前台提供 2 个 B 通道和 1 个 D 通道,2 个 B 通道传送话音,1 个 D 通道传送消息,一般都采用键控式操作台。用于枢纽侧的调度台和用于车站侧的值班台,通过数据设置完成不同的使用功能。键控式操作台包括 24 键和 48 键两种。前台接入 2B+D 接口时,需要通过一个接线盒。接线盒有两种:无源接线盒和有源接线盒。分别实现后台远程供电和本地 220 V 供电。后台和前台在一公里以内的一般用无源接线盒,由后台给前台提供 48 V 电源。

1. 操作台构成

操作台由呼叫键区、拨号键区、功能键区、液晶显示屏、指示灯、手柄和麦克等部分构成。呼叫键区通过数据定义可设置为各种功能键。拨号键区用于系统出局拨号使用。显示屏显示从维护台或外接时钟提取的时间。操作台上有两个绿色的指示灯,左侧灯长亮代表后台供电正常,右侧灯代表信号灯,匀速闪烁正常。

呼叫键区由 48 或 24 个呼叫键构成,可由后台交换网定义为单呼键、组呼键、台联键。

功能键区设 8 个键位,由切换键、手柄键、菜单键、参数键、音量+键、音量-键、录音键、放音键组成。

2. 系统维护台

专用系统系统采用微机作为维护监控终端,通过 2 个 DB9 串口与后台主控单元相连。整个系统的故障信息通过传输网络经串口直接上报至维护台,同时可对车站各分系统和主系统一进行数据配置,维护管理。

【任务9.3】 系统呼叫流程

一、值班台呼叫用户

如图 9-9 所示,呼叫流程如下:

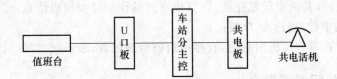

图 9-9　值班台呼叫流程

1. 值班员按下某一按键,前台检测到此动作,上报给 U 口板;
2. U 口板将此动作翻译成占用请求消息,发送给车站分主控板;
3. 车站分主控对此消息进行分析,根据数据确定目的分机所在的物理位置,将此消息发送给共电板;
4. 共电板收到占用消息后,共电话机振铃;
5. 当共电板检测到共电口摘机应答后,将此信号翻译成应答消息,发送给主控;
6. 此条应答消息经分主控、U 口板的转发后,最终至值班台;
7. 该值班台相应的指示灯由闪烁变为长亮,表示呼叫成功双方可进行通话;
8. 通话结束后,若值班员先挂机,则共电板会检测到挂机信号,将此信号翻译成挂机消息,经过与应答消息一样的消息传送过程送至值班台上;
9. 值班台相应的指示灯熄灭,表示对方先挂机。

二、调度台呼叫值班台

如图 9-10 所示,呼叫流程如下。

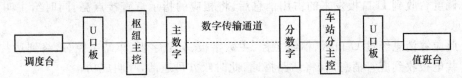

图 9-10　调度台呼叫值班台流程

1. 调度员按下某一按键,调度台检测到此动作,上报给相应 U 口板;
2. U 口板将此动作翻译成占用请求消息,发送给枢纽主控板;
3. 枢纽主控板对此消息进行分析,确定用户所在车站分系统的位置后,将此消息发送到主数字板上;
4. 主数字板直接将此消息通过传输系统发送到相应车站分系统分数字板;
5. 分数字板接收到此消息后,转发给车站主控;
6. 车站主控对此占用消息进行分析,根据数据确定目的分机所在物理位置,将此消息发送给相应 U 口板;
7. U 口板收到占用消息后,送至相应值班台,该值班台上对应的按键指示灯闪烁并响铃;
8. 当值班员按下按键应答时,U 口板检测到应答信号,将此信号翻译成应答消息,发送给车站主控;
9. 此条消息经车站主控、分数字板、主数字板、枢纽主控、U 口板的转发后,最终至调度台;
10. 调度台指示灯由闪烁变为长亮,表示呼叫成功,双方可进行通话;
11. 通话结束后,若值班员先挂机,则车站分系统的 U 口板会检测到挂机信号,将此信号翻译成挂机消息,经过与应答消息相反的过程将消息送至枢纽侧的调度台上;
12. 调度台的指示灯熄灭,表示对方已挂机;

13. 通话结束时,若调度员先挂机,U口板将此动作翻译成挂机消息,经枢纽主控、主数字板、分数字板、车站主控,到达U口板;

14. U口板收到对方挂机消息后,直接向值班台送忙音,表示调度员已挂机。

三、调度分机呼叫调度台

如图9-11所示,呼叫流程如下:

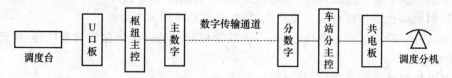

图9-11 调度分机呼叫调度台流程

1. 调度分机摘机,车站分系统的共电板检测到摘机信号后,将此信号翻译成一条占用消息,发送给车站主控;

2. 车站主控对此消息进行分析,确定最终用户的物理位置后,将占用消息发送给分数字板;

3. 分数字板将消息经传输通道发给主数字板;

4. 主数字板将此消息转发给枢纽主控板;

5. 枢纽主控收到此占用消息后,进行分析,确定最终用户所在的物理位置,然后将消息转发给U口板;

6. 调度台收到U口板发来的占用消息后,将相应的指示灯直接点亮,同时给主叫方回复应答消息;

7. 此应答消息经过U口板、枢纽主控、主数字板、分数字板、车站主控、最终到达共电板;

8. 共电板收到应答消息后,将话路搭通,此时双方可通话,呼叫成功;

9. 通话结束后,若调度分机先挂机,则车站分系统的共电板会检测到挂机信号,将此信号翻译成挂机消息,经过与应答消息一样的传输送至枢纽侧的调度台上;

10. 调度台的指示灯由常亮变成熄灭,表示对方先挂机;

11. 通话结束时,若调度员先挂机,U口板将此动作翻译成挂机消息,经枢纽主控、主数字板、分数字板、车站主控,到达共电板;

12. 共电板收到对方挂机消息后,直接向调度分机送忙音,表示调度员先挂机。

【任务9.4】 专用系统作业程序及技术质量标准

一、检修规程

(一) 适用范围

适用于轨道交通通信专业专用调度电话系统设备的运行维护和管理。

(二) 检修内容、周期和质量标准

轨道交通专用系统设备的检修分为日常维护、二级维护和深度维护。

1. 日常维护内容和周期
(1) 机架及槽位清洁
a) 清洁各站专用机柜卫生(每周一次)
b) 清洁各站专用槽位卫生(每周一次)
(2) 网管维护终端功能检查及清洁
a) 清洁中心网管维护终端(每周一次)
b) 清洁中心打印机(每周一次)
c) 网管维护终端功能检查(每天一次)
(3) 专用板卡状态检查
a) 车站专用板卡检查(每周一次)
b) 中心专用板卡检查(每周一次)
(4) 调度台、值班台功能检查及清洁
a) 调度台功能检查及清洁(每周一次)
b) 值班台功能检查及清洁(每周一次)

2. 二级维护内容和周期
(1) 调度台麦克风检查
a) 调度台麦克风通话质量检查(每月一次)
b) 调度台线缆连接检查(每月一次)
(2) 轨旁电话检查
a) 轨旁电话话机外观(每月一次)
b) 轨旁电话线路连接检查(每月一次)
c) 轨旁电话呼叫功能检查(每季一次)
(3) 录音仪功能检查及数据整理
a) 数据整理(每月一次)
b) 录音功能检查(每月一次)
(4) 机柜、配线架紧固
a) 机柜、配线架紧固(每年一次)
b) 检查光缆及托架状态(每年一次)
c) 线缆标识及线缆连接检查(每年一次)

3. 深度维护内容和周期
(1) 接口性能测试
a) 数字接口(E1)接口(每年一次)
b) 模拟调度接口(每年一次)
c) 2B+D接口(每年一次)
d. 接口指针检查(每年一次)
(2) 数据核对备份
a) 数据库文件(每年一次)
b) 备份数据文件(每年一次)
(3) 专用话机测试

4. 检修质量标准及参数要求
(1) 系统可靠性参数

(2) 系统供电及功耗参数

(3) 过压和过流保护及干扰

(4) 主分系统传输试验指标、抖动指标、时钟同步指标

二、检修作业指导书

(一) 适用范围

适用于运营公司所管理的区域内的通信专用系统设备的运行维护管理。

(二) 所需工具及材料

1. 工器具

音频通道测试仪、电平表、信号发生器、地线测试仪、示波器、数据测试仪数字万用表、规程分析仪、兆欧表、电烙铁等。

2. 材料

接线盒、绝缘带、刷子、抹布、打印纸、记号笔、电池跳线、扎线、卷筒纸、分线盒、克隆排、配线电缆、精密清洁剂、抹布、吹尘器、轨旁电话、光盘、打印头、色带、酒精、模拟话机、焊锡、标签、塑料袋、多功能插座集中电话。

(三) 安全操作须知

 如果无视"警告"提示,可能会造成人员伤亡或物质损失。

插拔各种板卡时要戴防静电手环,以防人体携带的静电击穿电路板。

(四) 检修操作规范及工艺过程

1. 检修范围

专用子系统设备检修的范围以 DDF 架上引入传输的 2M 线第一连接处为分界点,与电源专业以 -48 V 开关电源专用系统空开下部出线为分界。

检修的设备包括指挥中心数字调度专用主系统;车站分系统;网管监测系统;一期区间轨旁电话;数字录音设备和其他有关设备及附属设备。

2. 检修内容及周期

检修级别分为日常保养和二级维护,检修内容和周期如下。

(1) 日常保养内容、标准及周期

a. 机架及槽位清洁

机架清扫主要包括机柜内设备安装组件和紧固件的卫生清洁。先使用漆刷将表面浮灰进行简单清扫,然后使用吸尘器进一步进行除尘,最后使用半干的抹布擦拭一遍,确保表面无灰尘。

槽位清洁前要先佩戴防静电手环,防止静电击穿设备板卡;然后使用 5 mm 毛刷清扫槽位;再使用吸尘器对槽位进行除尘。车站双周做一次,中心 OCC 每周清扫一次。

b. 清洁网管维护终端、打印机及专用系统状态检查

用干净白方巾轻抹终端及打印机表面,必要时用少量全能水清洁剂进行清洁。检查终端、打印机与各设备连接,确保连接良好,通过专用系统网管查看网络工作状态以及各车站的设备工作状态。车站双周一次,中心 OCC 每日一次。

c. 专用机柜各板状态检查

设备状态检查保证车站每周一次,中心 OCC 每日一次。

车站专用子系统机柜板卡分布如图 9-12 所示。

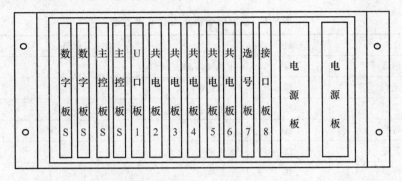

图 9-12 车站专用子系统机柜板卡分布图

中心专用子系统部分机架及板卡分布如图 9-13 所示。

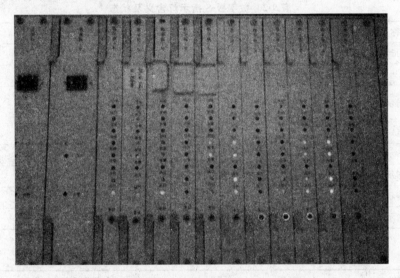

图 9-13 中心专用子系统部分机架及板卡分布图

专用机架背板结构如图 9-14 所示。

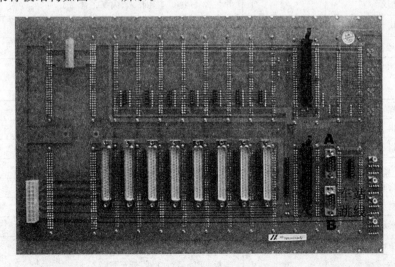

图 9-14 专用机架背板结构图

各板卡指示灯如表 9-1 到表 9-7 所述为正常工作状态。

表 9-1 主控板-S 指示灯含义及状态

名称	颜色	含义及状态
主备用指	绿	主用绿灯,备用灭灯
CPU 运行	绿	闪烁正常
CPU 告警	红	灭正常
电源告警	红	灭正常
时钟告警	红	灭正常
对机告警	红	灭正常
通信指示	绿	闪烁正常

表 9-2 数字板-S 指示灯含义及状态

名称	颜色	含义及状态
主备用指示灯	绿	主用绿灯,备用灭灯
CPU 运行	绿	闪烁正常
方向指示灯	绿	亮数字环从第一个 2M 口与主系统通信,灭从第二个 2M 口与主系统通信
接收指示灯	绿	收到枢纽主系统的消息,闪烁正常
发送指示灯	绿	向枢纽主系统发送消息,闪烁正常
通信指示灯	绿	数字环与本车站主控的通信指示灯,闪烁正常
误码指示灯	绿	数字环有误码时闪烁,灭灯正常
音源指示灯	绿	闪烁表示正常

表 9-3 U 口板-2 指示灯含义及状态

名称	颜色	含义及状态
工作指示	绿	第一路 U 接口工作指示,闪烁正常
工作指示	绿	第二路 U 接口工作指示,闪烁正常
通信指示	绿	本板与主控板通信,闪烁正常
CPU 运行	绿	本板 CPU 运行灯,闪烁正常

表 9-4 共电板-6 指示灯含义及状态

名称	颜色	含义及状态
工作指示	绿	第一路接口占用指示灯,摘机时亮
工作指示	绿	第二路接口占用指示灯,摘机时亮
工作指示	绿	第三路接口占用指示灯,摘机时亮
工作指示	绿	第四路接口占用指示灯,摘机时亮
工作指示	绿	第五路接口占用指示灯,摘机时亮
工作指示	绿	第六路接口占用指示灯,摘机时亮
通信指示	绿	本板与主控板通信,闪烁正常
CPU 运行	绿	本板 CPU 运行灯,闪烁正常

表 9-5　选号板-3 指示灯含义及状态

名称	颜色	含义及状态
工作指示	绿	第一路接口占用指示灯,占用时亮
工作指示	绿	第二路接口占用指示灯,占用时亮
工作指示	绿	第三路接口占用指示灯,占用时亮
通信指示	绿	本板与主控板通信,闪烁正常
CPU 运行	绿	本板 CPU 运行灯,闪烁正常

表 9-6　接口板-6 指示灯含义及状态

名称	颜色	含义及状态
工作指示	绿	第一路接口占用指示灯,占用时亮
工作指示	绿	第二路接口占用指示灯,占用时亮
工作指示	绿	第三路接口占用指示灯,占用时亮
工作指示	绿	第四路接口占用指示灯,占用时亮
工作指示	绿	第五路接口占用指示灯,占用时亮
工作指示	绿	第六路接口占用指示灯,占用时亮
通信指示	绿	本板与主控板通信,闪烁正常
CPU 运行	绿	本板 CPU 运行灯,闪烁正常

表 9-7　电源板-D 指示灯含义及状态

名称	颜色	含义及状态
+5 V 指示	绿	亮正常
-5 V 指示	绿	亮正常
共电铃流	绿	亮正常
磁石铃流	绿	亮正常
告警灯	红	灭正常,亮告警
开关	—	总电源开关

d. 调度台、值班台清扫及功能试验检查

调度台、值班台清扫主机时,先用漆刷清扫台面表面,然后使用干布擦拭,确保设备正常运转,表面清洁。

键钮功能试验时,将调度台上按键逐个进行测试,按下按键,测试通话和切换等功能是否正常,确保按键反应灵敏。

呼通某个车站调度台,通话时按下录音按键,进行录音,录音结束后按放音键进行回放录音,听测录音是否清晰。车站每月进行一次,中心 OCC 每周一次。

e. 行调备用电路试验

行调模拟备用呼叫功能试验时,需要按下调度台上"行调备用"按钮,通过备用电路进行呼叫,测试通话是否清晰正常。车站每月测试一次,中心 OCC 每周测试一次。

调度分机(电调、维调、防灾调、应急分机)能否与调度台通话;拔掉调度台综合电缆后测试应急分机与行调通话。

负 48 V 开关电源专用输出端输出电压测量记录。

检查开关电源专用输出端各接插件接触良好，使用万用表测量输出电压。将万用表打到 DC200V 挡位，测试开关电源专用输出端电压，电压值在 48～53 V 之间为正常值。每月测试一次。

f. 网管检查

网管界面如图 9-15 所示。

图 9-15　网管界面

单击工具栏"状态监视"主菜单下的"车站状态监视"子菜单，或在主界面图上单击车站图标，则可调出车站状态监视窗口，如图 9-16 所示。在该图上检查车站各种配置，监测设备运行状态。

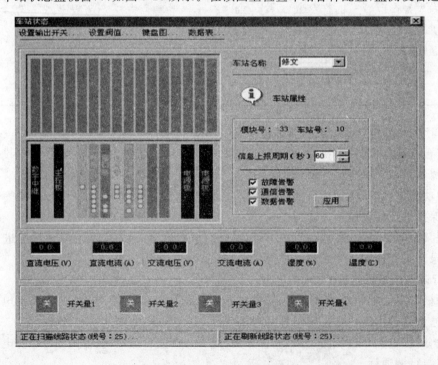

图 9-16　车站状态监视窗口

单击工具栏"状态监视"主菜单下的"调度侧状态监视"子菜单,或在数字环图上单击主系统图标,则可调出调度侧状态监视窗口,如图 9-17 所示。在该图上检查枢纽主系统各种配置并监测板卡运行状态。

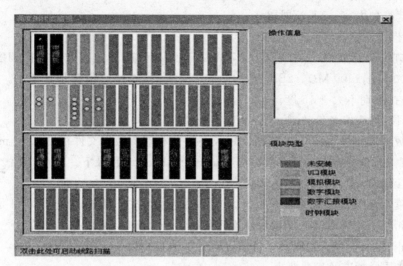

图 9-17　调度侧状态监视窗口

各模拟电路板的状态示意图中不同类型的电路板显示不同的颜色,灰色时是没有安装电路板,调度侧主控层两个主控平面,主用平面电路板名称图上显示绿色,备用平面显示灰色;不同颜色的指示灯代表每块模拟用户板上各线路的状态:若指示灯图标显示为绿色,且长亮,表示该路正被占用;若为红色,表示该路故障。

(2) 二级维护内容、标准及周期

① 检查、调整或更换调度台话筒(麦克风)

使用调度台呼叫某个车站,用麦克风讲话,测试通话质量,通话清晰则麦克风良好。如果通话不清晰或者对方无法听到通话内容,则需要调整麦克风的音量,检查麦克风的电源是否正常,线路是否完好;在电源正常供电,线路没有短路断路情况下,考虑更换调度台话筒(麦克风)。每半年进行一次呼叫检查试验。

② 轨旁电话巡检

首先目测,进行外观检查。话机完整无破损,无水迹。然后进行线路检查,用十字起打开圆形接线盒,内无水迹,使用十字起确认连接线与接线柱连接是否紧密,外线无裸露,使用万用表测试线路是否短路。

功能测试:测试区间电话检查有拨号音,拨 1 挂机有回铃音,拨 2 上行值班台响铃,拨 3 下行值班台响铃,拨 4 呼叫行调。呼叫成功后要求对方回叫,检查能否回呼。

通话期间要求语音清晰无杂音、无干扰;清洁:用清洁半干抹布清洁表面灰尘。每半年进行一次检查清洁。

③ 录音仪功能试验及数据整理

拨打电话 9149 进入录音仪来听取录音记录,录音正常。每季度试验一次。在中心通信机房,将专用录音的主机接一台显示器,进入录音仪应用程序界面,查看和整理录音资料,录音资料采用定期覆盖方式进行存储。每半年整理一次录音资料。

④ 机柜、配线架紧固

机柜牢固固定机架,机架不松动,机架螺丝与机柜无间隙。

室内配线无破损,配线整齐完好,线缆标识清晰完整,2M 线到传输设备的链接正常,接头处无松动,后台和操作台之间的 2B+D 线链接紧固。

(3) 深度维护内容、标准及周期

① 接口性能测试

数字接口(E1)标准:75 MΩ 符合 G.703 G.704 GB6879 标准要求。模拟调度接口:外线特性阻抗:600 MΩ,1400 MΩ。2B+D 接口:115 MΩ。检查接口指针是否端正。连接是否牢固,上下(左右)移动不大于 15 度。

② 数据核对、配置备份整理

维护台数据库文件 Foxpro2.5 的 DBF 文件格式枢纽侧数据文件存放在 c:\maintain\dispatch 目录下。备份的数据文件存放在 C:\maintain\backup 目录下。

③ 专用话机测试

检查调度台后综合电缆固定是否牢固。单呼键是否按下能够通话,指示灯是绿灯常亮。显示屏屏是否显示正常时间。调度台外置话筒通话是否清晰,话筒指示灯为红色。调度台手柄话筒能否正常通话,语音清晰。其他站呼叫时本站有铃声。

(4) 检修质量标准及参数要求

一号线工程中采用数字环组网方式,通过数字传输通道接入,这种组网方式具有数字环自愈功能和断电直通功能,保证通道的安全性。系统检修的标准和参数要求如下所述。

① 系统可靠性参数

设备可连续 24 小时不间断连续运行,系统平均无故障工作时间(MTBF):控制中心设备:≥21 年;车站及车辆段设备:≥21 年。

② 系统供电及功耗参数

车站分系统电压标称值:−48 V;

电压波动范围:−40～−57 V;

电源杂音:衡重电压杂音计测:≤2.5 mV;

MU 功率:≤500 W;

BU 功率:≤250 W;

48 键调度台:≤15 W;

24 键车站值班台:≤15 W;

一体化触摸屏调度台:≤40 W。

③ 过压和过流保护与干扰

设备的各接口电路有多级过流过压保护,能更好地适应雷雨地区和电气化区段的设备安全运用。设备外线端子能承受:

- 雷电峰值电压 1 500 V 波形 10/700 μs 的冲击;
- 强电感应电压在通信线路内阻为 600 Ω 时,容许 650 V(有效值),500 ms 的瞬时冲击。

④ 主分系统传输试验指标、抖动指标、时钟同步指标

接口指标(抖动、时延)如下:数字 2 048 kbit/s 接口(A 接口):

(a) 64K 通道比特误码率

标准要求:比特误码率≤10^{-9}。

测试方法:使用 ISDN 性能测试仪测试 64K 传输通道误码。

(b) 最大允许输出抖动

标准要求：f1～f4≤1.5UI p－p

f3～f4≤0.2UI p－p

f1＝20 Hz；f3＝18 kHz；f4＝100 kHz.

测试方法：在 2M 接口用抖动测试仪（或 SDH 分析仪）测输出抖动

专用电话系统与时钟同步精度指标为：±0.3 s/d。

(五) 废弃物处理

检修产生的废弃物按《废弃物管理程序》处理。

项目十　CCTV 系统

知识目标：
1. 熟悉 CCTV 系统的作用；
2. 熟悉 CCTV 系统的结构；
3. 熟悉 CCTV 系统的业务；
4. 熟悉 CCTV 系统的硬件分布及每个板块的作用。

能力目标：
1. 掌握 CCTV 系统终端的使用方法；
2. 掌握 CCTV 系统的板块指示灯的含义；
3. 掌握 CCTV 系统的故障查看及分析，并可对故障进行处理；
4. 掌握 CCTV 统日常维护、二级维护和深度维护；
5. 培养学生作为通信工的职业素养和协作精神。

【任务 10.1】　系统概述

闭路电视(CCTV)监视系统是保证城市轨道交通行车组织和安全的重要手段。调度员和车站值班员利用它监视列车运行、客流情况、变电所设备室设备运行情况，是提高行车指挥透明度的辅助通信工具。当车站发生灾情时，闭路电视监视系统可作为防灾调度员指挥抢险的指挥工具。

本系统设置控制中心调度员的行车监视、防灾环控监视、票务监视、电力设备监视、总调监视；采用控制中心远程监控和车站本地监控方式，组成一个完整的闭路电视两级监视网络。各车站视频分配器输出的视频信号，通过视频数字编码器处理后，送至车站的交换机，控制中心交换机接收此信号后在相关调度员工作站进行视频显示及控制；另外提供 8 路图像进行相应解码处理后在大屏幕显示和 8 路图像进行相应解码处理后传送至 TCC。对于高速变化的图像，其画面质量不得发生边缘模糊等现象。

一、监视范围及系统容量

(一) 摄像机监视范围及安装位置

本系统均采用彩色摄像机，其设置如下：
1. 自动光圈定焦镜头固定彩色摄像机：站台每侧设置 2 台，提供整个站台重叠无盲点的图像。
2. 垂直电梯轿厢内安装一个固定摄像机以监视轿箱内部。

3. 自动光圈变焦镜头固定彩色摄像机：站厅、站内每个自动扶梯、垂直电梯出入口、人行步道处、车站出入口、自动/人工售票处、检票口、出入口自动扶梯、闸机、通道拐弯处。

4. 一体化球形彩色摄像机：各变电所内分别设 2~3 台、各车站票务室内设置一台、站厅、出入口、换乘通道、垂直电梯、闸机、5 个车站(体育南路站、汉口火车站站、中南路站、光谷广场站和范湖站)的商业开发区域等处。

5. 车辆段/停车场混合变电所内设置 2~4 个一体化球形彩色摄像机。

（二）存储容量

在每个站点均设置了视频服务器，同时配置的存储设备可满足本站全部视频实时动态录像存储 15 天以上。

【任务 10.2】 以太网交换机网络方案

一、网络架构

以太网络是电视监视系统中的一个重要组成部分，是图像监视系统中数字视频、视频控制信息、数据、信息等数据的传输及交换的网络平台。如图 10-1 所示。

闭路电视计算机网络分为汇聚层和接入层两层。控制中心为汇聚层，站点为接入层。

第一层：控制中心设备机房新设一台以太网交换机，通过传输网络连接到站点以太网交换机。

第二层：每个车站、车辆段、停车场分别设一台以太网交换机。通过传输网络连接到控制中心设备机房的以太网交换机。

车站、车辆段、停车场及控制中心的本地用户信息接入本地的交换机。

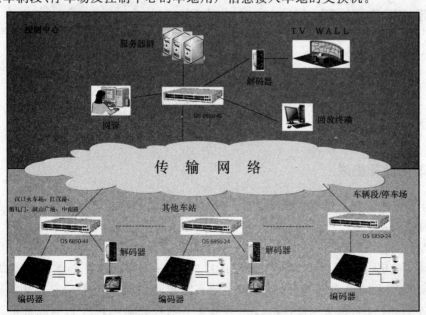

图 10-1 以太网交换机网络架构图

二、车站网络方案

车站网络负责接收经编码的摄像机图像信号,并传输至本地控制中心,同时提供给本地监视设备。

汉口火车站、江汉路、循礼门、洪山广场、中南路5个车站各配置一台阿尔卡特OmniSwitch 6850-48千兆交换机,提供48个10/100/1 000 M电口、4个MiniGBIC千兆组合端口。至少预留了4个业务端口。其他16个车站各配置一台阿尔卡特OmniSwitch 6850-24千兆交换机,提供24个10/100/1 000 M电口、4个MiniGBIC千兆组合端口。至少预留了4个业务端口。车站交换机通过两个MiniGBIC千兆组合端口(光口)连接到传输网络(冗余)。

三、车辆段、停车场网络方案

车辆段、停车场各配置一台阿尔卡特OmniSwitch 6850-24千兆交换机,提供24个10/100/1 000 M电口、4个MiniGBIC千兆组合端口。预留了4个业务端口。车辆段、停车场交换机通过两个MiniGBIC千兆组合端口(光口)连接到传输网络(冗余)。

四、控制中心网络方案

控制中心网络接收各车站、车辆段、停车场发送的图像信息,经数字视频解码器处理后还原成模拟信号送入彩色监视器和大屏幕上。同时,控制中心操作员可以通过自己的控制终端选择其管辖范围内任意车站的任意图像至监视器、监视屏墙,也可以通过设置进行循环监视。

控制中心配置一台阿尔卡特OmniSwitch 6850-48千兆交换机,提供48个10/100/1 000 M电口、4个MiniGBIC千兆组合端口。预留了4个业务端口。控制中心交换机通过两个MiniGBIC千兆组合端口(光口)连接到传输网络(冗余)。

五、系统网络结构图

如图10-2所示。

【任务10.3】 设备组成

一、车站设备组成

单个车站电视监视系统包含前端设备、车站通信机房设备、车站控制室设备和站台列车驾驶室停车位置设备。

前端设备:枪式固定彩色摄像机、室内一体化球形彩色摄像机。

车站通信机房设备:4台16路隔离地变压器、1台64路多功能控制器、1台多级调用管理器、1台车站网管主机、2台四画面处理器、多台八路视频编码器、5台单路视频解码器(插卡式,8台一个机箱)、1台以太网交换机、1套视频服务器及磁盘阵列、1台电源机箱、2台机柜。另外在中山公园站还配置了2台九画面处理器。

项目十　CCTV系统

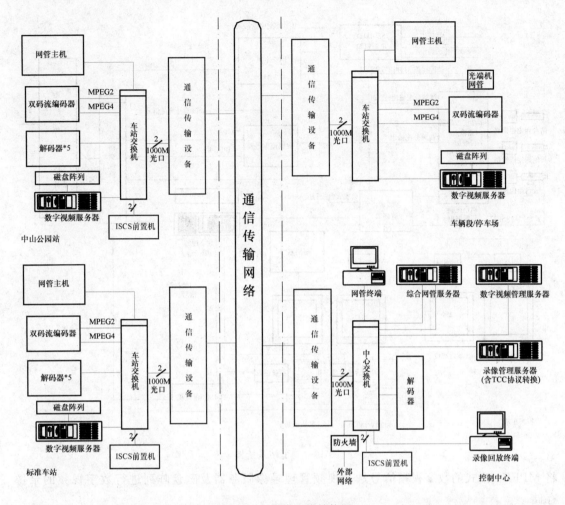

图 10-2　系统网络结构图

车站控制室设备：2 台 21″彩色液晶监视器、2 台后备带摇杆控制键盘、1 台四画面处理器。
站台列车驾驶室停车位置：多台 25″彩色液晶监视器（中山公园站 4 台，其他站 2 台）。

（一）车站系统图

如图 10-3 所示。

（二）车站系统说明

（1）本系统设置的前端摄像机的视频信号经隔离地变压器消除干扰后接入多功能控制器（集字符叠加、视频分配、故障检测功能），多功能控制器可以提供叠加字符的视频分配信号和视频检测信号。

多功能控制器四路视频分配输出：一路提供给多画面处理器（司机监视用），一路提供给编码器，一路提供给公安监视系统，一路预留。

（2）编码器将接收到的模拟视频信号转换为两路数字视频信号（MPEG2、MPEG4），并接入车站以太网交换机。

车站以太网交换机将 MPEG2 格式的数字视频监控信号提供给视频解码器及车站控制室值班员的视频监视终端，同时将该信号送入传输设备后进入通信传输网络传输至中心；另外，

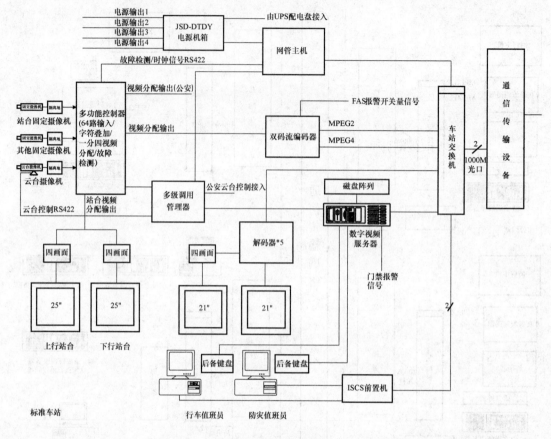

图 10-3　车站系统图

将 MPEG4 格式的数字视频信号送入视频管理录像服务器及磁盘阵列进行数字视频的录像存储。

（3）车站值班员及中心调度员的视频监视终端所发出的图像调用命令直接进入交换机网络，后备键盘所发出的图像调用命令通过视频服务器进入交换机网络，交换机网络发送给视频编解码系统，通过编解码系统的虚拟矩阵功能来实现数字视频的调用，所调用的图像可以通过解码器显示在监视器或大屏上，也可以通过软解码显示在控制终端显示器上。

（4）每台数字视频编码器可提供 8 个开关量接口，FAS 系统的报警信号可接入此接口以实现其与电视监视系统的联动功能。通过设置，可将 FAS 系统报警触发的视频信号切换到车站控制室的监视器上。同时视频存储系统进行录像。

（5）门禁系统的报警信号可接入车站视频服务器以实现其与电视监视系统的联动功能。通过设置，可将门禁系统报警触发的视频信号分别自动切换到 OCC 票务中心和中心电力调度员工作站显示屏上及彩色监视器上。同时视频存储系统进行录像。

（6）车站视频服务器需要实现的功能如下：本地编解码器管理、数字视频录像管理、接入 2 台后备键盘、接入门禁系统联动报警信号。车站视频服务器增加视频分析软件后，可以完成可疑物品遗失报警、穿越禁区报警、逆向通行报警、统计人流等视频分析的功能。

（7）车站网管主机可以对模拟视频设备进行网管，并将网管信号通过以太网交换机送入通信传输网络。

车站编解码器、数字录像存储设备及以太网交换机等由其设在中心的相应服务器软件进行网管。所有网管信息最终接入设在中心的综合网管服务器。时钟信息的传输同样由网管系统进行。

(8) 所有本地CCTV设备均由电源机箱供电,电源机箱接受车站网管主机的管理,可根据需要设置开关机时间。另外使用中心的紧急启动开关,通过控制网管主机及电源机箱可紧急启动车站设备的电源。

二、控制中心设备组成

控制中心闭路电视监视系统包含通信机房设备、调度大厅设备和票务中心(AFC)设备。

通信机房设备:34台单路视频解码器(插卡式,8台一个机箱)、1台四画面处理器、1台九画面处理器、1台数字视频管理服务器、1台录像管理服务器(含TCC协议转换)、1台综合网管服务器、1台以太网交换机、1台电源机箱、1台机柜、1套防火墙(含杀毒软件)等。

调度大厅设备:6台21″彩色液晶监视器、2台后备带摇杆控制键盘、1台录像回放终端、1台网管终端(含打印机)、1个电源紧急启动开关。

票务中心(AFC)设备:1台21″彩色液晶监视器。

控制中心系统图如图10-4所示。

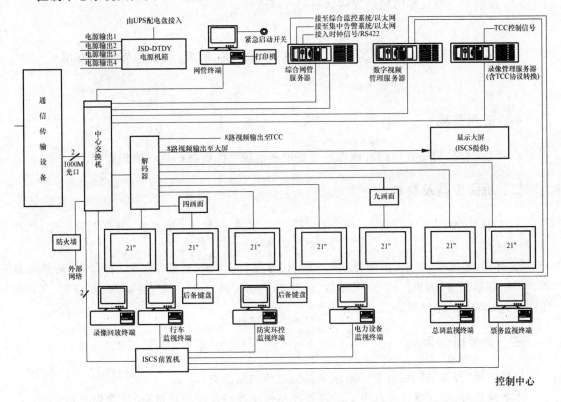

图10-4 控制中心系统图

控制中心系统说明如下。

(1) 前端站点MPEG2格式的数字视频信号通过通信传输网络设备送入中心以太网交换机。中心交换机将数字视频信号提供给视频解码器、中心调度员视频监控终端。

控制中心视频解码器将还原出的模拟视频信号送给调度员监视器(部分通过四/九画面处

理)及显示大屏(ISCS 提供)。视频解码器共 34 路,分别为:18 路给调度员监视器、8 路给显示大屏、8 路给 TCC。

(2) 中心调度员的控制终端所发出的视频图像调用命令由编解码系统的虚拟矩阵功能来完成,云台控制命令由传输网络通过站点视频服务器送入多级调用管理器来完成。

(3) 控制中心设置了 1 台录像回放终端,可对任一站点的任一图像进行录像回放调用。

(4) 综合网管服务器需要实现的功能如下:接收并发送时钟信号,接收分站网管主机发送的模拟设备网管信息并对其进行管理,对以太网交换机进行网管,接收视频管理服务器、录像管理服务器发送的网管信息,并将 CCTV 综合网管信号发送至集中告警系统及综合监控系统(ISCS)。

(5) 通过设在中心的网管终端,还可以实现远程图像字符的设置。

(6) 视频管理服务器需要实现的功能如下:编解码设备管理、以太网交换机设备管理、光端机设备管理等,并将网管信息接入综合网管服务器。另外,还可接入 2 台后备键盘。

(7) 录像管理服务器需要实现的功能如下:录像存储设备管理等,并将网管信息接入综合网管服务器。同时还安装了 TCC 控制协议转换软件,可实现将 TCC 控制协议的信号转换为本系统控制信号的功能。

(8) 控制中心与外部网络的连接通过防火墙进行。

【任务 10.4】 CCTV 系统作业程序及技术质量标准

一、适用范围

适用于运营公司所管理的区域内的通信电视监控系统设备的运行维护管理。

二、所需工具及材料

1. 工器具:专用工具一套、光功率计、示波器、数字点平表、万用表、组合工具一套、吹尘器、测试电缆等。

2. 材料:绝缘带、刷子、柔湿纸、清洁剂、记号笔、打印纸、按键、色带、打印头、防静电抹布、电池、卷筒纸、打火机气体瓶、屏蔽线、视频线、麂皮、镜头纸、扎带、碧丽珠、复印纸、多功能插座板、摄像机、显示器等。

三、安全操作须知

如果无视"警告"提示,可能会造成人员伤亡或物质损失。

作业操作时,要注意穿绝缘靴。登高要严格按照登高作业规定进行,注意作业安全。

四、检修范围、内容、标准/要求、工艺过程及方法

电视监视子系统用于控制中心的列车调度员和车站值班员监视车站客流、乘客上下车以及列车出入站行车情况,以及列车司机监视乘客上下车情况,使其能根据现场情况及时采取对应措施。以加强运行组织管理,提高效率,保证安全正点地实现运送旅客。

1. 检修范围

电视监控系统维护分界以传输以太网板光纤引入第一连接处为分界点,与电源专业以 UPS 客运自动化系统空开下部出线为分界。

2. 检修内容及周期

检修级别分为日常保养、二级维护和深度维护,具体内容如下:
(1) 监控终端、摄像机、机柜设备检查;
(2) 监控终端检查。
监控终端的监控界面如图 10-5 所示。

图 10-5 监控界面

开启软件后,软件主要分为图像列表区(图 10-5 左侧)、图像观看区(图 10-5 右上)和操作导航区(图 10-5 右下)。

通过监控终端视频显示区域(图 10-5 右上)观察摄像机监控范围是否正常,监控终端视频图像显示是否正常,摄像机工作是否正常。如果视频图像显示不正常,可以通过画面调节按钮调出"画面质量控制"界面,通过相应按钮进行调节视频画面。

通过云台控制操作界面(如图 10-6 所示)摇杆图标可以对摄像机云台进行上、下、左、右方位的控制,进行不同监控区域的监视以及对摄像机镜头进行变焦变倍控制,同时能实时回放图像,实现变速及倍速回放,以此来检查云台控制功能。

图 10-6 云台控制操作界面

图像列表区功能检查。

图像列表区共有 6 个选项标:布局、摄像机、报警信息、事件、文件、命令。如图 10-7 及图 10-8 所示。

列表内显示预设好的布局、摄像机、相关的报警信息、报警事件、导出的 sdc。

文件、编辑的命令的报警信息。

监控终端录放功能检查。

检查每路实时录像是否正常,存储天数是否为 15 天。

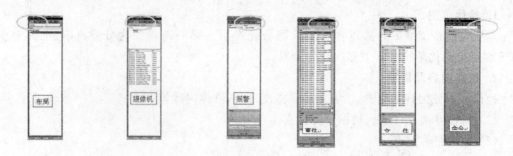

图 10-7　布局、摄像机、报警信息选项标　　　图 10-8　事件、文件、命令选项标

检查变电所联动告警功能和票务室红外监控功能是否正常。

(3) 摄像机检查

逐台巡视站台枪机、站厅球机、车站出入口枪机,以及车站票务室球机、变电所、降压所枪机,确认是否有丢失、损坏的现象。

(4) 机柜设备检查

检查机柜内各设备是否正常工作,指示灯准确无误、无告警。

数字视频管理服务器如图 10-9 所示。

图 10-9　数字视频管理服务器

视频管理服务器即数字编解码系统网管、以太网交换机网管、光端机网管,其主要功能是管理数字视频编解码设备、以太网交换机、光端机,并将网管信传送至综合网管服务器。

录像管理服务器如图 10-10 所示。

图 10-10　录像管理服务器

在控制中心设置了 1 台录像管理服务器,硬件为 DELL 公司的机架式服务器 PowerEdge R210。

录像管理服务器主要功能是管理数字视频录像存储系统,并将网管信息传送至综合网管服务器。

另外,录像管理服务器还安装了 TCC 控制协议转换软件,可实现将 TCC 控制协议的信号转换本系统控制信号的功能。

电源指示灯状态显示为红色常亮。如图 10-11 所示。

在控制中心分别设置了 1 台四画面处理器、1 台九画面处理器,其输出分别输入到行调及电调的液晶监视器。

视频解码器如图 10-12 所示。

图 10-11　四/九画面处理器　　　　图 10-12　视频解码器

在控制中心设置了 34 台 NICE 公司的单路视频编解码器 EDC 1M2/4，将数字视频信号还原为模拟视频信号，18 路送给调度员液晶监视器（部分信号通过多画面处理器）、8 路给显示大屏、8 路给 TCC。

视频编解码器 EDC 1M2/4 为插卡式，8 台一个机箱。

彩色液晶监视器　如图 10-13 所示。

图 10-13　彩色液晶监视器

隔离地变压器　如图 10-14 所示。

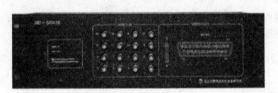

图 10-14　隔离地变压器

隔离地变压器（16 路）、多功能控制器、多级调用管理器、车站网管主机、八路双码流视频编码器、视频服务器、电源机箱的配置与车站相同。

多级调用管理器　如图 10-15 及图 10-16 所示。

图 10-15　多级调用管理器前部　　　　图 10-16　多级调用管理器后部

八路双码流视频编码器如图 10-17 所示。

逐台巡视站台枪机、站厅球机、车站出入口枪机，以及车站票务室球机、变电所、降压所枪机，确认是否有丢失、损坏的现象。

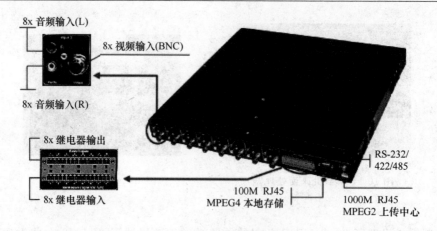

图 10-17　八路双码流视频编码器

三层以太网交换机工作状态

1♯-24♯以太网口指示灯状态显示为黄色常亮,绿色闪烁;

25♯光口指示灯状态显示为黄色闪烁;

26♯以太网口指示灯状态显示为黄色常亮;

27♯以太网口指示灯状态显示为黄色闪烁;

PWR:电源指示灯状态显示为黄色常亮。

设备工作状态检查车站每周一次,中心 OCC 每天至少一次。

车辆段、停车场各配置一台 H3C 公司生产的 24 口千兆交换机,提供 20 个 10/100/1 000 M 电口、4 个千兆光口。

车辆段、停车场交换机通过一个千兆光口连接到传输网络。

机架式存储设备:IPSAN 如图 10-19 所示。

停车场和车辆段均配置了 1 套 H3C 的机架式存储设备 VX-1500(支持 IP SAN/NAS)。停车场和车辆段分别配置了 22 T 硬盘。

正常情况下,IPSAN 硬盘为 N+1 热备份,指示灯状态为绿色闪烁,热备份盘指示灯状态为绿色常亮。

设备工作状态检查车站每周一次,中心 OCC 每天至少一次。

(5) 设备清洁

清洁设备时,先使用 5 mm 毛刷将设备表面上灰尘进行清扫,然后使用半干抹布轻拭;对各单元模块用毛刷清扫,然后用微型吸尘器除尘。注意不要触碰零部件,以免造成短路。清扫完毕后,检查确保设备正常工作。

(6) 摄像机清洁

先用干抹布擦去摄像机保护外罩上的积尘,再将万用清洁剂喷洒到摄像机保护玻璃上,使用防静电抹布擦拭玻璃进行保洁,使用镜头纸和麂皮擦拭摄像机镜头进行保洁。清洁登高要严格按照登高作业规定进行,注意作业安全。

(7) 车控室监控终端清洁

先使用船用漆刷清扫除去键盘缝隙的积尘及污垢,然后用湿巾纸、酒精棉或清洁剂擦拭一遍,完成键盘的清洁。使用万用清洁剂喷洒到监控终端的显示器上,然后使用镜头纸和麂皮擦拭。

(8) 机柜清洁

先用毛刷和干抹布清扫擦拭机柜及其细缝的灰尘,然后使用微型吸尘器进一步除尘,最后用半干抹布再一次擦拭机柜,进行清洁。

3. 二级维护内容、标准及周期

(1) 设备终端清洁

先使用十字螺丝批将云台上螺丝卸下,再将球机外罩顺时针旋转30°后取下,然后将球机顺时针旋转30°从云台上取下。先使用微型吸尘器对球机外罩内侧、球机和云台进行除尘,然后使用5 mm毛刷对球机外罩内侧和云台表面进行清扫,使用湿纸巾或者酒精棉擦拭球机,使用半干抹布擦拭云台,确保云台清洁。然后将球机还原,紧固牢固。

(2) 摄像机云台清洁

先使用十字螺丝批将枪机外罩的固定螺丝卸下,将外罩从卡槽内取出,将连接在枪机上的视频线、电源线拔掉,取出枪机机芯,使用微型吸尘器对外罩内进行清洁,然后使用5 mm毛刷对枪机外罩内侧和云台表面进行清扫,使用湿纸巾或者酒精棉擦拭枪机,最后使用半干抹布擦拭云台,确保云台清洁。然后将枪机还原,紧固牢固。

(3) 监控终端清洁

先将监控终端关机,拆开主机箱,使用微型吸尘器对主机内部进行一次粗略的清洁,然后再使用吸尘器针对CPU风扇、电源风扇和显卡风扇进行清洁,使用5 mm防静电毛刷对主机箱内各板卡进行清扫,确保主机箱内清洁,各板卡正常运转。

(4) 机房设备清洁

使用吸尘器对IPSAN电源风扇和EC编码器电源风扇进行清洁,然后使用5 mm毛刷进行进一步的清扫,去除风扇上附着的灰尘。

(5) 外观维护检查(次/年)

逐个目测观察摄像机、电源盒紧固件及外罩,查看是否有损坏迹象。检查机柜是否有损坏,电缆标记是否有脱落,是否正确清晰。根据电缆分配图,检查所有电缆外部有无损坏或可能损坏的迹象。

(6) 机械检查(次/年)

检查球机是否能用软件控制。

(7) 机柜、机架、设备检查

检查机柜、机架前后门的紧固件,轻摇机柜和机架前后门,确保其紧固良好、无松动。检查所有设备的紧固螺钉是否松动。

(8) 摄像机检查:摄像机与安装支架紧固无松动,摄像机外罩紧固;拧紧摄像机外罩前后所有螺钉,将摄像机、电源盒安装支架的固定螺钉与机械外罩拧紧。站厅摄像机及云台转动良好,移动电视画面并调焦,然后转动广角并重新调焦,确认变焦镜功能准确运用良好;检查站厅层摄像机,转动摄像机至水平和垂直停留位置,检查位置开关。检查所有连接器,以确信其处于良好状态,并拧紧连接器外罩螺钉。检查所有电缆经路,固定螺钉及终结部件的紧固情况,并确保其良好。检查BNC同轴电缆插头及电源插座是否接触牢固。检查摄像机组合电缆,特别是站厅层摄像机有无损坏迹象。

4. 深度维护内容、标准及周期

(1) 技术检查(次/半年)

通过中心监控终端,对照备份的正线沿线各车站的设备IP地址,进行远程访问,查看设备的工作状态以及设备的参数配置,确保设备正常运行。

(2) 数据备份和配置检查(次/年)

保证系统正常运行,每间隔一定周期进行系统数据备份,并检查系统各项配置是否异常,主要检查有以下方面。

① 车站调度席位程序配置

进入车站调度席位,单击按钮,在弹出的"系统设置"对话框中,选择中心服务器标签。检查中心 IP、数据库服务器 IP 地址,确认数据和备份的数据是否一致。

② 磁盘配置

进入车站调度席位,单击按钮,选择磁盘配置标签,查看抓拍图片路径,确认与设置的默认值是否一致。

③ 中心管理服务器 IP 参数设置

运行"远程设备维护程序",单击"系统设置"→"中心服务器",进入中心管理平台参数设置界面。如图 10-20 所示。

输入设备 IP,单击"下载当前设置",弹出权限认证界面,输入用户名和密码后(系统默认用户名:admin 密码:admin),单击"确定"按钮。在获取当前 IP 参数后,可根据系统规划的 IP,确认中心名称、中心 IP 地址子网掩码和网关是否与备份数据一致。

其中远程设备维护程序路径为:

C:\Program file\XT5000A\CONFIGSET\CONFIG.EXE

5. 废弃物处理

检修产生的废弃物按《废弃物管理程序》处理。

项目十一　电源及环控系统

知识目标：
1. 熟悉电源及环控系统的作用；
2. 熟悉电源及环控系统的结构；
3. 熟悉电源及环控系统的业务；
4. 熟悉电源及环控系统的硬件分布及每个板块的作用。

能力目标：
1. 掌握电源及环控系统终端的使用方法；
2. 掌握电源及环控系统的板块指示灯的含义；
3. 掌握电源及环控系统的故障查看及分析，并可对故障进行处理；
4. 掌握电源及环控系统日常维护、二级维护和深度维护；
5. 培养学生作为通信工的职业素养和协作精神。

【任务 11.1】　电源系统

一、系统构成

轨道交通通信系统采用综合电源方式供电。电源系统采用二路独立的外供三相交流电源经电源自切后接 UPS 单元,经 UPS 输出的交流电源分路后分配给各通信设备。

在各车站、车辆段/停车场,综合电源系统统一为专用通信系统、信号系统、SCADA、AFC 系统提供电源,由通信专业统一设置 UPS 和高频开关电源设备。其中:信号设备的供电只限于信号非集中站,信号集中站的信号设备由其自行供电。

UPS 电源系统由交流电输入单元、整流器、浮充蓄电池、直流逆变、交流电输出单元、电池构成。当外供交流电源故障时,综合电源系统能统一为传输、公务、专用、电视监视、广播、时钟、无线等子系统提供不间断的供电。由于其他弱电系统已独立设置电源设备,信号等弱电系统设备供电自行解决。在 1 号线通信机房网管室设置环控电源网管设备 1 套,负责 1 号线全线综合电源设备的管理,网管系统同时输出告警信息至中心集中告警系统。

二、电源系统构成

电源系统为不间断供电系统。系统的交流输入由各变电所引接,按一级负荷供电,两路独立的三相交流电源经交流切换柜后接入 UPS,经 UPS 输出的交流电源分路后分配给各交流供电的设备和高频直流开关电源。开关电源输出的—48 V 电源分路后分配给需要直流供电的通信设备。UPS 设备负责输出纯净的交流电源，UPS 与高频开关电源共配备 1 套蓄电池组，在交流电源停电时，备用蓄电池组为各子系统提供所需备用电源。

控制中心、各车站、车辆段及停车场的电源设备的运行监控是各自独立的，但各车站、车辆段及停车场的电源设备的运行状态及故障告警的信息将通过传输系统送到中心统一监测。

综合电源设备主要包括：UPS（含免维护电池一组）、高频开关电源、交流配电屏等。

正线车站的通信电源室内各设置 1 套 UPS 电源设备、直流开关电源和交流电输出单元，在车辆段、车场的通信设备室以及硚口路控制指挥中心的通信电源室内各设置 1 套 UPS 电源设备、直流开关电源和交流电输出单元，实现对各通信子系统设备的供电。

三、基本框图

UPS 电源系统由交流电输入单元、整流器、浮充蓄电池、直流逆变、交流电输出单元、电池构成。1 号线二期通信电源系统基本框图（从市电输入开始），如图 11-1 所示。

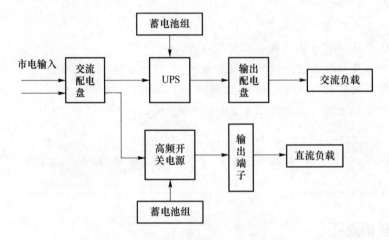

图 11-1　1 号线电源系统基本框图

四、UPS

UPS 是 Uninterruptible Power System 的缩写，意为交流不间断供电系统，也称交流不间断电源。主要是向用户的关键交流设备提供无时间中断、高质量的、纯净的正弦交流电。

（一）基本构成

UPS 电源由交流电输入单元、整流器、逆变器、静态开关、手动旁路开关、交流电输出单元和监控模块组成，正常供电时，UPS 可看成一台稳频稳压电源，输入电源既向蓄电池组充电又向逆变器供电，逆变器输出洁净的交流电源。停电时，由蓄电池组经逆变器向负载供电，后备时间为 0.5~2 小时不等。

UPS 电源设备采用在线双变换式工作方式，正常情况下，供给负载的电源是外供交流电源经 UPS 整流、逆变后输出的交流电源，只有当设备出现故障时，才自动或手动切换至旁路交流电源。并且应保证经整流、逆变后的交流电源与外供交流电源同相。UPS 的基本构成如图 11-2 所示。

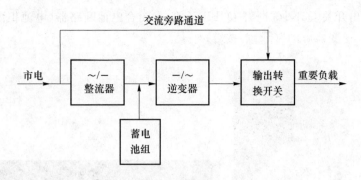

图 11-2 UPS 的基本构成

整流器:将输入交流电变成直流电。

逆变器:将直流电变成 50 Hz 交流电(正弦波或方波)供给负载。

蓄电池组:备用直流电。

输出转换开关:进行由逆变器向负载供电或由市电向负载供电的自动转换。有带触点的开关(如继电器或接触器)和无触点的开关两类。后者通常称为静态开关。

(二) 基本工作原理

UPS 工作原理是输入的市电经整流滤波后,一方面经逆变后变成纯净的 50 Hz、220 V 交流电压输出;另一方面经充电器输出直流电给电池组充电,在市电中断时,由电池组经逆变电路逆变成 220 V、50 Hz 的交流电输出,零时间自动转换,有效地保证输出不间断的电源,全面解决市电中存在的电源故障。UPS 工作原理电路图如图 11-3 所示。

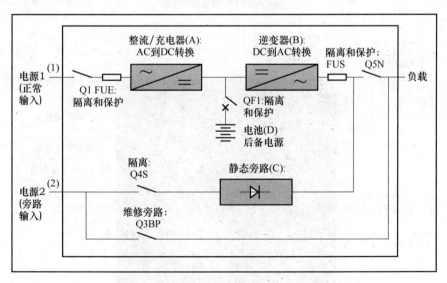

图 11-3 UPS 工作原理电路图

(三) UPS 机柜外观及面板功能键操作

UPS 机柜外观如图 11-4 所示。

(四) UPS 开关机顺序

(1) GALAXY(PW)UPS 开机顺序

①合低压配电盘上的开关;②闭合电源 1 的输入开关 Q1;③闭合电源 2 的输入开关 Q4S;

④闭合逆变器输出开关 Q5N；⑤断开 Q3BP 开关；⑥闭合电池断路器（电池柜内）QF1；⑦按一下控制面板上的"逆变器启动"（绿色）按键。

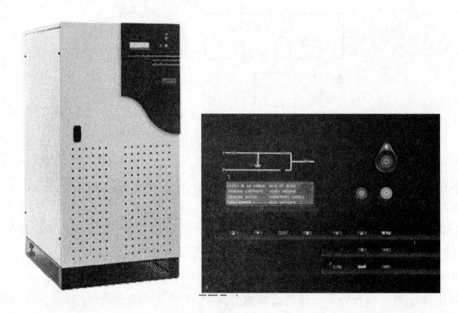

图 11-4 UPS 机柜外观图

UPS 机柜操作面板如图 11-5 所示。

GALAXY PW 面板操作介绍

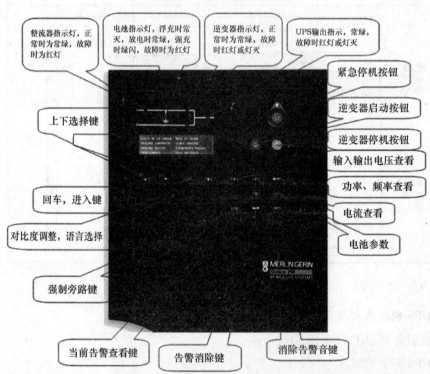

图 11-5 UPS 操作面板图

(2) GALAXY(PW)UPS 关机顺序

①按住"逆变器停机"(灰色)按键3秒钟;②合上 Q3BP 开关;③断开逆变器输出开关 Q5N;④断开电源2的输入开关 Q4S;⑤断开电池断路器(电池柜内)QF1;⑥断开电源1的输入开关 Q1;⑦断开低压配电盘上的开关。

五、高频开关电源

(一) 基本概念

高频开关电源(简称开关电源)是指功率晶体管工作在高频开关状态的直流稳压电源,其开关频率在 20 kHz 以上。随着技术的进步,目前开关频率可达几百千赫,甚至几兆赫。

(二) 组成

高频开关电源由整流模块、监控模块及直流配电屏等组成,输出可靠的 -48 V 直流电源至相关通信设备。直流电源在外供交流电源停电时的备用电源由 UPS 蓄电池保证,后备时间为2小时。高频开关电源应采用模块化结构,以方便扩容。高频开关电源设备采用输出电压软启动工作方式。

(三) 功能

①高频开关电源为传输设备、程控交换机、调度专用交换机、部分无线设备等通信设备提供质量良好的直流不间断电源。在交流切换情况下,必须保证不影响各设备正常运行。②将整流器输出端接入直流配电屏的输入端对直流电源进行分配,输出至有关设备。③本地监控单元可对各车站、车辆段、停车场及控制中心本地的 -48 V 高频开关电源进行监控和维护。④直流配电输出单元将整流器输出端接入配电装置的输入端进行分配,输出至有关通信设备。⑤高频开关电源的工作方式应采用输出电压软启动工作方式。⑥所有模块和插板均可带电插拔;应装有直流电压表及电流表。⑦可在控制中心完成高频开关电源的设置与查询,能进行全面监控和管理;能对多种故障状态、超限状态进行自动的可闻可视告警和定位;有输出过流保护和短路保护,输入过压、欠压及缺相保护;具有遥信输出端子(遥信工作和遥信故障)。

六、交流电输出单元

(一) 组成

交流电输出单元主要由自动开关、接触器、配电装置、故障告警装置等组成。

(二) 功能

交流电输出单元将 UPS 单元输出端接入配电装置的输入端进行分配,输出至有关弱电设备。主要功能为:①将 UPS 输出的电源(交流三相五线)转换为单相输出,并进行二次分配,输出至相关系统设备。可实现三相相位分配和平衡,对电源故障作告警状态输出,输出电源分配至各有关设备。②具有防雷及过压保护功能。③输入和输出具有过载、短路保护。④输出分配单元应有高度可靠性,避免因误跳影响系统运行。⑤交流电输出单元应具有分时断电功能:在外部电源故障启用蓄电池组供电的情况下,交流电输出单元应根据各系统后备时间要求,提供针对不同分路的分时断电。⑥监控单元具备友好的人机界面、全汉字菜单,方便现场维护。⑦具有频率、电压、电流指示仪表。⑧能显示系统输出电压、电流、频率、各分路状态。⑨输入电源电路应设过压、欠压、过流和缺相保护装置及运行状态显示;在交流电源停电、供电恢复、缺相、过电流、频率超限、分路故障时,应有声光告警信号;告警信号发生后,能手动切断可闻告警信号。故障消除后可以自动恢复,并能储存历史故障记录以便维护人员查阅。⑩有智能通信接口并开放协议,可实现远程集中监控。

七、蓄电池

每套 UPS 设置一组蓄电池,停电时为交流供电设备和直流供电设备提供所需备用时长。交流电正常时,整流器供给全部负载电流,并对蓄电池组进行补充充电,使蓄电池组保持电量充足,此时蓄电池组仅起平滑滤波作用;当交流电源中断、整流器停止工作时,蓄电池组放电供给负载电流;当交流电源恢复、整流器投入工作时,又由整流器供给全部负载电流,同时它以稳压限流方式对蓄电池组进行低电压恒压充电。为了保证直流电源不间断,蓄电池组是必不可少的。

八、电源集中监控系统

电源集中监控系统分为 UPS 监控、高频开关电源监控及环境监控。各车站、车辆段、停车场的电源设备的状态信息、故障告警的信息将通过传输系统送到控制中心统一监测。电源系统与传输系统的通信接口采用以太网共享环方式。并提供低速数据通道接口 RS232,用于本地检测。在控制中心,电源集中监控系统将设备告警信息输出至集中告警系统。

控制中心网管设备应采用时钟系统提供的标准时间信息同步本系统的显示时间,时钟系统的接口为 RS422 或以太网接口。

九、接地

在车站接入综合接地系统,接地线按 30 m 计;在控制中心接入综合接地系统,接地线按 100 m 计;车辆段/停车场综合楼接入综合接地系统,接地线按 150 m 计。

(一) 接地的作用

接地的作用是:防止人身遭受电击、设备和线路遭受损坏,防止雷击,防止静电损害,提高通信和电子设备的屏蔽效果,保障电源系统和通信系统正常运行。

(二) 接地的分类

接地一般分为保护性接地和功能性接地。

(1) 保护性接地:保护性接地分为保护接地、防雷接地、防静电接地、防电蚀接地。

① 保护接地:(防电击接地)设备外壳接地;保护接地的接地电阻通常要求≤10 Ω。②防雷接地:将防雷装置和地相连;防雷接地装置的接地电阻通常要求≤10 Ω。

③ 防静电接地:将静电荷引入大地,防止由于静电积聚对人体和设备造成危害。

(2) 功能性接地:分为工作接地、屏蔽接地、信号接地。其中工作接地分为交流工作接地和直流工作接地。

① 交流工作接地:在交流电力系统中,将中性点接地称为交流工作接地。变压器在 100 kVA 以下时,接地电阻应≤10 Ω;变压器在 100 kVA 以上时,接地电阻应≤4 Ω。

② 直流工作接地:通信局(站)直流电源的一极接地(例如 -48 V 系统电源正极接地),称为直流工作接地。可减少由于用户电话线路对地绝缘不良而引起的串话;屏蔽接地用于将电气干扰源引入大地,保证系统电磁兼容性的需要。

【任务 11.2】 环控系统

动环监控系统(TESS),负责采集、处理、存储、查询、显示并打印输出通信各系统的故障告警信息。对各类故障进行告警分析,方便用户定位故障。

本系统分为两级,监控单元(点)和监控中心,同时预留更高一级的监控中心,监控单元(点)和监控中心通过传输子系统提供的点对点 9.6 kbit/s 数据信道相互通信,接口类型为 RS-422。

一、传感器的实现

遥测:1 温度 2 湿度 3 红外
遥信:1 门禁 2 水浸

温度探头置于机房墙壁,靠近机架或者电源架。门禁传感器安装于进入机械室的门上,对于门的开关状态监控。水浸传感器位于机械室内空调下面,监控空调是否漏水。红外线入侵告警安装于机械室的门或窗边或墙角落。采集箱用于放置温度变送器,起到汇总信号线和提供所需电源。

二、环境监控系统监控对象

监控系统可监控的范围包括:市电电源、UPS 电源设备、空调设备、环境监控(包括温度、湿度、门禁、红外线、水浸、地湿),机架告警等。环境监控系统界面如图 11-6 所示。

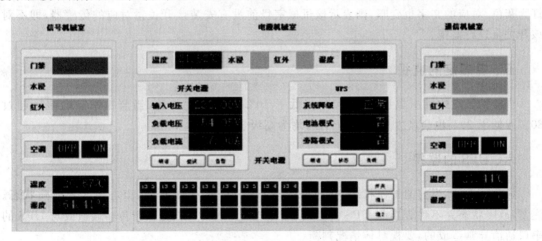

图 11-6 环境监控系统界面

三、集中监控软件

集中监控软件是专为武汉轨道交通一号线机房开发的环境监控软件。该软件分为两部分,分别运行于服务器(Server)和客户端(Client)上。当整个机房环境监控系统正确连接并启动运行后,运行于服务器上的实时数据库会采集并处理来自各个监控点的数据信号,并通过网络将数据实时传递给客户端软件,用户通过运行于客户端的软件界面,可以实时监视各个监控点的机房环境及机房内设备状态,并可根据要求对相应设备做出控制。机房环境集中监控系统在武汉轻轨一号线中可实现对各监控站点内通信机械室和电源机械室的监视,监视内容包括一般的开关量,例如门禁、水浸和非法入侵;空调的开关状态;机房的温度和湿度;UPS的工作状态以及参数;开关电源的工作状态以及参数。

在主画面上有各监控站点的位置示意图,用户可直观地看到各站点间的位置关系。在主画面的左侧是垂直排列的监控站点列表。通过此处站点名称文字的颜色可以监视服务器与各监控站点的嵌入式采集控制器间的通信情况,同时还可以了解各监控点有无新告警发生。当文字为灰色时表示此时该站点与服务器间通信异常,服务器没能读到该站点当前的数据信号;当文字为绿色时,表示此时该站点与服务器间通信正常,且该站点当前没有新的实时告警发生;当文字为红色时,表示此时该站点与服务器间通信正常,且该站点当前有新的实时告警发生。当鼠标移至某一个站点的名称上单击时,右侧主窗口处会出现此监控站点的监控画面,这里用户可以清楚看到各个监控对象的状态或数据。

对于 UPS 和开关电源,在该画面上只能看到其工作状态是否正常,如果想了解具体的参数,还可以单击相应的按钮进入其具体的监控画面。注意:只有在服务器与某个监控站点通信正常的情况下,该监控站点对应的监控画面上各监控量当前的状态或数据才有效,否则这些状态或数据仅能表示在通信出现故障的前一刻各监控量的真实情况。

四、一般开关量的监视

一般开关量包括门禁、水浸、非法入侵(红外)三种信号。在各监控站点的监控画面上,可以看到通信机械室和电源机械室内都有此种信号的画面。注意:如果某个开关量左侧的指示灯为灰色,对应的文字也变暗,则表示该机械室目前没有安装该开关量对应的传感器,即不对该开关量进行监视。

五、温湿度的监视

当监控站点的机房温度超过 30℃ 或低于 10℃ 就会产生告警,当监控站点的湿度超过 80% 或低于 20% 也会产生告警,以上告警均为高级告警。

六、UPS 的监视

显示该 UPS 当前的工作状态,共四种状态:正常模式、电池模式、市电模式和故障状态。注意:故障状态并不代表当前 UPS 一定处于故障状态,因为可能是由于传输通道或与 UPS 的串口通信异常造成的,要视具体情况判断。

开关电源监视界面如图 11-7 所示。

七、实时告警显示功能

WMSS 提供强大的实时告警显示功能,所有的告警会实时显示在用户界面上,以便用户做出及时的处理。WMSS 系统的实时告警内容分为三类:系统传输通道告警、站点内串口通信告警、监控量的告警。实时告警显示在用户界面主画面的下方,每一项告警都包括发生时间、是否确认等信息。

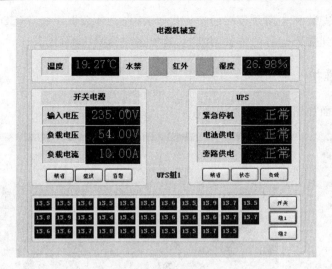

图 11-7 开关电源参数显示界面

八、历史告警查询功能

WMSS 提供历史告警查询功能,可以查询以往发生的告警以及告警的确认等信息。用户可以通过主画面上的快捷按钮或下拉菜单打开"历史告警查询"画面。历史告警是分站点进行查询的,默认的站点为中心站。对于历史上的每一项告警,系统会在其发生时生成一条历史记录,在历史告警查询画面上显示为红色;如果该告警被确认,系统还会生成一条历史记录,在历史告警查询画面上显示为绿色;当告警恢复正常时,系统同样还会生成一条历史记录,在历史告警画面上显示为绿色。据此,用户可以了解当天发生告警的情况,以及告警是否得到确认、何时得到确认以及告警何时恢复正常等信息。

九、关于软件安装

软件安装采用两种方式,一种为初始化备份恢复,一种为软件安装。

系统初始正常运行后,对整个系统一期二期都进行了完全整盘备份,可采取直接整盘恢复的方法将系统恢复到初始化安装完成状态。

考虑到用户的安装方便性,软件安装尽量采用复制安装的方式,免去了配置的麻烦。

网络配置:

一期服务端:192.168.10.119

二期服务端:192.168.10.137

监控客户端:192.168.10.110

一二期服务端和监控客户端的操作系统启动用户名为 Administrator,密码为 ketai。

- 一期服务端安装

首先安装数据库服务(SQL2005),然后将服务端程序复制到需要运行的位置(此位置同时是数据保存的位置,注意剩余空间大小),点击服务端程序运行即可。

- 二期服务端安装

由于二期服务端程序比较复杂,建议采取整盘恢复的方法进行安装。

- 监控客户端安装

监控客户端的安装和一期服务端的安装相似,首先安装数据库服务(SQL2005),然后将监控客户端程序复制到需要运行的位置,并启动监控客户端程序即可。

十、操作与维护

服务端运行界面如图 11-8 所示。

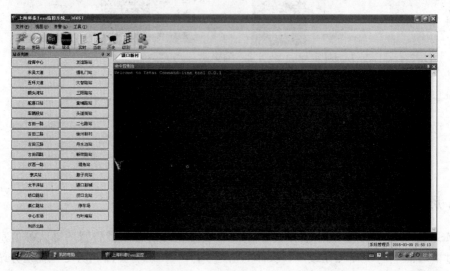

图 11-8　服务端运行界面

服务端直接运行即可,运行后注意观察启动信息,应全部为正常成功(success),如有(fail)标志出现,请重新运行。此情况是由于操作系统误检通信口为鼠标接口所致,很少发生,登录系统用户名默认为 Admin,密码为 admin。

客户端运行界面如图 11-9 所示。

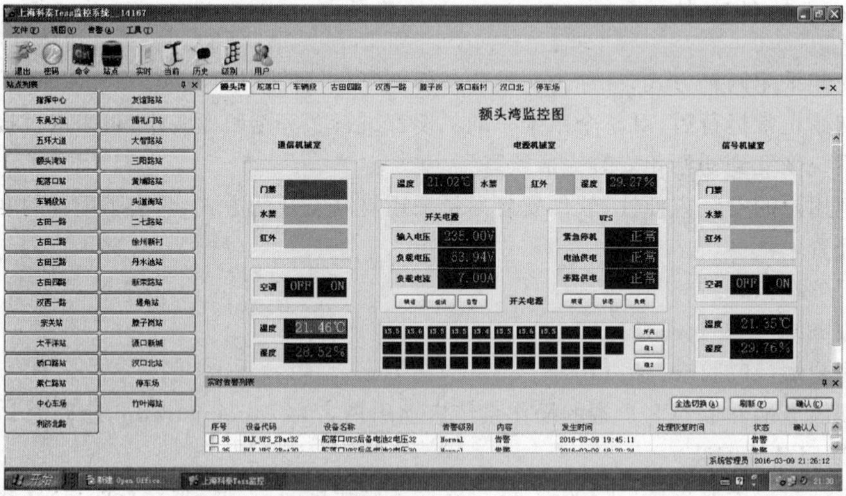

图 11-9　客户端运行界面

主站点报警显示如图 11-10 所示。

主站点报警位于界面左方,红色闪烁表示站点有报警,可单击站点按钮检查。

- 站点状态显示

站点当前状态可由站点列表单击对应站点打开,通过站点状态图可对站点当前状态进行一目了然地展示。

最近报警列表显示了当前最近发生的报警项目,位于界面的右下部。

- 分类汇总显示

分类汇总用于对某类数据进行统一地查看展示,包括 UPS、开关电源、温度、湿度等。如图 11-11 所示。

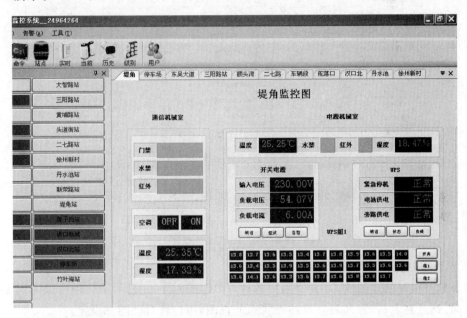

图 11-10 主站点报警显示

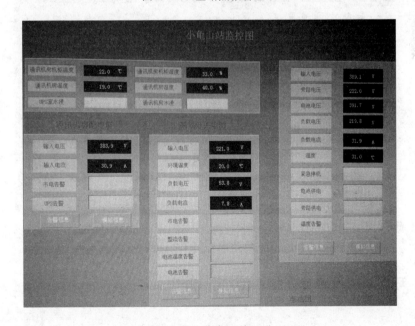

图 11-11 分类汇总显示

- 站点报警查询

站点报警查询用来对发生的报警进行列表查看,为了保证查询的快速,列表的最多显示2 000条报警记录,如超过2 000条,请调整查询时间段。

如图11-12所示。

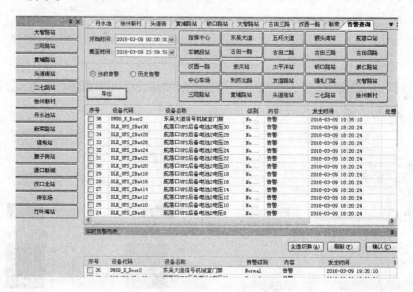

图11-12　站点报警查询

- 界面定制操作

界面具有很好的定制性,可方便用户各种习惯,如图11-13显示了一种可以同时显示告警历史查询、站点列表、告警列表以及站点状态的视图,用户可自己随意设定。

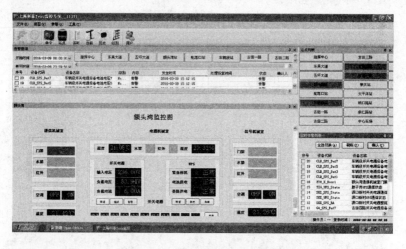

图11-13　界面定制操作

十一、环控系统故障处理指南

故障一

故障现象:环控网管显示所有站掉电。

故障分析：Mosa 卡供电不稳，电脑显示硬盘空间显示不足。

相应处理流程：将硬盘内告警数据清理后，电脑主机重启后恢复。

故障二

故障现象：太平洋站温感无显示。

故障分析：电源故障，温感故障或者通信通道故障。

相应处理流程：

步骤一：重启电源无效；

步骤二：插拔网线端口无效；

步骤三：更换温感后恢复正常。

故障三

故障现象：三阳路站无环控报警。

故障分析：通信通道故障。

相应处理流程：

步骤一：重新启动电源无效；

步骤二：插拔网线端口无效；

步骤三：插拔中心配线架三阳路数据端口保安单元后恢复。

故障四

故障现象：友谊路站无环控报警。

故障分析：通信通道故障。

相应处理流程：

步骤一：重新启动电源无效；

步骤二：插拔网线端口后恢复。

【任务11.3】 电源系统作业程序及技术质量标准

一、检修规程

（一）适用范围

本标准适用于武汉轨道交通一号线所管理的区域内的通信电源系统设备的运行维护管理。

通信电源设备包括 UPS 电源、蓄电池组（包括电池柜）、高频开关电源、交流配电盘等。

（二）检修内容、周期和质量标准

武汉轨道交通一号线电源系统设备的检修分为 UPS 电源、蓄电池组（包括电池柜）、高频开关电源、交流配电盘的维护。

1. 日常维护内容和周期

a）OCC 环控终端检查（OCC 每天一次）。

b）蓄电池检查（OCC 及正线每周一次）。

c）电源设备清洁（OCC 及正线每周一次）。

d) 测量单个电池电压(OCC 及正线每周一次)。

2. 二级维护内容和周期

a) 检查 UPS 运行参数(OCC 及正线每季一次)。

b) 检查电源系统机柜(OCC 及正线每季一次)。

c) 测量高频开关电源的输出电压(OCC 及正线每季一次)。

3. 深度维护

a) UPS 内部板块清洁及状态测试、放电测试(OCC 及正线每年一次)。

b) 高频开关电源参数设置及调试(OCC 及正线每年一次)。

c) 电流蓄电池放电(OCC 及正线每年一次)。

d) UPS 备件更换。

二、检修作业指导书

(一) 适用范围

本标准适用于武汉轨道交通一号线所管理的区域内的通信电源系统设备的运行维护管理。

通信电源设备包括 UPS 电源、蓄电池组(包括电池柜)、高频开关电源、交流配电盘等。

(二) 所需工器具及材料

1. 工具仪表：负载、钳型电流表、电压表、电流表、螺丝刀、接地电阻测试仪、绝缘手套、吹尘器、刷子。

2. 材料：复印纸、打印纸、吹尘器、手套、指示灯罩、绝缘带、刷子、抹布、电池、卷筒纸。

(三) 安全操作须知(须有安全防护用品)

1. 高压

	本电源系统运行时部分部件带有高压，直接接触或通过潮湿物体间接接触这些部件，会带来致命的危险

操作时严禁在手腕上佩戴手表、手链、手镯、戒指等易导电物体。发现机柜有水或潮湿时，请立刻关闭电源。在潮湿的环境下操作时，应严格防止水分进入设备。

	高压线路的施工操作，可能导致起火或电击意外。交流电缆的架接、走线经过区域必须遵循所在地的法规和规范。只有具有高压、交流电作业资格的人员才能进行各项高压操作

2. 工具

	在进行高压、交流电各种操作时，必需使用专用工具，不得使用普通或自行携带的工具

3. 雷雨

 严禁在雷雨天气下进行高压、交流电,及铁塔、桅杆作业

在雷雨天气下,大气中会产生强电磁场。因此,为避免雷击损坏设备,要及时做好设备的良好接地。

4. 静电

 人体产生的静电会损坏电路板上的静电敏感元器件,如大规模集成电路(IC)等。在接触设备,手拿插板、电路板、IC芯片等前,为防止人体静电损坏敏感元器件,必须佩戴防静电手腕,并将防静电手腕的另一端良好接地

5. 短路

 严禁操作时将电源系统直流配电正负极短路或将非接地极对地短路。电源设备为恒压直流供电设备,短路将会引起设备烧毁和人身安全危害

在进行直流带电作业时必须严格检查线缆和接口端子的极性。直流配电操作空间紧凑,任何操作之前要注意选好操作空间。操作时严禁在手腕上佩戴手表、手链、手镯、戒指等易导电物体。操作必须使用绝缘工具。带电操作时,必须注意手、腕、臂保持紧张状态,使得发生工具卡接脱落时,人体和工具的自由行程最小。

6. 电池

 进行电池作业之前,必须仔细阅读电池搬运的安全注意事项,以及电池的准确连接方法

电池的不规范操作会造成危险。操作中必须严格注意、小心防范电池短路或电解液溢出、流失。电解液的溢出会对设备构成潜在性的威胁,会腐蚀金属物体及电路板,造成设备损坏及电路板短路。电池安装、操作前,为确保安全,应注意如下事项:
- 摘下手腕上的手表、手链、手镯、戒指等含有金属的物体;
- 使用专用绝缘工具;
- 使用眼睛保护装置,并做好预防措施;
- 使用橡胶手套,佩戴好预防电解液溢出的围裙。

(四)检修范围、内容、标准/要求、工艺过程及方法

1. 日常维护内容和周期

(1) OCC环控终端检查

a. 通过OCC环控网管终端检查开关电源的市电告警、整流模块、直流输出是否显示正常;

备注:正常情况下开关电源的市电告警、整流模块、直流输出都显示正常;否则为不正常,应及时查看高频开关示意图(如图11-14和图11-15)上面的"上行输出电压或菜单"和"下行电池或负载电流,告警指示按键显示"栏,从而定位故障。

b. 通过OCC环控网管终端检查UPS的系统降级、电池模式、旁路模式是否正常;

备注:UPS系统降级为正常,电池模式为否,旁路模式为否;否则为不正常,应及时按UPS面板示意图(如图11-16)显示的当前告警查看键查看告警信息,从而定位故障。

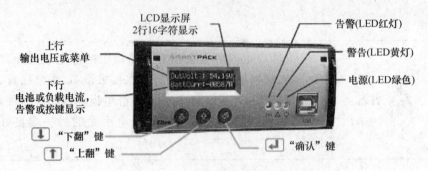

图11-14 高频开关电源监控器

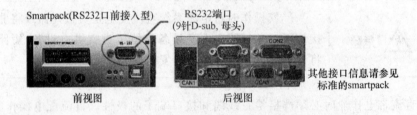

图11-15 高频开关电源接口连接图

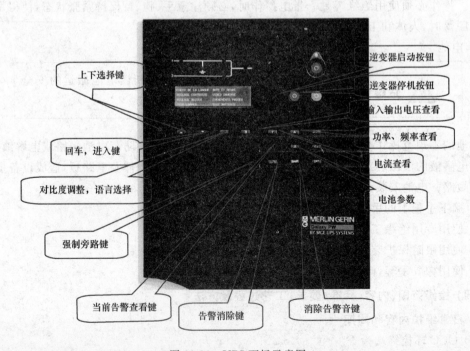

图11-16 UPS面板示意图

(2) 蓄电池检查

a. 电池外观是否凹凸不平、电池有无过热、漏液等现象。

b. 极耳保护罩是否松动、脱落、丢失,特别注意不要触及极耳(带绝缘手套)。

c. 打开机柜检查电池柜的各类连线与螺丝是否稳固连接牢固。

(3) 电源设备清洁

a. 检查 UPS 机柜表面清洁,用白布、清洁剂清洁配电箱和机柜表面。

b. 用吸尘器吸掉 UPS、高频开关、蓄电池表面灰尘,用棉布和纯酒精擦去电池表面的污垢。

备注:UPS 设备上及四周不得堆放杂物;

　　　电池极耳处,切勿接触。

(4) 测量单个电池

① 检查电池组的浮充电压和电流

a. 使用万用表,测量电压时应用直流挡,选择相应的测试量程,直流 500 V 或以上。

b. 测试端子按极性插入测试孔,进行测试并记录测试数据。

c. 使用具有直流电流测试功能的钳流表,测试电池的充电电流,并记录测试数据。

② 测量单个电池电压

a. 使用万用表,测量电压时应用直流挡,选择相应的测试量程。

b. 测试端子插入电池极耳保护罩测试孔中,注意电池极性,测量并记录测试数据。

2. 二级维护内容和周期

(1) 检查 UPS 运行参数

UPS 设备运行图如图 11-17 所示。

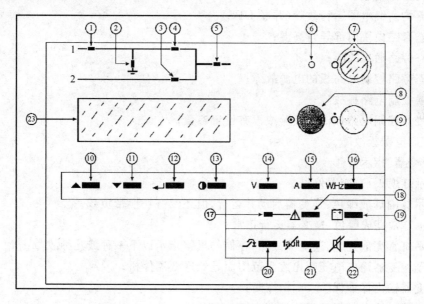

图 11-17　UPS 设备运行图

① "整流/充电器"指示灯①

a. 指示灯熄灭:整流/充电器停止运行。

b. 指示灯常亮成绿色:整流/充电器运行正常。

c. 指示灯常亮成红色:整流/充电器故障,存储的报警指示以下一种或几种故障。

1. 输入开关 Q1 断开；
2. 整流/充电器输入端的保护保险(FUE)熔断；
3. 整流/充电器模块内部异常高温；
4. 电池充电电流异常大；
5. 电池充电电压异常高；
6. 整流/充电器的控制电路板没有校验或没有设置参数；
7. 控制电源板故障。

② "电池"指示灯②

a. 指示灯熄灭：电池正在浮充电。
b. 指示灯闪烁成绿色：电池正在强充电。
c. 指示灯常亮成绿色：负载由电池供电。
d. 指示灯闪烁成红色：电池低电压停机预报警。
e. 指示灯常亮成红色：电池的后备时间结束且电池断路器 QF1 断开，或电池故障。

③ "静态旁路"指示灯③

a. 指示灯熄灭：电源 2 在容限范围内，且静态旁路停止。
b. 指示灯常亮成绿色：静态旁路导通。
c. 指示灯常亮成红色：存储的报警指示以下一种或几种故障：

1. 电源 2 的电压或频率超出容限范围；
2. 静态旁路故障；
3. 逆变器输出接触器 K3N 运行故障；
4. 电流均衡继电器运行故障（并联 UPS）；
5. 静态旁路模块内部异常高温；
6. 静态旁路通风故障；
7. 静态旁路控制电路板的电源故障；
8. 切换控制电路板故障；
9. 逆变器控制电路板没有校验或没有设置参数；
10. 控制电源板故障。

④ "逆变器"指示灯④

a. 指示灯熄灭：逆变器停机。
b. 指示灯闪烁成绿色：逆变器启动并运行，但还没有切换带负载。
c. 指示灯常亮成绿色：逆变器运行正常。
d. 指示灯常亮成红色：逆变器故障，存储的报警指示以下一种或几种故障：

1. 由于逆变器输出电压超出容限范围而导致逆变器停机；
2. 逆变器输出保护保险(FUS)熔断；
3. 逆变器模块上的保护保险熔断（并联 UPS）；
4. 逆变器故障；
5. 逆变器输出变压器内部异常高温；
6. 逆变器模块内部异常高温；
7. 输出电压故障（幅值或相位）（并联 UPS）；
8. 逆变器时钟故障；

9. 逆变器控制电路板没有校验或没有设置参数;

10. 控制电源板故障。

⑤ "负载"指示灯⑤

a. 指示灯熄灭:负载端没有供电。

b. 指示灯常亮成绿色:负载由逆变器或电源2(通过静态旁路或维修旁路)供电。

⑥ 查看 UPS"电压""电流""功率""频率"指标并做记录,如果测量值与以前明显不同,记录下新增负载的大小、种类和位置,便于帮助分析是否会产生故障。

(2) 检查电源系统机柜

打开各设备柜,检查各设备的防雷、工作、保护地线连接正常。

(3) 测量高频开关电源的输出电压

① 监控器及整理模块无任何告警,正常绿灯显示。

② 用万用表测量交流输入/直流输出正常(交流参考值 220 V 直流参考值 54 V),应与监控器显示电压值相符。

3. 深度维护

(1) UPS 内部板块清洁及状态测试、放电测试

① 关断 UPS,将负载转到维修旁路供电。

② 断开 UPS 的市电输入开关和电池开关。

③ 确信 UPS 整流器输入端、电池连接端、输出端和旁路输入端没有电压。

④ 打开 UPS 门板和内部的保护盖板。

⑤ 检查 UPS 功率器件和辅助器件,特别注意以下几部分:电容、磁性元件、电缆和连接端、印刷电路板。

⑥ 用吸尘器吸去表面杂质,用低压空气吹去外部碎屑。

⑦ 重新合上 UPS 的市电输入,按照 UPS 启动步骤启动 UPS,将负载转到由逆变器供电。

⑧ 用螺丝刀打开面板,检查地线连接稳固、无松动、无脱落(注意不要触及开关和服务电压的输出部分)。

⑨ 放电测试:断开主路输入开关(Q1),检查电池后备时间,当电池电压下降至比放电终止电压高 5 V 时合上整流器输入开关(Q1),(注意:电池放电终止电压为 320 Vdc,当电池电压到达放电终止电压时电池输入接触器将会断开、负载将会转至旁路),记录下 UPS 的后备时间。

(2) 高频开关电源参数设置及调试

UPS 日常巡检表如表 11-1 所示。

在监控器前面板上选择"维护操作",以密码"0003"进入。

① "电压设置"栏按要求设定电压参数(如表 11-2 所示)。

② "电池充电限流"栏设定电池充电限流值(一般取电池总容量的 10%~15%)。

如:2 组 160 Ah   限流值设 40 A

③ "自动均充"栏设定电池均充阀值(电池总容量的 20%)。

如:2 组 160 Ah   均充门限值设 60 Ah、均充时间:8 小时、充放比例:100%

(3) 蓄电池放电

① 打开机柜,将蓄电池组"+""—"级分别连接负载。

② 中心网管上看是否显示开关熔丝告警。

③ 用万用表测量其内阻。

④ 对内阻超出标准范围的电池进行更换。

表 11-1　UPS 日常巡检表

菜单模式　第一层	第二层	第三层
用户选项→↓	维护选项↓	
告警复位↓↑	口令:0003↓	
电压信息↓↑	变更语言→	中文/英文↓↑
显示记录↓↑	电压设置→	额定电压↓↑
软件信息↓↑		均充电压↓↑
序列号↓↑		电池低压2↓↑
整流模块信息↓↑		电池低压1↓↑
市电信息↓↑		电池高压2↓↑
电池温度信息↓↑		电池高压1↓↑
电池信息↓↑		LVBD(二次下电电压)↓↑
能量日志↓↑		LVLD(一次下电电压)↓↑
负荷监测信息↓↑	电压校准→	*电压校准↓↑
解释:⇩ 下页(减少)	更改密码→	密码↓↑
	设置手动均充时间→	设置时间↓↑
⇧ 上页(增加/返回)	开始/停止均充→	开始/停止↓↑
	自动均充配置→	选择开启/禁止↓↑
		门限值↓↑
确定/选择(图示→)	电池测试设置→	下次测试日期/时间↓↑
		终止电压↓↑
*电压校准:当监控器显示电压与实际测量电压不一致时需校准,在校准栏里设定实际测量值后按确定		最长时间↓↑
		测试间隔↓↑
		防护时间↓↑
	开始/停止测试→	选择开始/停止↓↑
	模块复位→	*复位↓↑
	整流模块设置→	带载软启动时间(选择长/短时间启动)↓↑
	电池充电限流→	启用/禁用↓↑
*模块复位:从系统中拔出模块要复位		最大充电电流↓↑
	电池设置→	电池串数量↓↑
		电池容量↓↑
		电池温度
		电池电流校验↓↑
	输出控制→	电压控制/温度补偿↓↑
*禁止告警输出:启用告警干接点不上传告警(出厂默认禁止)	设置日期/时间→	日期/时间↓↑
	继电器测试→	告警干接点输出测试↓↑
	禁止告警输出→	*启动/退出告警输出禁止↓
	电池寿命→	复位
*监控器重启:系统出现误告警,可使用监控器重启功能,不影响监控器配置	监控器重启→	是/否↓↑
	交流相数→	单/三相↓↑
	效率管理器→	启用/禁用↓↑
		冗余启用/禁用↓↑
		关机时间↓↑
		轮流工作时间↓↑

表 11-2 电压参数表

正常输出电压	电池均充电压	低电压告警 1	低电压告警 2	高电压告警 1	高电压告警 2	电池脱离电压	负载脱离电压
54 V	56.4 V	47 V	46.8 V	57 V	58 V	44.5 V	46 V

常见告警及检查如表 11-3 所示。

表 11-3 常见告警及检查

告警内容	等级	检查(出厂默认值)
电池告警	主要告警	1. 电池熔丝断开； 2. 电池低压告警 2(≤46.3 V)； 3. 电池高压告警 2(≥57 V)； 4. 电池温度极高或极低(≥40℃，≤-10℃)
电池告警	次要告警	1. 电池低压告警 1(≤47 V)； 2. 电池高压告警 1(≤56.8 V)； 3. 电池温度较高或较低(≥30℃，≤-5℃)
整流模块告警	主要告警	1. 整流模块出现故障(≥2 个)； 2. 整流模块通信故障；
整流模块告警	次要告警	1. 单个整流模块出现故障；
市电告警	主要告警	1. 市电电压出现故障(＞1 相)； 2. 市电电压极高或极低；(≥280 V;≤80 V)
市电告警	次要告警	1. 单相电压出现故障； 2. 市电电压较高或较低；(≥260 V;≤100 V)
负载告警	主要告警	1. 负载熔丝断开； 2. 一次下电脱离(LVLD)

(4) UPS 备件更换

① UPS 关机

a. 停逆变器(按灰色键 3 s)，如图 11-18 所示。

图 11-18 停逆变器

b. 关蓄电池开关(电池柜右下角的空开)，如图 11-19 所示。

图 11-19 关蓄电池开关

c. 关 QM1 开关

d. 旋转开关,从 NORMAL 顺时针旋转至 BY-PASS,如图 11-20 所示。

图 11-20　旋转开关

② 拆卸机柜外壳

a. 将 UPS 机柜面板上面两侧和后盖用工具拆下来,标识机柜内部的线路连接,记录各部件的分布结构,如图 11-21 所示。

图 11-21　UPS 机柜内部线路

b. 将后盖后面的 3 个风扇拆下,如图 11-22 所示。

图 11-22　拆风扇

c. 将 UPS 机柜里的连接线断开,并将通信板拆下,如图 11-23 所示。

图 11-23　拆通信板

e. 将UPS机柜正上方上层两侧的直流电容拆下，如图11-24所示。

图11-24　拆直流电容

f. 将UPS机柜里中层两侧电感拆下，并将正中间的四个交流电容拆下，如图11-25所示。

图11-25　拆电感及交流电容

③ 除尘

a. 用毛刷清扫覆盖在板块和线路上的灰尘，如图11-26所示。

图11-26　除尘

b. 用鼓风机和吸尘器进一步除尘。

④ 装机

a. 将UPS机柜里四个交流电容按顺序连接，如图11-27所示。

b. 将UPS机柜里中层两侧的电感安装好，如图11-28所示。

c. 将UPS机柜上层两侧的直流电容安装好（检查正负极连接是否正确），如图11-29所示。

d. 安装交直流风扇以及通信板，并连接跳线。

图 11-27 连接交流电容

图 11-28 安装电感

图 11-29 安装直流电容

e. 装 UPS 机柜两侧各两块面板,如图 11-30 所示。

图 11-30 安装两侧面板

f. 装机时认真检查线路和设备是否固定牢固,如图 11-31 所示。

图 11-31　检查线路和设备是否固定牢固

⑤ 开机

a. 旋转开关,从 BY-PASSL 顺时针旋转至 NORMAL,观察交流风扇是否工作,工作后进入第二步。

b. 用数字万用表测电池组总电压和单节电池电压,同时测量空开正负极对地电压,正常电压值为 0 V 左右。

c. 闭合蓄电池开关。

d. 闭合 QM1 开关,UPS 主机启动。

⑥ 观察并测量 UPS 设备是否正常运转

a. 对 UPS 设备运行环境检查。

b. 对 UPS 设备外观检查。

c. 对 UPS 运行参数记录。

d. 检查 UPS 设备上游配电系统开关保护设置。

e. UPS 静态检查。

f. UPS 功能测试电池带载放电测试。

g. 认真观察并与正常数据对比查看 UPS 设备否正常运转。

(五) 废弃物处理

检修产生的废弃物按《废弃物管理程序》处理。

项目十二　PIS 系统

知识目标：
1. 熟悉 PIS 系统的作用；
2. 熟悉 PIS 系统的结构；
3. 熟悉 PIS 系统的业务；
4. 熟悉 PIS 系统的硬件分布及每个板块的作用。

能力目标：
1. 掌握 PIS 系统终端的使用方法；
2. 掌握 PIS 系统的板块指示灯的含义；
3. 掌握 PIS 系统的故障查看及分析，并可对故障进行处理；
4. 掌握 PIS 系统日常维护、二级维护和深度维护；
5. 培养学生作为通信工的职业素养和协作精神。

【任务12.1】　系统概述

乘客信息系统(Passenger Information System，PIS)是地铁里为乘客提供各类资讯的服务系统。乘客信息系统是依托多媒体网络技术，以计算机系统为核心，以车站和车载显示终端为媒介向乘客提供信息服务的系统。

乘客信息系统在正常情况下，提供乘车须知、服务时间、列车到发时间、列车时刻表、管理者公告、政府公告、出行参考、股票信息、媒体新闻、赛事直播、广告等实时动态的多媒体信息。在火灾、阻塞及恐怖袭击等非正常情况下，提供动态紧急疏散提示。车载 PIS 系统为乘客和中央控制室提供音频广播平台、视频节目播放平台、应急情况报警、告警平台和紧急呼叫平台。也为中央控制室提供视频监控、监听监视存储和干预系统。按照系统的分类可概括为以下四个部分：控制中心子系统、网络子系统、车站子系统和车载子系统。

【任务12.2】　系统工作流程概述

系统在指定的时间自动开关大部设备（车载 LCD 显示器除外）。

播出版式规定各类不同信息的播出位置、大小、播出方式和内容。系统通过播表管理版式的播出时间和播出长度。

LCD 控制器自动按照播表运行，播出相关版式和信息内容。

系统自动监控设备的运行状态,受控设备在出现故障后可以自动报警。

系统控制中心通过接口采集外部信息,经编辑、处理手段,生成内部信息,按既定规则或版式播出。

实时高清视频送给视频服务器。视频服务器送数字视频信号给 MV-450 网络编码器,形成组播视频流,通过网络传输至车站。车站视频高清视频服务器将组播数据还原成高清视频信号,送给车站 LCD 控制器,叠加各类信息后送至 LCD 显示终端。

实时标清视频经有线电视解调器(DM-08)解调后送给 VS-804XL 矩阵,再由 VS-804XL 矩阵送给下级 VS-606XL 矩阵,通过 VS-606XL 输出母线分别送给标清视频服务器和上下行车载 LCD 控制器,上下行车载 LCD 控制器叠加各类信息后,通过视频电缆送给上下行视频编码器,编码以后的工作由另外的系统完成。

考虑到高清视频源与标清视频源的共享问题,系统配置了高清至标清下变换器、标清至高清上变换器各一台。下变换器输入端连接到高清视频服务器输出端,输出端连接在 VS-804XL 矩阵;上变换器输入端连在 VS-804XL 矩阵输出端,输出端连接在高清视频服务器的输入端。可以经上下变换器灵活调度各类信号,供系统使用。

车站的视频直播经过下面几个设备:高清有线电视解调器/中心高清视频服务器(并联)→网络编码器→中心交换机→车站交换机→车站高清视频服务器→车站高清 LCD 控制器→D/A 转换器→LCD 屏,其中 LCD 屏为显示终端。

中心高清视频服务器和车站高清视频服务器均有本地视频缓存和播放功能,因此车站高清视频服务器本地播出过程只经过如下设备,即:车站高清视频服务器→车站高清 LCD 控制器→D/A 转换器→LCD 屏。

屏幕控制由车站高清 LCD 控制器完成。通过 RS-232 口控制电源适配器,实现开关屏幕的任务。

各类 LCD 控制器的播出信息、版式、播表版式制作通过中心的发布管理工作站制作。若干不同的版式组成播表,播表完成后进行入库操作。系统自动将播表上载至中心服务器。不同的播表可以发给不同的设备组。播表通过审核后生效。播表生效后,中心服务器通过网络发给各类 LCD 控制器。LCD 控制器下载完播表后即可按播表的播出时间播出/切换版式。

PIS 播出的内容除外部信息、动态视频外还可以播出紧急信息。紧急信息的播出办事和内容也由中心发布管理工作站完成,需要播出紧急信息的时候,由中心或车站网管工作站操作发布到指定设备或设备组直至整个线路。

PIS 系统具备 4 种运行模式。

1. 正常运营模式

显示控制器控制所有显示终端按播放列表播放。中心子系统实时更新所有车站列车运行等文字类信息。

2. 夜间停运模式

当列车夜间停运,中心子系统自动将娱乐等视频类节目下载到车站服务器,车站服务器分配到各区域显示控制器,准备第二天播放。

3. 紧急模式

当列车、车站发生火灾,系统接收 FAS 的联动信号,控制车站触发火灾模式显示。当列车阻塞,中心子系统接收到 ATS 的警报信号,控制车站触发阻塞模式显示。

4. 维护维修模式

显示控制器能存储播放一定时间（最少一天）的节目，当控制中心或通信通道维护维修，显示控制器可以按默认格式控制显示器继续播放。

本系统中每辆列车有两台车载显示控制器，车载显示控制器完成系统赋予的版式播出，并由分屏器完成视频传输以及 D/A 变换由 LCD 终端显示。

【任务12.3】 中心视频设备的连接

控制中心子系统用于实现与外部信息源的接口；采集信息、处理系统内各类数据；管理控制系统设备；编辑生成播出版式；制定播放优先等级；播出信息的统计分析；提供系统安全机制；制定系统岗位操作规程。同时负责视频流的转换及各类信息的播放；监视控制网络及终端设备的工作状态。负责系统故障维修的集中管理，确保系统正常运营。

控制中心视音频连线如图 12-1 所示。

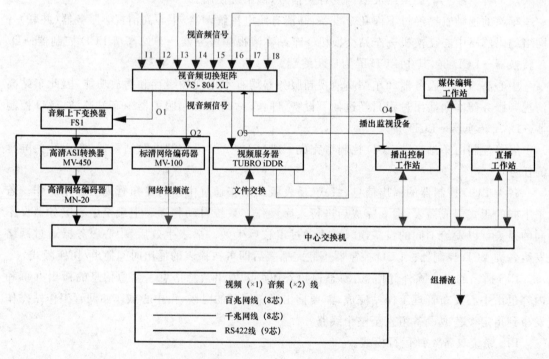

图 12-1 中心视音频走向图

控制中心子系统视频发布设备如表 12-1 所示。

表 12-1 控制中心设备配置清单

序号	设备名称	型号	品牌厂家	数量
1	视频服务器	GHG-VideoServer		1
	控制软件	GHG-PlayCtrl	GHG/中国	1
	录制存储设备	TURBO iDDR	THOMSON/美国	1

续表

序号	设备名称	型号	品牌厂家	数量
2	直播数字编码器	HD-Encoder		1
	标清视频编码器	MV-100	哈雷/美国	1
	高清ASI转换器	MV-450	哈雷/美国	1
	高清视频编码器	MN-20	哈雷/美国	1
3	高清视音频上下变换设备	FS1	AJA/日本	1
4	视音频切换矩阵	VS-804XL	Kramer/以色列	1
5	播出控制工作站	DC 7800	HP/中国	1
6	直播工作站	DC 7800	HP/中国	2
7	媒体编辑工作站	GHG-EDIT-HD	GHG/中国	1

控制中心各个设备的功能如下所示。

（一）视频服务器实现对视频的录制、播出，是PIS系统视频的主要存储设备，也是PIS系统的播出核心。

（二）标清视频编码器实现标清视频至IP视频流的转换功能。

高清ASI转换器及高清视频编码器实现高清信号至IP信号的转换功能。

（三）视音频上下变换设备实现高清数字电视信号的下变换功能，以及标清数字电视信号的上变换功能。

（四）视音频切换矩阵实现音视频信号的输入/输出切换。

（五）播出控制工作站对视频切换矩阵控制管理，制作及管理LCD控制器的播出版式、播出列表。

（六）磁盘阵列/磁盘柜/网络存储作为系统的数据存储介质。

（七）播出控制工作站控制音视频切换矩阵，实现各信号输入源之间切换。

（八）媒体编辑工作站负责编辑、制作需要播出的视频文件。

（九）打印机打印日志、播放列表、播放时间表等各种管理信息。

【任务12.4】 PIS系统的网络结构

网络子系统是利用系统自身构建的以太网络给PIS提供网络通道，该通道用来传输从中心到各车站、地铁车辆的各种数据信息、视频信息和控制信息。

网络子系统包括有线网络、无线网络和车载局域网络三个部分。

网络子系统是整个PIS系统的核心，为了保证系统不间断的服务，要求PIS网络系统具有高性能、高可靠性、高稳定性。

一、网络组成

根据武汉地铁1号线的特点，武汉地铁1号线的有线网络采用星形组网结构，网络的整体拓扑结构如图12-2所示。

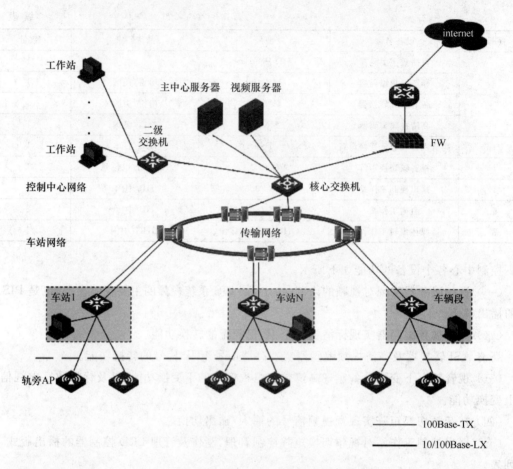

图 12-2 PIS 系统网络拓扑图

有线网络子系统主要设备包括:控制中心以太网核心交换机、车站以太网接入交换机、网关系统等。设置在控制中心以太网上的交换机,经防火墙设备和路由器可以连接因特网。

有线局域网提供轨旁的无线 AP 接入。车站交换机通过 100 Mbit/s 以太网接口连接到传输网络,控制中心局域网与各车站局域网之间通过传输网络进行连接。

在控制中心部署 2 台 S7510E 核心交换机,供控制中心的主服务器、视频服务器、无线控制器接入。同时,广告工作站、系统管理工作站、发布管理工作站等业务工作站连接到二级交换机,再由二级交换机级联到核心交换机。

在网络出口处使用华三公司的 SR6602。SR6602 采用先进的高性能多核微处理器作为数据转发和业务处理引擎,同时设备内置了高达 10 Gbit/s 线速的硬件加密引擎,通过 NAT 访问 Internet。

车站网络负责车站内各个系统的接入,以及无线 AP 的接入。

车站汇聚交换机使用华三公司的 S3600-52P。S3600-52P 可以提供 48 个百兆电接口和 4 个千兆 SFP 接口供上行连接。在车站,车站服务器、管理员工作站和播放控制器等设备使用百兆电接口连接到车站交换机,车站交换机通过千兆光纤上行连接到控制中心。

二、IP 规划

本文档只给出网络 IP 地址和 VLAN 的整体规划情况。

把武汉地铁1号线PIS网络划分为6个VLAN,全部车站划分4个VLAN(VLAN30、VLAN40、VLAN50、VLAN60),区间AP属于VLAN10,中心的服务器、工作站以及所有可管理网络设备属VLAN20,一共划分6个VLAN。详细规划如下。

(1) VLAN划分规则

考虑到各车站的终端及查询机数量不多,以及便于网络管理工作,要把28个站分到4个VLAN中,即VLAN30中8个站,VLAN40中8个站,VLAN50中8个站,VLAN60中8个站。并且把连续的各站交叉地划分在各VLAN中。

(2) IP地址的规划

本PIS系统使用172.16.0.0~172.20.0.0网段,其中VALN10使用172.16.0.0/17,VLAN20使用172.16.128.0/17,VLAN30使用172.17.0.0/16、VLAN40使用172.18.0.0/16、VLAN50使用172.19.0.0/16、VLAN60使用172.20.0.0/16。

(3) 网关设定

所有VLAN的网关都设定在核心交换机S7510E上,由于各站属于几个不同的VLAN,所以每个站都需要指定自己的网关地址。网关地址规划为172.X.0.1,其中的X代表VLAN号,X的取值范围是17~20之间。例如太平洋站属于VLAN30,则设备网关地址为172.17.0.1。

VLAN和IP规划如表12-2所示。

表12-2 VLAN和IP规划总表

VLAN	IP段	网关/VRRP虚拟网关	设备类型
20	172.16.128.1~172.16.255.254/17	172.16.128.1	中心服务器、工作站、有线网络设备
10	172.16.0.1~172.16.127.254/17	172.16.0.1	车载设备、AP
30	172.17.0.0/16	172.17.0.1	站号为1、5、9、13、17、21、25车站设备
40	172.18.0.0/16	172.18.0.1	站号为2、6、10、14、18、22、26车站设备
50	172.19.0.0/16	172.19.0.1	站号为3、7、11、15、19、23、27车站设备
60	172.20.0.0/16	172.20.0.1	站号为4、8、12、16、20、24、28车站设备

VLAN10的IP段划分如表12-3所示。

表12-3 VLAN10 IP段划分表

IP或IP段	网关	用途	备注
172.16.0.1	172.16.0.1	VRRP虚拟网关	
172.16.0.2/17(VLAN10)	172.16.0.1	主核心交换机	
172.16.0.3/17(VLAN10)	172.16.0.1	备核心交换机	
192.16.X.1~192.16.X.100/24	172.16.X.1	车载设备	

注:X的取值范围:1~127,代表列车编号。例如:192.16.1.1表示1号车的车载设备,192.16.12.60表示12号车的车载设备。

车站的IP地址分配如表12-4所示。

表 12-4 车站 IP 地址分配

车站号	站名	VLAN 号	IP 地址段	网关
1	金山大道(预留)	30	172.17.1.0/16	172.17.0.1
2	东吴大道	40	172.18.2.0/16	172.18.0.1
3	五环大道	50	172.19.3.0/16	172.19.0.1
4	额头湾	60	172.20.4.0/16	172.20.0.1
5	宜家(预留)	30	172.17.5.0/16	172.17.0.1
6	舵落口	40	172.18.6.0/16	172.18.0.1
7	古田一路	50	172.19.7.0/16	172.19.0.1
8	古田二路	60	172.20.8.0/16	172.20.0.1
9	古田三路	30	172.17.9.0/16	172.17.0.1
10	古田四路	40	172.18.10.0/16	172.18.0.1
11	汉西一路	50	172.19.11.0/16	172.19.0.1
12	宗关	60	172.20.12.0/16	172.20.0.1
13	太平洋	30	172.17.13.0/16	172.17.0.1
14	硚口	40	172.18.14.0/16	172.18.0.1
15	崇仁路	50	172.19.15.0/16	172.19.0.1
16	利济北路	60	172.20.16.0/16	172.20.0.1
17	友谊路	30	172.17.17.0/16	172.17.0.1
18	江汉路	40	172.18.18.0/16	172.18.0.1
19	大智路	50	172.19.19.0/16	172.19.0.1
20	三阳路	60	172.20.20.0/16	172.20.0.1
21	黄浦路	30	172.17.21.0/16	172.17.0.1
22	头道街	40	172.18.22.0/16	172.18.0.1
23	二七路	50	172.19.23.0/16	172.19.0.1
24	徐州新村	60	172.20.24.0/16	172.20.0.1
25	丹水池	30	172.17.25.0/16	172.17.0.1
26	新荣	40	172.18.26.0/16	172.18.0.1
27	堤角	50	172.19.27.0/16	172.19.0.1

【任务 12.5】 车站子系统

车站子系统具体负责接收并下载控制中心下传命令(设备开关机等)、各类信息内容(连同节目列表)、系统参数(时钟信息等)。在控制中心或网络子系统故障时,按照下载的节目列表和节目内容在本站显示终端上自动播放。

车站子系统原则上无须人工干预,只有特殊或紧急情况下,具有权限的车站操作员登录工作站,将需要发布的信息(或预定义号码)、发布信息显示屏组以及发布申请提交给控制中心,由控制中心审核后将相关信息发布至指定显示屏组。

一、设备功能

车站视频控制器接收控制中心下传的视频、图像和文字信息,叠加后为车站 LCD 屏提供显示信号。

车站视频控制器能够对输出的视频进行窗口划分,叠加播放直播/本地视频、图片和文字信息。

控制器分屏器能够将输入音视频信号分配放大为多路信号。如图 12-3 所示。

图 12-3　站厅 LCD 分屏器外观图

通用接口卡实现 PIS 与 FAS 间接口功能。

车站 LCD 控制器的具体功能如下。

(1) 完全支持文本动画的显示,支持图像动画的显示,支持 MPEG1/2,支持各种常用文本格式文件的显示,支持 MPEG2 网络视频流的显示,支持模拟时钟及数字时钟的显示。

车站视频控制器可接收不同优先级的信息,高优先级的信息能够打断正在播放的低优先级信息。在紧急情况下可接受控制中心的控制命令,暂停所有时间表的节目的播放,播放紧急信息。

(2) 车站视频控制器支持不超过 15 个动态分屏播放。每一分屏子窗口能够独立播放各自的节目序列,按照时间表指定的顺序循环播放。能够根据预先设定划分为不同时段,每一时段可以设置成任意指定的分屏布局,布局可以动态地改变。

车站视频控制器可根据播表播放网络视频流信号,或由控制中心触发切换播出方式(直播/本地文件)。

(3) 网络发生故障时,播放实时更新信息的子窗口立即切换为缺省指定信息,原来播放本地缓冲文件内容的子窗口则继续正常播放。

车站视频控制器可以预先下载存储多个时间表,系统能够自动根据时间表的更新情况、生效时间、失效时间,选择正确的时间表进行解释播放。

车站视频控制器提供网络接口,并通过系统自定义网管协议(TCP),与中心进行通信和数据交换。

(4) 具备磁盘空间自动维护功能。车站视频控制器能够每天自动触发系统自动维护程序,自动删除无用的节目数据,自动导出、上传并删除车站视频控制器中的日志数据。

(5) 具备时钟同步功能。能够通过 NTP 协议与控制中心的时钟同步,并把所接收到的时钟同步信息显示在显示屏上。支持开机同步和定时同步(1~10 分钟可调)。车站视频控制器的时钟与中心服务器的误差不超过 1 秒。

(6) 设备具备自动重启、在系统控制下远程关机和本地开/关机的功能(开机功能需网络支持 WOL 报文)。

(7)可实时采集 LCD 屏的状态信息,并转发到控制中心设备监控系统,实现 LCD 屏远程开/关机功能。

二、车站连线图

车站子系统连线图如图 12-4 所示。

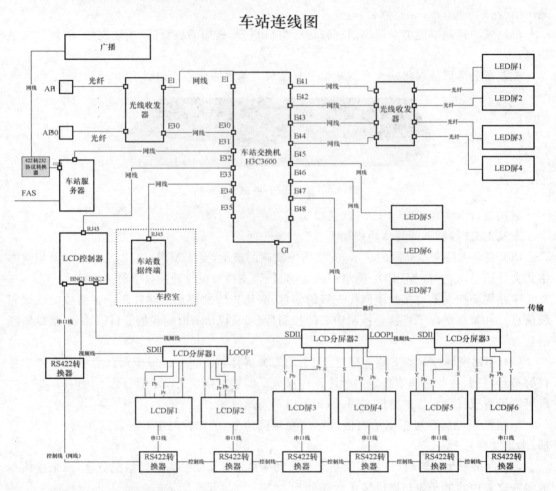

图 12-4 车站连接图

【任务 12.6】 车载子系统

车载设备连线图如图 12-5 所示。

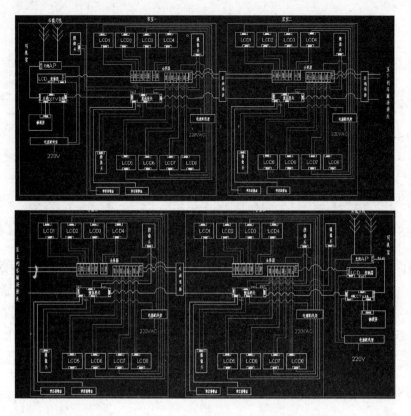

图 12-5 车载连接图

一、设备功能

武汉地铁 1 号线 PIS 子系统车载视频控制器采用冠华公司 InfoTV8800。车载视频控制器接收控制中心下传的视频、图像和文字信息，叠加后发送至车载播放系统。车载视频控制器能够对输出的视频进行窗口划分，叠加播放直播/本地视频、图片和文字信息。

二、音视频解码卡

WH1PIS-HW-SPFB-DECDR-001 音视频解码卡采用 XCard 解码卡。音视频解码卡解压 MPEG-1/2 文件和流，能够将 ISO 11172（MPEG-1）和 ISO13818（MPEG-2）标准的文件和流解码为复合音视频。在本系统中，音视频解码卡将网络视频流解码为复合音频和视频。

三、字符叠加卡

WH1PIS-HW-SPFB-CGCD-001 字符叠加卡采用冠华公司的视频音频通道卡 IO2100。字符叠加卡实现图片和文字的叠加功能。通过字符叠加卡可指定视频坐标的颜色值，与 InfoTV 软件配合实现图片和文字的叠加功能。

IO2100 数字接口卡提供 SDI 接口，不能单独使用，必须配合 IO2100 卡使用。IO2100 数字接口卡支持一路 SDI 输入，两路 SDI 输出，支持 SDI 嵌入音频输入，支持 SDI 嵌入音频输出。

【任务 12.7】 系统常见故障与排除方式

一、PIS-广播接口故障与排除

广播接口故障是易发现的接口故障。发生此故障时,检查广播系统与车站服务器的接口(RS-422)和相关软件是否正常,即可排除该故障。

二、PIS-时钟接口故障与排除

时钟接口故障是不易发现的接口故障。原因在于中心服务器在时钟接口中断后,具备自守时功能,在标准时间中断后一段时间内,系统时间仍然相对准确。在发现 PIS 显示终端显示时间与标准时间有异后,可到控制中心服务器检查 NTPServer v1.0 软件是否在运行状态。如在运行状态,则检查中心服务器的时钟接口(RS-422)是否正常,如正常,检查上一级信号传输是否正常。

三、PIS-ISCS 接口故障与排除

PIS 系统向综合监控系统提供系统实时运行状态,包括设备是否正常工作等信息,如控制中心和车站设备的工作状态、故障报警信息。如果综合监控系统不能得到 PIS 运行状态,检查中心服务到综合监控系统的信号传输通道和接口软件运行是否正常。如中心服务器以太网口出现故障,则检查备用中心服务器是否运行正常。如运行正常,关闭中心服务器电源、更换网卡、启动机器、按制定的规则设定网络 IP 地址,并在中心操作员工作站上更新中心服务器的 MAC 地址即可。

四、PIS-TCC 接口故障与排除

PIS 系统通过 RJ45 接口与 TCC 连接。如与 TCC 无法连通,首先检查中心服务器以太网口是否正常。如正常,按与 TCC 连接的链路逐级检查,排除故障点即可。如中心服务器以太网口出现故障,则检查备用中心服务器是否运行正常。如运行正常,关闭中心服务器电源、更换网卡、启动机器、按制定的规则设定网络 IP 地址,并在中心网管工作站上更新中心服务器的 MAC 地址即可。

五、媒体编辑工作站故障与排除

媒体编辑系统的硬件故障与排除方法如表 12-5 所示。

表 12-5 媒体编辑系统的硬件故障与排除

序号	故障情况	处理办法
1	计算机不能正常开机	1. 检查计算机电源是否接通
		2. 检查计算机电源模块
		3. 打开计算机机箱,对 CMOS 进行放电操作。
		4. 检查主板
		5. 检查硬盘连接
		6. 检查 CD—ROM 内是否有盘片
		7. 检查操作系统是否完整
2	加电后无显示	1. 检查显示器电源开关
		2. 检查 VGA 视频连接电缆
		3. 检查显示器电源连接
		4. 检查系统显示卡是否正常
3	视频输出不正常	1. 检查视频硬件电视制式是否为 PAL
		2. 检查视频连接线是否正常
		3. 检查输入端视频信号是否正常
4	无视频输出	1. 检查视频连接线是否正常
		2. 检查视频硬件是否正确安装
		3. 检查输入端信号是否正常
		4. 检查播放的素材视频编码格式是否正常。

六、中心视频服务器故障与排除

中心视频服务器的故障与排除方法如表 12-6 所示。

表 12-6 中心视频服务器的故障与排除

序号	故障情况	处理办法
1	计算机不能正常开机	1. 检查电源是否接通
		2. 检查电源模块工作是否正常
		3. 检查 CD-ROM 内是否有盘片
		4. 检查操作系统是否完整
2	加电后无显示	1. 检查显示器电源开关
		2. 检查 VGA 视频连接电缆
		3. 检查显示器电源连接
3	网络连接中断	1. 检查网络连接是否被人为关闭
		2. 检查网线是否连接正常
		3. 检查网卡是否正确安装
		4. 检查与网络交换机连接是否正常
4	信号输出故障	1. 检查输入输出电缆
		2. 检查系统输入输出信号制式设置

续表

序号	故障情况	处理办法
5	不能存储节目	检查硬盘空余用量,删除过期素材
6	节目播出故障	1. 检查播出素材是否真实存在 2. 检查节目单是否编排正确

七、网络编码器故障与排除

网络编码器的故障与排除方法如表 12-7 所示。

表 12-7 网络编码器故障与排除

序号	故障情况	处理办法
1	不能正常开机	1. 检查电源是否接通 2. 检查电源模块
2	加电后无信号输出	1. 检查输入信号源是否正常 2. 检查系统设置是否正确 3. 检查输出电缆是否连接正常 4. 检查与网络交换机连接是否正常
3	信号输出错误	系统输出设置是否正确

八、视音频切换矩阵故障与排除

视音频切换矩阵的故障与排除方法如表 12-8 所示。

表 12-8 视音频切换矩阵故障与排除

序号	故障情况	处理办法
1	不能正常开机	1. 检查电源是否接通 2. 检查电源模块
2	画面切换时跳动	检查信号源是否与矩阵做同步处理
3	输出错误	检查输入/输出母线选择是否正确

九、车站 LCD 控制器故障与排除

车站 LCD 控制器故障与排除方法如表 12-9 所示。

表 12-9 车站 LCD 控制器的故障与排除

序号	故障情况	处理办法
1	计算机不能正常开机	1. 检查计算机电源是否接通 2. 检查计算机电源模块 3. 打开计算机机箱,对 CMOS 进行放电操作 4. 检查主板

续表

序号	故障情况	处理办法
		5. 检查硬盘连接
		6. 检查 CD-ROM 内是否有盘片
		7. 检查操作系统是否完整
2	加电后无显示	1. 检查显示器电源开关
		2. 检查 VGA 视频连接电缆
		3. 检查显示器电源连接
		4. 检查系统显示卡是否正常
3	网络连接中断	1. 检查网络连接是否被人为关闭
		2. 检查网线是否连接正常
		3. 检查网卡是否正确安装
		4. 检查与网络交换机连接是否正常
4	播出中断	1. 检查显示终端是否工作正常
		2. 察看播表是否有时间空白窗口
		3. 检查高清图像处理卡工作是否运行正常
		4. 检查视频输出电缆是否脱落

十、车站 LCD 控制器故障与排除

车站 LCD 控制器故障与排除方法如表 12-10 所示。

表 12-10 车站 LCD 控制器故障与排除

序号	故障情况	处理办法
1	操作系统崩溃	1. 检查操作系统是否可否恢复，或重新安装操作系统 2. 重新设置电源使用方案为演示
2	播出软件不能正常启动	1. 检查显卡是否正确安装运行
		2. 检查软件看门狗是否安装运行
		3. 重新安装播出软件(InfoTV 3.1 车站版)
3	ATS 信息及其他信息播出异常	1. 检查网络连接是否被人为关闭
		2. 检查网线是否连接正常
		3. 检查网卡是否正确安装
		4. 检查与网络交换机连接是否正常
		5. 检查相关接口程序是否正常运行
4	网络视频中断	1. 相应连接电缆是否连接正常
		2. 检查高清处图像处理卡驱动软件是否工作正常
		3. 检查版式是否有视频显示区域
		4. 检查是否在屏幕关闭状态
		5. 重新安装音视频编码卡驱动程序或更换音视频编码卡并安装驱动程序

续表

序号	故障情况	处理办法
		6. 报告中心,请中心检查网络编码器运行是否正常
5	无法控制屏幕开关机	1. LCD 控制器的 RS-232C 串行口是否运行正常
		2. 检查控制器到显示终端的 RS-232C 连接电缆是否正常
6	花屏	1. 重新启动 LCD 控制器
7	黑屏(视频区域)	1. 断电 10 秒后,重新加电。
8	视频抖动(视频区域)	1. 通过车站 NetMannege 工作站,停止直播,然后恢复直播
9	播出版式与其他设备不同	1. 重新启动 LCD 控制器

十一、车站服务器硬件故障与排除

车站服务器的硬件故障与排除方法如表 12-11 所示。

表 12-11 车站服务器的硬件故障与排除

序号	故障情况	处理办法
1	计算机不能正常开机	1. 检查计算机电源是否接通
		2. 检查计算机电源模块
		3. 打开计算机机箱,对 CMOS 进行放电操作。
		4. 检查主板
		5. 检查硬盘连接
		6. 检查 CD-ROM 内是否有盘片
		7. 检查操作系统是否完整
2	加电后无显示	1. 检查显示器电源开关
		2. 检查 VGA 视频连接电缆
		3. 检查显示器电源连接
		4. 检查系统显示卡是否正常
3	视频输出不正常	1. 检查视频硬件电视制式是否为 PAL
		2. 检查视频连接线是否正常
		3. 检查输入端视频信号是否正常
4	无视频输出	1. 检查视频连接线是否正常
		2. 检查视频硬件是否正确安装
		3. 检查输入端信号是否正常
		4. 检查播放的素材视频编码格式是否正常。

十二、车载 LCD 控制器故障与排除

车载 LCD 控制器的故障与排除方法如表 12-12 所示。

表 12-12 车载 LCD 控制器的故障与排除

序号	故障情况	处理办法
1	操作系统崩溃	1. 检查操作系统是否可否恢复,或重新安装操作系统 2. 重新设置电源使用方案为演示
2	播出软件不能正常启动	1. 检查检查字符叠加卡是否安装运行 2. 重新安装播出软件 3. 重新安装字符叠加卡驱动程序
3	网络异常	1. 检查网络连接是否被人为关闭 2. 检查网线是否连接正常 3. 检查网卡是否正确安装 4. 检查与网络交换机连接是否正常 5. 检查相关接口程序是否正常运行

【任务 12.8】 系统的日常维护

一、系统的运行环境

系统设备的运行中,应保证电源的不间断供应,交流电压保持在 180~240 V,环境温度保持在:0℃～+50℃,相对湿度:5% ~95% RH,设备表面如有凝露不可投入运行,保证散热气流顺畅并采取必要的防尘措施,防止发生意外火灾事故,防止发生设备损坏事故。

保证所有的计算机平台在防病毒软件的保护之下并持续更新病毒库。

系统设备更换或者维护后应恢复原有的防震、防尘措施,恢复原有的系统配置,包括网络 IP、防病毒程序的运行。

值班人员离开岗位应即刻注销用户,防止他人破坏系统的正常运行或发布虚假有害信息。严格执行用户权限制度,无权限用户禁止代他人操作系统。

其他系统维护工程中如与 PIS 发生关系,应有相应人员在场协作,防止发生意外,影响 PIS 的正常运行。

及时与相关部门协调,保证系统外部接口的正常运行。

中心网管和中心操作员应与车站保持联系,及时了解系统的真实运行状态。

二、系统设备的日常维护

为保证系统设备的正常运营,应建立一套完善的系统日常维护制度,形成运行流畅的维护管理体制,培养专门人才、设立岗位、赋予责任,才能保证系统长期有效运行。在日常维护中应注意以下方面。

1. 定期更换设备的防尘网,清理设备内部积垢,保持设备通风散热气流通畅,防止积垢造成设备短路。

2. 定期检查设备的相关接口,防止因环境震动造成接口松脱,影响 PIS 的正常运行。

3. 定期检查设备内部插件的紧固情况,预防设备运行故障。检查设备的运行状态,对于带伤带病运行的设备应及时换下送修,防止出现更大的问题。对于下架检查的设备,检查完毕后应恢复所有外部连接,测试运行状态,设备正常运行后方可离开。系统中所有更换过网卡的设备,在运行正常后,应在中心系统管理软件(GHG-SysManage V1.2)上更新 MAC 地址,否则无法从远程开关机器。

4. 定期测试紧急信息的发送功能是否正常,保证出现紧急情况后,系统能及时发送紧急信息。

5. 定期更换播出版式和播表,防止显示终端(LCD)灼伤。

6. 值班人员通过网管软件监视系统的运行,对出现故障的设备,及时派员处理。保证系统正常运营。

7. 通过网管软件可以查看系统中所有受控设备的运营状态,如设备未能按时正常启动,需要在中心或车站通过网管软件远程唤醒(唤醒方式参见《系统操作手册》)。视频控制设备(车站 LCD 控制器、车载视频控制器)如出现异常,一般可以在 2 分钟内自动恢复正常。

8. 值班人员应随时监视系统运行环境,如温度、湿度、电压、电磁辐射、震动等情况,如出现环境异常,及时采取措施,保证设备的正常运行。

9. 值班人员应定期对系统数据库进行备份操作(操作方式见《系统操作手册》)

10. 及时处理系统告警,及时排除系统故障。

11. 对新增加的设备及时通过中心操作员软件,纳入系统分类数据库,实现对新增设备的监管。

12. 系统日常维护应严格遵循 IP 规划表,所有设备不得自行更改 IP 地址。

【任务 12.9】 PIS 系统作业程序及技术质量标准

一、检修规程

(一) 适用范围
适用于武汉轨道交通一号线通信专业 PIS 系统视频发布子系统设备的运行维护和管理。

(二) 检修内容、周期和质量标准
武汉轨道交通一号线 PIS 系统视频发布子系统设备的检修分为日常维护、二级维护和深度维护。

1. 日常维护内容和周期

(1) 控制中心设备

a. 清洁中心 PIS 设备机柜卫生(每周一次)

b. 中心 PIS 机柜设备工作状态检查(每日一次)

c. 中心各工作站设备工作状态检查(每日一次)

(2) 车站设备

a. 清洁 PIS 设备机柜卫生(每周一次)

b. PIS 设备工作状态检查(每周一次)

c. 工作站设备工作状态检查(每周一次)

(3) 车载设备

a. 设备清洁(每周一次)

b. 设备工作状态检查(每周一次)

c. 设备外观检查(每周一次)

2. 二级维护内容和周期

(1) 控制中心设备

a. 机柜、配线架紧固件及接地防雷检查(每月一次)

b. 视频服务器硬盘空间检查(每月一次)

c. 编码器定时重启(每月一次)

d. 与其他系统接口工作状态检查(每月一次)

e. 网管数据整理及硬件检查(每季一次)

(2) 车站设备

a. 机柜、配线架紧固件及接地防雷检查(每月一次)

b. LCD、LED 屏清洁卫生(每双周一次)

c. 站台 LED 屏防水(每月一次)

d. 与其他系统接口工作状态检查(每月一次)

e. 工作站数据整理及硬件检查(每季一次)

f. 线缆接头检查和紧固(每季一次)

(3) 车载设备

a. 设备紧固件及接地检查(每月一次)

b. LCD 屏、触摸屏清洁卫生(每双周一次)

c. 设备接头检查及紧固(每月一次)

d. 车载 CCTV 录像检查(每双周一次)

e. 车载系统设备校时(每月一次)

3. 深度维护内容和周期

(1) 中心设备

a. 中心设备数据库备份整理

b. 中心设备数据配置备份整理

(2) 车站设备

车站日志管理及数据备份

(3) 车载设备

车载 CCTV 设备数据配置备份整理

二、检修作业指导书

(一) 适用范围

适用于武汉轨道交通一号线通信专业 PIS 系统视频发布子系统各设备的维护操作。

(二) 所需工器具及材料

1. 使用工具仪表

组合工具,数字万用表、笔记本电脑、调试软件(VNC、VLC)、手电筒等。

2. 使用材料

毛刷、抹布、跳线、扎带、吸尘器、电池、柔湿纸、打印纸、记号笔、尾纤、清洗液、多功能插座板、绑扎带、绝缘胶布、相关缆线、热缩套管及配件等。

(三) 安全在操作须知

传输系统维护作业时,必须佩戴防静电手镯。

(四) 检修范围、内容、标准/要求、工艺过程及方法

 如果无视"警告"提示,可能会造成人员伤亡或物质损失。

1. 日常维护

(1) 控制中心设备

① 清洁 PIS 系统机柜

用毛刷和吸尘器除去 PIS 系统机柜、视频服务器、标清编码器、直播数字编码器、高清视音频上下变换设备、视音频切换矩阵、媒体编辑工作站、中心服务器等设备防尘网上的灰尘。

② 中心 PIS 机柜设备工作状态检查

a) 中心服务器

中心服务器电源部分如图 12-6 所示。

图 12-6　中心服务器电源

- 检查电源指示灯颜色:绿色为开启,黄色为关闭,红色为故障。

网卡如图 12-7 所示。

图 12-7　中心服务器网卡

- 检查网卡指示灯颜色:绿色为正常,其他为故障。
- 检查服务器时钟是否正确:和时钟系统的时间进行对比,检查时间相差是否在 1 秒内。
- 检查 NTP Server 是否运行:用 VNC 登录到服务器上,检查 NTP Server 是否在运行。
- 检查 ATS Server 是否运行:用 VNC 登录到服务器上,检查 ATS Server 是否在运行。

- 检查 Live Sever 是否运行:用 VNC 登录到服务器上,检查 Liver Server 是否在运行。
- 检查 OCC Monitor 是否运行:用 VNC 登录到服务器上,检查 OCC Monitor 是否在运行。
- 检查数据库是否运行:用 VNC 登录到服务器上,检查 SQL Server 是否在运行。

b) 视频服务器
- 检查电源指示灯颜色:绿色为开启,熄灭为关闭。

硬盘指示灯如图 12-8 所示。

图 12-8 视频服务器硬盘

- 检查硬盘指示灯颜色:硬盘工作时此灯为红色,不工作时此灯熄灭。
- 检查网卡指示灯颜色:绿色为正常,其他为故障。
- 检查 P1、P2 是否正常播放:使用 VNC 检查 P1、P2 两个通道是否播放视频,且播放模式为 LOOP。

c) 标清编码器
- 检查电源指示灯颜色:绿色为开启,熄灭为关闭。
- 检查网卡指示灯颜色:绿色为正常,其他为故障。

d) 高清编码器
- 检查电源指示灯颜色:绿色为开启,熄灭为关闭。
- 检查网卡指示灯颜色:绿色为正常,其他为故障。

e) 高清 ASI 转换器
- 检查电源指示灯颜色:绿色为开启,熄灭为关闭。
- 检查网卡指示灯颜色:绿色为正常,其他为故障。

f) 高清视音频上下变换器
- 检查电源指示灯颜色:Power1、Power2 蓝色为开启,熄灭为关闭。
- 检查输入指示灯颜色:SDI In 蓝色为正常,熄灭为故障。
- 检查输出指示灯颜色:HDI Out 蓝色为正常,熄灭为故障。

g) 视音频切换矩阵
- 检查电源指示灯颜色:绿色为开启,熄灭为关闭。

h) 媒体编辑工作站

媒体编辑工作站如图 12-9 所示。
- 检查电源指示灯颜色:绿色为开启,熄灭为关闭。
- 检查网卡指示灯颜色:绿色为正常,其他为故障。

i) 直播工作站
- 检查电源指示灯颜色:绿色为开启,熄灭为关闭。
- 检查网卡指示灯颜色:绿色为正常,其他为故障。

- 检查车站和车载组播播放是否正常：使用 VLC 接收车站高清组播视频，组播地址为 224.1.1.2，组播端口为 1235；使用 VLC 接收车载标清组播视频，组播地址为 239.0.0.1，组播端口为 1234。

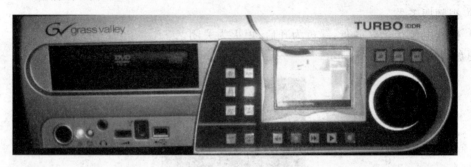

图 12-9　媒体编辑工作站

j）核心交换机

核心交换机如图 12-10 所示。

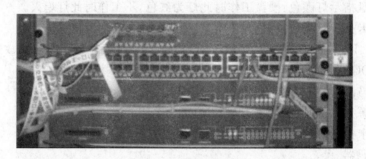

图 12-10　核心交换机

- 检查电源指示灯颜色：PWR 灯绿色为开启，熄灭为关闭。
- 检查运行状态指示灯：ACTIVE 灯绿色为开启，熄灭为关闭。

k）中心设备交换机

中心设备交换机如图 12-11 所示。

图 12-11　中心设备交换机

- 检查电源指示灯颜色：PWR 灯绿色为开启，熄灭为关闭。

（2）车站设备

① 清洁车站 PIS 设备卫生

车站 PIS 设备如图 12-12 所示。

用毛刷和吸尘器除去 PIS 机柜、车站服务器、车站交换机、光纤收发器、车站 LCD 控制器等设备的防尘网的灰尘。

② 车站各设备状态检查

a）车站服务器

- 检查电源指示灯颜色：绿色为开启，黄灯为关闭，红灯为故障。

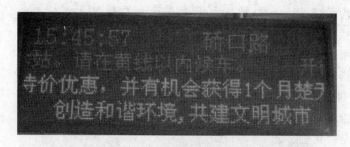

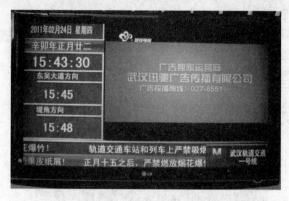

图 12-12　车站 PIS 设备

- 检查网卡指示灯颜色：绿色为正常，其他为故障。
- 检查车站服务器系统时间：和时钟系统的时间进行对比，看二者相差是否在 1S。
- 检查车站服务器 STP Client 端是否运行。
- 检查车站服务器 SOCC Monitor 是否运气。
- 检查硬盘指示灯颜色：绿色为正常，其他未故障。

b）车站 LCD 控制器

车站 LCD 控制器如图 12-13 所示。

图 12-13　车站 LCD 控制器

- 检查电源指示灯颜色：绿色为开启，熄灭为关闭。
- 检查网卡指示灯颜色：绿色常亮，黄色闪烁为正常，其他为故障。
- 检查硬盘指示灯颜色：硬盘工作时此灯为红色。

c）车站交换机

- 检查电源指示灯颜色：PWR 灯绿色为开启，熄灭为关闭。

d）操作员工作站

- 检查电源指示灯颜色：绿色为开启，熄灭为关闭。
- 检查网卡灯颜色：绿色为开启，熄灭为故障。

e）车站分屏器

- 检查电源指示灯：Power 灯常亮为开启，熄灭为关闭。
- 检查运气状态灯：Run 灯闪烁为正常，其他为故障。
- 检查输入指示灯：SDI 灯常亮为正常，其他为故障。
- 检查音频指示灯：AUDIO 灯常亮为正常，其他为故障。

f) 车站 LCD 屏
- 检查电源指示灯：蓝色为开启，红色为关闭。
- 检查日期是否正确。
- 检查时间和时钟系统的时间差距是否在 1 s 内。
- 检查列车到站信息是否正确。
- 检查视频播放是否正常。
- 检查滚动字幕是否正确。

(3) 车载设备

① 清洁车载设备卫生

用毛刷和吸尘器除去车载 PIS 设备、LCD 控制器、LCD 分屏器防尘网的灰尘。车载设备如图 12-14 所示。

图 12-14　车载设备

② 车载设备状态检查

a) 车载 LCD 控制器
- 检查电源指示灯：绿色为开启，熄灭为关闭。
- 检查网卡指示灯：绿色或橙色灯常亮，黄色闪烁为正常，其他为故障。

b) 车载 LCD 分屏器
- 检查电源指示灯：Power 灯常亮为开启，熄灭为关闭。
- 检查运气状态灯：Run 灯闪烁为正常，其他为故障。
- 检查输入指示灯：SDI 灯常亮为正常，其他为故障。
- 检查音频指示灯：AUDIO 灯常亮为正常，其他为故障。

c) 车载 LCD 屏
- 检查电源指示灯：绿色为正常，红色为无信号输入，熄灭为关闭。
- 检查日期是否正确。

- 检查时间和时钟系统的时间差距。
- 检查 LCD 屏的声音大小。
- 检查视频播放是否正常。
- 检查滚动字幕是否正确。

d) 车载电源控制器
- 检查电源指示灯：红色为正常，熄灭为关闭。

③ 车载设备外观检查

a) 车载 LCD 控制器检查
- 检查每列列车的 01 和 04 车 LCD 控制器外观，确定紧固牢固，外观是否被磨损。

b) 车载 LCD 分屏器检查
- 检查每辆列车 LCD 分屏器外观是否被磨损，是否固定牢固。

c) 车载 LCD 屏检查
- 检查每辆列车的 LCD 屏外壳是否被划伤，屏幕是否有损伤。

2. 二级维护

(1) 控制中心设备

① 线缆接头紧固
- 检查 PIS 机柜内设备的电源线是否松动。
- 检查 PIS 机柜内设备的网线接头是否松动。
- 检查视频服务器的视频线接头、音频线接头是否松动。
- 检查视音频切换矩阵的视频线接头、音频接头是否松动。
- 检查标清编码器、高清 ASI 转换器、高清编码器、高清视音频上下变换器等设备的视频线接头、音频接头是否松动。

② 视频服务器磁盘空间
- 检查视频服务器磁盘剩余空间：使用 VNC 登录视频服务器，观察磁盘剩余空间，剩余空间不得低于 10%，如剩余空间较小，则需要删除过期的视频文件。

③ 系统管理软件

a) 日志维护
在系统管理软件中单击日志维护，输出查询条件(如日期从 2010-10-1 至 2011-2-1)，将查询的结果导出备份。

b) 数据库维护
在系统菜单中选择备份数据库，将数据库导出备份。

(2) 车站设备

① PIS 机柜内设备
- 检查 PIS 机柜内设备的电源线是否松动。
- 检查 PIS 机柜内设备的网线接头是否松动。
- 检查车站 LCD 控制器的视频线接头、音频线接头是否松动。
- 检查 GPI 卡的接线是否松动。
- 检查 MOXA 卡的接入线缆是否松动或断开。

② 车站 LCD 屏
- 检查车站 LCD 屏电源线、视频线接头、音频线接头是否松动。

- 检查车站 LCD 输入模式：使用遥控器，按 Input 按钮，屏幕上 composite 高亮为正常，其他为错误。
- 检查 MOXA 卡的接入线缆是否松动或断开。

③ 车站分屏器
- 检查车站分屏器电源线、视频线接头、音频线接头是否松动。

(3) 车载设备
- 检查 LCD 控制器电源线、网线接头是否松动。
- 检查 LCD 分屏器电源线、视频线接头是否松动。
- 检查 LCD 控制器 GPI 卡接入线缆是否松动。

3. 深度维护

(1) 中心设备

① 中心设备数据库数据备份

首先登录系统维护软件，登录界面如图 12-15 所示。

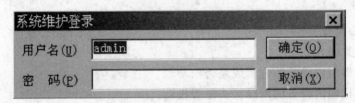

图 12-15 登录界面

输入正确的用户名和密码，然后单击确定按钮，就可登录系统。在"系统"菜单中选择"备份数据库"可进行备份数据库的操作。

备份时首先需选择要备份的数据表，选择完毕后单击"确定"按钮。如图 12-16 所示。

图 12-16 备份界面

此时将弹出如图 12-17 所示的对话框，输入一个文件名后，单击"保存"按钮。

系统管理软件将自动备份数据库至该文件。如图 12-18 所示。

② 中心设备配置数据备份

图 12-17　对话框

图 12-18　导出界面

首先登录系统维护软件,登录过程和数据库备份中步骤相同。在登录界面时按下组合健 Ctrl+F2,可显示如图 12-19 所示的登录界面。

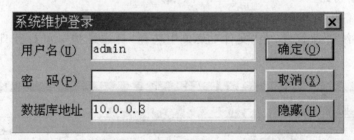

图 12-19　登录界面

在"数据库地址"一项中填入系统维护软件要连接的数据库地址,然后在"系统"菜单选择"本地参数设置",如图 12-20 所示。

图 12-20　系统菜单

选择"参数设置"选项。然后通过组合键"Ctrl+H",打开本地参数设置对话框,本地参数设置对话框如图 12-21 所示。

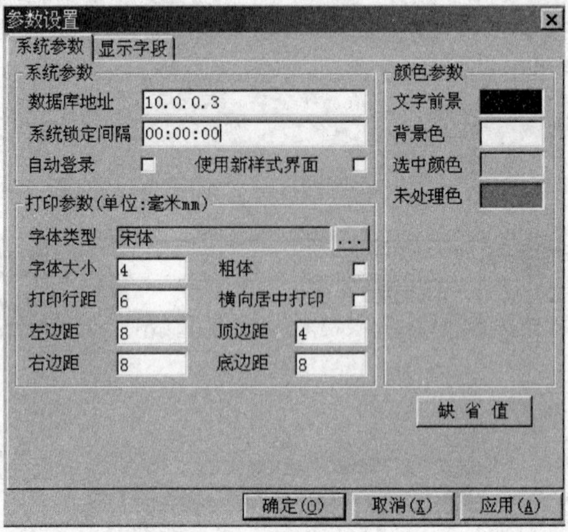

图 12-21 参数设置对话框

然后将数据库 IP 地址、系统锁定时间间隔、颜色参数、打印参数、显示字段等各项参数备份下来,记录好备份路径。

(2) 车站设备数据备份

首先登录系统管理软件,在"文件"菜单中选择"日志维护",可打开日志维护界面,如图 12-22 所示。

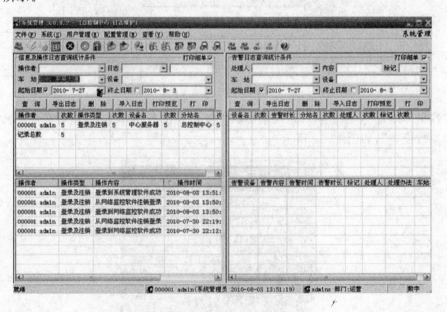

图 12-22 日志维护界面

图 12-22 中左面窗口为操作日志维护,右面窗口为告警日志维护。

查询日志时,首先指定查询条件,然后单击"查询"按钮。查询结果将显示在下面的列表中,如图 12-23 所示。

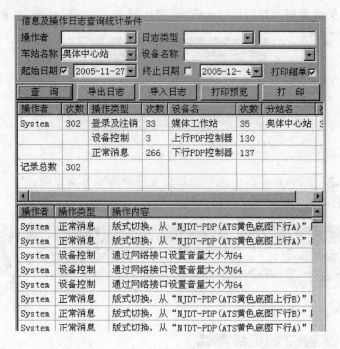

图 12-23　查询界面

单击"导出日志"按钮,将满足查询条件的操作日志或告警日志导出到文件。如图 12-24 所示。

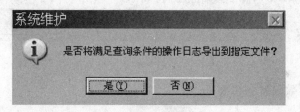

图 12-24　导出确认界面

单击"是"按钮后,在弹出的对话框中指定文件的目录并输入文件名,然后单击"保存"按钮。如图 12-25 所示。

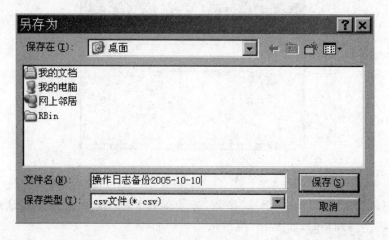

图 12-25　另存为界面

日志导出完毕后，会弹出是否删除原始日志的对话框，如图 12-26 所示。日常备份时，不删除原始日志；如果需要删除日志以空出磁盘空间，则需单击"是"按钮，删除原始日志。

图 12-26　删除原始数据确认界面

单击"导入日志"按钮，可将以前保存的日志文件导入至数据库中。导入时，需在弹出对话框中指定要导入的日志文件名称。如图 12-27 所示。

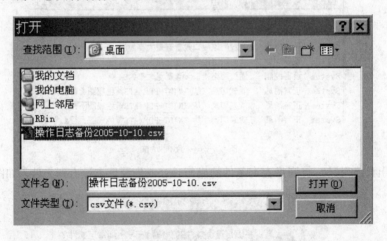

图 12-27　打开日志文件界面

(3) 车载设备参数设置备份整理

首先运行软件，双击桌面快捷方式"车载PTU软件"弹出登录界面，如图 12-28 所示。

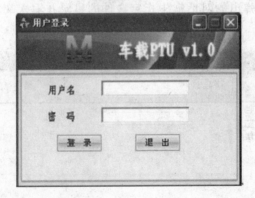

图 12-28　登录界面

输入用户名和密码后，单击"登录"按钮，进入车载 PTU 软件主界面(默认的登录用户名为：admin，密码为：123456)，如图 12-29 所示。

图 12-29　车载 PTU 软件主界面

然后分别单击"车载主机""媒体网关""录像回放""用户管理""操作记录"等选项卡，分别进行参数设置和参数备份整理。

（五）废弃物处理

检修产生的废弃物按《废弃物管理程序》处理。

项目十三 时钟系统

知识目标：
1. 熟悉时钟系统的作用；
2. 熟悉时钟系统的结构；
3. 熟悉时钟系统的业务；
4. 熟悉时钟系统的硬件分布及每个板块的作用。

能力目标：
1. 掌握时钟系统终端的使用方法；
2. 掌握时钟系统的板块指示灯的含义；
3. 掌握时钟系统的故障查看及分析，并可对故障进行处理；
4. 掌握时钟系统日常维护、二级维护和深度维护；
5. 培养学生作为通信工的职业素养和协作精神。

【任务 13.1】 系统概述

轨道交通通信时钟子系统的主要作用是为各站工作人员和旅客提供标准的时间信息，为其他各系统提供统一的标准时间信号，在全线执行统一的时间标准。时钟系统由一级母钟、二级母钟、子钟、网管设备和传输通道组成。时钟系统按中心母钟和车站母钟两级方式设置。时钟系统框图如图 13-1 所示。

一、时钟系统概述

时钟系统采用分布式结构，由控制中心（一级母钟部分）和各车站车辆段（二级母钟部分）两级组网构成，如图 13-1 所示。一级母钟部分由 GPS、监控系统、主备时钟控制器和子钟构成。一级母钟通过传输通道与二级母钟连接。二级母钟部分主要由主备时钟控制器、站台指针钟、站厅数字钟、综控室数字钟构成。

二、功能描述

（一）GPS

GPS 接收器安装于控制中心机房内，是时间信号接收器，它通过天线接收标准的时间信号，然后发送到一级母钟作校时信号用。

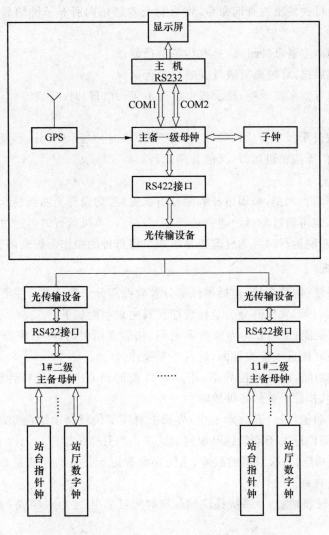

图 13-1 时钟系统框图

（二）一级母钟

一级母钟安装于控制中心，它是时钟系统的核心部分，它的性能直接影响到整个时钟系统的稳定性。首先，它通过 GPS 校时产生标准的时间信号（包含年、月、日、时、分、秒等信息），然后再把这些时间信号发送到各站的二级母钟去，通过二级母钟来校对各子钟的时间。其次，它不断地查询接收二级母钟的信息，并将这些信息发送到监控系统，以便用户能通过监控系统了解时钟系统各部分的运行状况。与此同时，它还可以连接一定数量的子钟进行时间指示。

为了增加系统的可靠性，一级母钟配备了备用母钟（正常时显示日期），当主母钟发生故障时，会自动切换到备用母钟继续工作（备母钟显示时间）。一旦主母钟故障消除，备用母钟可自动恢复到备用状态（显示日期）。

（三）二级母钟

1. 二级母钟的主要功能

（1）接收一级母钟发来的标准时间信息，对自身计时进行校正；

（2）整秒时刻向本区域所有子钟发送标准时间信号；

(3) 接收一级母钟发出的查询命令,将自身及本区域内所有子钟的显示时间及运行状态传送回一级母钟;

(4) 二级母钟由主备母钟组成,具有热备份功能;

(5) 支持功能后退,可脱离一级母钟独立运行;

(6) 二级母钟有数字显示器,显示板上可显示年、月、日、时、分、秒。

2. 数字时钟

数字式子钟按外形尺寸分为两种。其中控制中心时钟显示时、分、秒及日期。其余数字钟只显示时、分。它们既能单机运行,又能并网运行。

3. 指针时钟

指针子钟位于站台两侧,采用吊挂或侧挂方式安装,均设置为两面显示。子钟本身有控制电路,可单机运行,也可通过与母钟通信进行联网运行。单机运行时可通过子钟自带的操作面板进行各种操作,联网运行时可通过监控系统或二级母钟的操作面板来调整子钟。

(四) 监控系统

时钟的监控系统(网管系统)包括硬件部分和软件部分。硬件部分主要包括戴尔品牌的主机、显示器、通信接口等,软件部分为监控程序。其主要功能如下。

(1) 密码限制功能:密码分为界面进入密码、功能使用密码,并可根据需要进行更改。只有掌握密码的人员才能进入监控界面,进行各项操作。

(2) 故障查询功能:通过监控界面,用户可以查询到 GPS、一级母钟(主、备)、二级母钟(主、备)、数字子钟、指针子钟的各种故障。

(3) 故障显示功能:一旦有故障发生,界面上对应部位就会由绿色变成红色,如果是子钟发生故障,点击该部位进入子菜单后可观察到故障点的具体位置。

(4) 故障记录功能:每次发生的故障,系统都留有记录并自动存储到 GJ.DAT 文件中,以备用户或维护人员查询。

(5) 时间制式转换功能:本系统提供的标准时间可采用 24 小时制或 12 小时制,两种制式能随意转换。

(6) 子钟调整功能:监控系统可对所有指针子钟进行停止、追赶、正常等功能进行操作。

【任务 13.2】 操作说明部分

一、一级母钟部分

一级母钟面板如图 13-2 所示。

主板指示灯定义

(1) Alarm:报警指示灯(亮为报警);

(2) 第 2 个灯:主备计算机切换状态(亮为主计算机);

(3) CPU:中央处理器工作状态指示;

(4) Txd3:发送标准时间信号指示;

(5) Rxd3:接收标准时间信号指示;

图 13-2　1 号线一期一级母钟面板图

(6) Txd1:发送本站子钟信号指示;
(7) Rxd1:接收本站子钟信号指示;
(8) Txd2:发送二级母钟信号指示;
(9) Rxd2:接收二级母钟信号指示;
(10) Txp:发送监控终端信号指示;
(11) Rxp:接收监控终端信号指示。

二、一级母钟操作方法

(一) 一级母钟操作说明

1. 数码管第 1、2 位是小时位:正常显示时,表示标准时间的小时数。进入单追状态后,显示"no"。
2. 数码管第 4、5 位是分钟位:正常显示时,表示标准时间的分钟数。
3. 数码管第 7、8 位是秒钟位:正常显示时,表示标准时间的秒。
4. 单追:用于观察和调整各二级母钟及其子钟的时间。
5. 报时:报时方式的调整(此键忽略不用)。
6. 照明:照明区间的调整(此键忽略不用)。
7. 日期:调整当前的日期。
8. 校对:用于整点时,校正母钟的微小误差。
9. 复位:一般情况下不使用。
10. 母钟:用于对母钟的时间进行调整。
11. ↑:加数键
12. ↓:减数键
13. ←、→:左、右移位键
14. 执行:执行和存贮程序键。

注:操作以上按键时,按压时间不要少于 1 s。

母钟调整过程如下:

1. 按母钟,显示并闪烁时位→88—88—88。
2. 按↑或↓,输入标准的小时时间,显示并闪烁→88—88—88。
3. 按→,显示并闪烁分位→88—88—88。
4. 按↑或↓,输入标准的分钟时间,显示并闪烁→88—88—88。
5. 按→,显示并闪烁秒位→88—88—88。
6. 按↑或↓,输入标准的秒时间,显示并闪烁→88—88—88。
7. 按执行存贮设置的时间,显示→88—88—88。
8. 若调整有误,请重新按1~7步骤调整。

注:在GPS正常工作状态下,母钟时间被实时校准。

(二)一级母钟

1号线一期一级母钟如图13-3所示。

图13-3 1号线一期一级母钟

三、二级母钟部分

(一)系统功能

1. 接收一级母钟发来的标准时间信息,对自身计时进行校正。
2. 整秒时刻向本区域所有子钟发送标准时间信号。
3. 接收一级母钟发出的查询命令,将自身及本区域内所有子钟的显示时间及运行状态传送回一级母钟。
4. 二级母钟由主备母钟组成,具有热备份功能。
5. 支持功能后退,可脱离一级母钟独立运行。
6. 二级母钟有数字显示器,显示板上可显示年、月、日、时、分、秒等时间信息。

(二)二级母钟组成部分

二级母钟前面板如图13-4所示。

(三)二级母钟操作说明

1. 数码管第1、2位是小时位:正常显示时,表示标准时间的小时数。进入单追状态后,显示"no"。
2. 数码管第4、5位是分钟位:正常显示时,表示标准时间的分钟数。进入单追状态后,显示子钟代号(00~30)。

图 13-4 1 号线一期二级母钟

3. 数码管第 7、8 位是秒钟位:正常显示时,表示标准时间的秒。

进入单追状态后,显示指针子钟状态(00-正常,01-追赶,02-停止,10-通信故障)。

4. 单追:用于观察和调整各子钟的时间。

5. 报时:报时方式的调整(此键忽略不用)。

6. 照明:照明区间的调整(此键忽略不用)。

7. 日期:调整当前的日期。

8. 校对:用于整点时,校正母钟的微小误差。

9. 复位:一般情况下不使用。

10. 母钟:用于对母钟的时间进行调整。

11. ↑:加数键。

12. ↓:减数键。

13. ←、→:左右移位键。

14. 执行:执行和存贮程序键。

注:操作以上按键时,按压时间不要少于 1 秒。

母钟调整过程如下:

1. 按母钟,显示并闪烁→ 88—88-88 。

2. 按↑或↓,输入标准的小时时间,显示并闪烁→ 88—88-88 。

3. 按→,显示并闪烁→ 88—88—88 。

4. 按↑或↓,输入标准的分钟时间,显示并闪烁→ 88—88—88 。

5. 按→,显示并闪烁→ 88—88—88 。

6. 按↑或↓,输入标准的秒时间,显示并闪烁→ 88—88—88 。

7. 按执行 。

8. 存贮设置的时间,显示→ 88—88—88 。

9. 若调整有误,请重新按 1~7 步骤调整。

注:在联网工作状态下,二级母钟时间被一级母钟实时校准。

1. 子钟调整如下:按单追 进入显示并闪烁→ NO—00— 88 。

2. 按↑或↓,输入所要调整的钟号,显示并闪烁→ NO— 88— 88 。

3. 按→,显示并闪烁→ NO—88—88。

4. 按↑或↓,将状态位改为 02。

5. 按执行将该面子钟停下,到户外记录时钟停止时间。

6. 重复 1—3 操作,再按→,显示并闪烁→88—88—88。
7. 按↑或↓,输入停止时间的小时位。
8. 按→,显示并闪烁→88—88—88。
9. 按↑或↓,输入停止时间的分钟位。
10. 按→,显示并闪烁→88—88—88。
11. 按↑或↓,输入停止时间的秒位。
12. 按→,显示并闪烁→ NO—88—02。
13. 按→,显示并闪烁→NO—88—02。
14. 按↑或↓,将 02 该为 01 按执行。
16. 存贮设置,显示→ 88—88—88。

【任务 13.3】 通信与其他子系统的接口

一、系统接口

(一) 通信与传输系统接口

时钟系统与传输系统的接口:采用以太网接口共线方式,网速 10/100 M,中心控制室既有的一级母钟为传输系统提供 2 路以太网接口(按一主一备设计),在各车站/车辆段由传输系统提供 1 路以太网接口,接二级母钟。

(二) 通信与 ATS 接口

时钟系统与 1 号线列车自动监控系统(ATS)、SCADA、BAS、EMCS、FAS、AFC 等系统及其他系统的接口,采用标准的 RS422 协议格式或以太网接口。

(三) 通信接口协议

时钟系统标准时间接口协议如下。
① 输出接口:标准 RS-422 端口;
② 波特率:9 600 bit/s;
③ 工作方式:异步;
④ 数据格式:(ASCII 字符串,共 21 个字符);
⑤ 传输距离:大于 1 200 m;
⑥ 接口界面都在控制中心通信设备室 MDF 架外线侧。

二、一级母钟与二级母钟/子钟之间的连接说明

时钟子系统在控制中心提供标准时间信号给各车站的二级母钟,接口形式为以太网标准接口。与传输系统接口界面在传输系统综合配线架外线侧。时钟子系统在控制中心提供标准时间信号给控制中心的子钟,接口形式为 RS-422 标准接口。一级母钟通过接线端子直连与控制中心内子钟相连。

三、时钟系统二级母钟的接口

二级母钟设置 1 个以太网（NTP 协议）接口，用于从传输通道接收中心母钟发送的数据。与传输系统接口界面在传输系统综合配线架外线侧。二级母钟设置 1 个以太网（NTP 协议）接口，用于回送本站二级母钟及所负载子钟的运行状态信息。与传输系统接口界面在传输系统综合配线架外线侧。

二级母钟设置 1 个标准 RS232 接口用于便携机监控（需要时），该接口可使便携机接入，对系统设备进行监测。二级母钟设置 6 个标准 RS422 接口、4 个以太网接口，提供标准时间信号给车站其他系统。与传输系统界面在 MDF 架外线侧。二级母钟设置 9 个标准 RS422 接口，用于控制子钟运行。二级母钟通过接线端子直连方式与车站内各子钟相连。

四、一级母钟与上层网的接口描述

1 号线既有一级母钟已预留与上层网的接口，接口方式为 RS422。

【任务 13.4】 设备组成

一、系统的构成框图

1 号线时钟系统由 GPS 接收装置、一级母钟、一级母钟接口扩展箱（包括 RS422 接口箱和 NTP 接口箱）、车站（含车辆段和停车场）的二级母钟、各个子钟、传输通道、监控终端等组成。系统构成框图如图 13-5 所示。

控制中心设备与各车站（含车辆段和停车场）二级母钟通过传输子系统连接，接口形式采用标准以太网接口（共线）。控制中心的子钟通过通信电缆（低烟无卤阻燃的超五类屏蔽双绞线）直接与新增接口设备连接，各车站（含车辆段和停车场）的子钟通过通信电缆连接至二级母钟。

一级母钟定时向二级母钟发送校时信号，并负责向控制中心等有关处所的子钟提供标准时间信号。中心一级母钟通过传输子系统将校准标准时间信号传给车站的二级母钟，再由二级母钟按标准时间信号指挥子钟统一显示标准时间，为各车站的运行管理及各车站站厅等主要工作场所的工作人员提供统一标准时间信息，为广大乘客提供统一的标准时间，同时为其他各系统提供统一的标准时间信号，使全线其他通信系统与时钟系统同步，从而实现全线统一的时间标准。

二、系统构成形式

（1）控制中心一级母钟与各车站（含车辆段和停车场）的二级母钟及集中网管信息传输接口均采用以太网接口。

（2）控制中心一级母钟实时向其他需要统一时间的子系统发送全时标时间信号，接口方式有以太网接口和 RS422 接口两种。

（3）一级、二级母钟与各自所辖子钟接口均采用 RS422 接口点对点或共线方式连接。

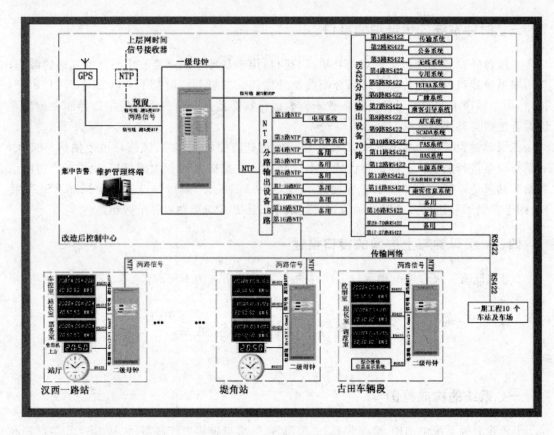

图 13-5　时钟系统框图

三、设备安全冗余配置

（1）标准时间信号采用 1 号线一级母钟信号和上层网母钟两路时标信号作为外部时钟源。两路外部标准时间信号按照主备模式,二者互为备份,可自动切换。

（2）一级母钟和二级母钟采用主备母钟热备份。

（3）系统网管监控报警和集中报警。

（4）上级设备信号中断后下级设备均可独立运行。

四、控制中心级构成图

在控制中心通信设备室设置中心一级母钟。时钟系统网管设备设于控制中心通信网管中心。如图 13-6 所示。

五、车站（含车辆段）构成图

车站构成图如图 13-7 所示。

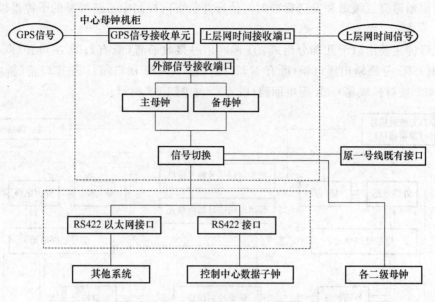

图 13-6 控制中心级构成图

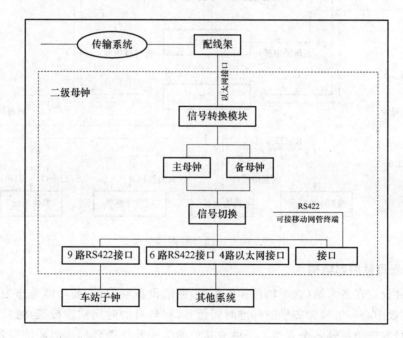

图 13-7 车站构成图

六、时钟内部结构图

(一) 中心一级母钟构成

1号线既有的一级母钟主要功能是作为基础主时钟系统,自动接收 GPS 标准时间信号,将自身的时间精度校准,通过传输系统将精确时间信号发送给各个车站(含车辆段和停车场)的二级母钟和其他通信子系统需要标准时间的设备,并且通过监控计算机对时钟系统的主要设备及主要模块进行点对点监控。中心母钟采用 NTP 以太网接口,接口定时经由传输系统提供的数据通道向二级母钟发送标准时间信号并负责向控制中心新增补的子钟提供标准时间信号。

一级母钟主要由以下几部分组成：① 标准信号接收装置（既有）；② 主母钟（既有）；③ 备母钟（既有）；④ 分路输出接口箱（既有 NTP 接口箱、RS422 接口箱）；⑤ 接口箱（新增 NTP 接口箱、RS422 接口扩展箱）；⑥ 配电回路（既有）。如图 13-8 所示。

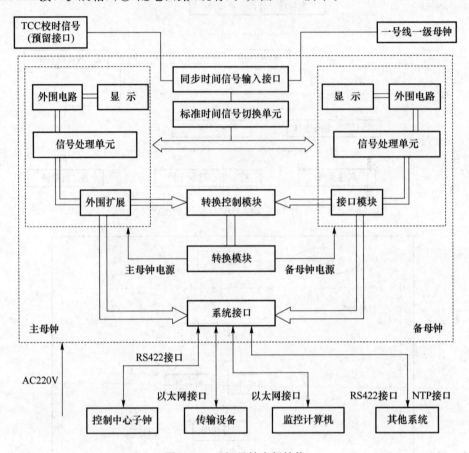

图 13-8 一级母钟内部结构

（二）二级母钟内部结构

二级母钟设置在各车站（含车辆段和停车场）通信设备室内，主要功能是作为车站级管理时钟，自动接收中心一级母钟提供的标准时间信号，将自身的时间精度校准，通过传输线路将精确时间信号发送给所辖各个点位上子钟或其他通信子系统需要标准时间的设备，并且实时将自身和所辖子钟的工作状态信息发送给中心一级母钟，并通过监控计算机显示其工作状态。

二级母钟主要由以下几部分组成：①标准时间信号接收模块；②主备二级母钟模块；③信号输出接口箱；④电源模块（配电回路）。如图 13-9 所示。

（三）数显式子钟内部结构

子钟主要功能是作为时间信息显示终端，自动接收中心一级母钟（或二级母钟）提供的标准时间信号，将自身的时间精度校准后正确显示出来。为广大旅客和工作人员提供一个标准统一时间信息，为旅程和工作提供可靠时间保证。并且实时将自身的工作状态信息发送给二

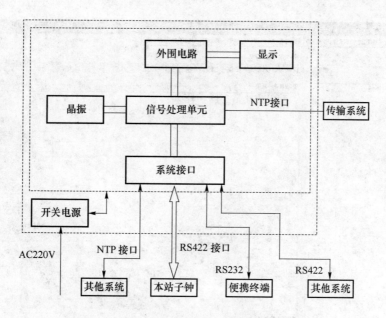

图 13-9　二级母钟内部结构

级母钟或中心一级母钟，并通过监控计算机显示其工作状态。

子钟设控制中心运营管理室和各车站的站厅、车站控制室、警务室、票务室、变电所控制室、会议交接班室、站长室、站台值班室及其他与行车有关的处所，并在车辆段信号楼运转室、值班员室、停车列检库、联合检修库等有关地点设置子钟。在各车站站台层上下行发车位置与PIS合用显示屏，分别在其上显示标准时间信号（由乘客信息系统统一考虑）。

子钟主要由以下几部分组成：①标准时间信号接收模块；②主板及显示模块；③电源模块。如图 13-10 所示。

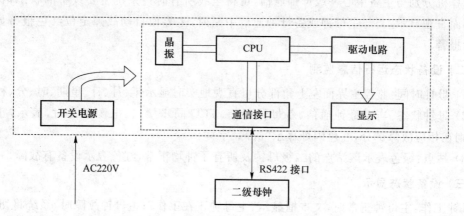

图 13-10　子钟内部结构

七、设备的人机界面介绍

时钟系统监控终端主界面如图 13-11 所示。

图 13-11 时钟系统监控终端主界面

(一) 时钟系统监测管理的故障管理

中心一级母钟具有故障自诊断功能,设置必要的硬件自动测试点,配合软件智能判断,可实时在线监测主备母钟、TCC/GPS 接口、电源的工作状态;通过传输通道获取各车站二级母钟及其所有子钟的状态信息,根据约定的协议,将数据打包,发送给监控管理的 PC 终端;中心监控计算机分别与主备中心一级母钟通信,可将全线所有时钟系统主要设备的状态信息通过图形界面直观显示,当与主母钟或备母钟通信中断时,主界面自动故障定位红色报警显示;远程联网报警。

(二) 设备状态运行信息监测

(1) 母钟时间:监控主界面左上角部分可直观地实时显示年、月、日、星期、时、分、秒。

(2) 母钟状态:当主母钟通信、备母钟通信、TCC 同步接口、电源正常时,显示"正常"字样,否则在相应故障部分,红色闪烁显示"故障"字样。

(3) 站点:绿色表示该站点的二级母钟及所有子钟均正常,红色表示设备有故障。

(三) 设备状态显示

母钟工作:主母钟正常时,文本框显示"主母钟正在工作";主母钟故障时,系统将切换到备母钟运行,并在文本框内显示"备母钟正在工作",主母钟文本框显示"主母钟故障"。

(四) 故障定位

(1) 母钟状态:

在控制中心:当主母钟通信、备母钟通信、GPS、电源正常时,显示"正常"字样,否则在相应故障部位红色闪烁显示"故障"字样。

(2) 站点:显示 25 个站点,所以对扩容工程软件基本不需修改。站点内有设备发生故障时,小方框将红色闪烁示警,将鼠标光标移到站名处,当光标变形后,按左键进入相应下一级子界面(见控制中心或车站级系统子界面),可进一步了解故障信息及各子钟运行状况。

(五) 故障报警

故障记录:值班员在主界面中下部的文本框中进行日志操作。单击存盘、打印、文档三键可进行存盘、打印值班记录、调用 WORD 文档功能的实现。

(六) 资源设置

单击资源设置,打开对话框。首先在输入密码框中输入密码(当前只有一级用户和二级用户可以操作),密码为"12345",单击确定,再进行设置。在系统资源中选择要修改的站,再单击选择下一级子目录选择钟号,再选择下一级选择钟的类型、名称、位置或钟的位置。如要修改,先选择要修改的项目,单击成常亮状态。在修改值中输入正确的类型、名称、位置或钟设置,单击确定(注:钟的设置 0 表示未设置;1 代表子钟已设置,2 代表 NTP 已设置)。如图 13-12 所示。

说明:1 号为控制中心,2~12 号为原有站,13~29 号为新站,30~31 号为预留站。

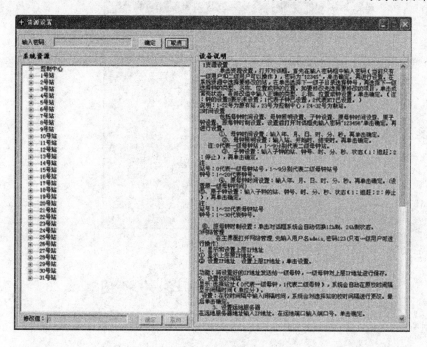

图 13-12 资源设置

界面一目了然,直观地显示了该站点的二级母钟及其所有子钟此时的工作状态,对子钟的功能操作可根据提示进行。

监控终端通过中心一级母钟、二级母钟实现与车站子钟的串行通信;通过中心一级母钟实现与中心子钟的串行通信。

(七) 时间设置

包括母钟时间设置、母钟照明设置、子钟设置、原母钟时间设置、原子钟设置、原母钟时制设置。设置前打开对话框先输入密码"123456",单击确定,再进行设置。

(1) 母钟时间设置:输入年、月、日、时、分、秒,再单击确定。

(2) 母钟照明设置:输入站号、钟号、开始时、开始分、结束时、结束分、亮度等级,再单击确定。
注:0 代表全部照明,128 代表一级母钟站,1~16 分别代表二级母钟站,17~19 代表预留。
(3) 子钟设置:输入子钟的站、钟号、时、分、秒、状态(1:追赶;2:停止),再单击确定。
注:
站号:128 代表一级母钟站号,1~16 分别代表二级母钟站号,17~19 预留。
钟号:1~30 代表钟号。
(4) 原母钟时间设置:输入年、月、日、时、分、秒,再单击确定(设置原一级母钟时间)。
(5) 原子钟设置:输入子钟的站、钟号、时、分、秒、状态(1:追赶;2:停止),再单击确定。
注:
站号:1~12 代表母钟站号
钟号:1~30 代表钟号。
(6) 原母钟时制设置
单击对话框系统会自动切换 12h 制、24h 制状态。如图 13-13 所示。

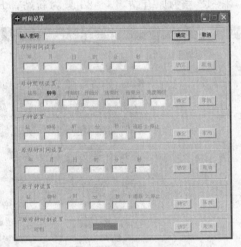

图 13-13 时间设置

【任务 13.5】 设备外观图

一、中心母钟、二级母钟

中心母钟如图 13-14 所示。

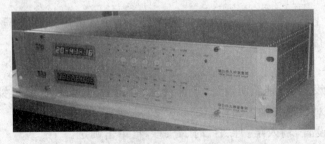

图 13-14 中心母钟

二、接口箱外观图

接口箱外观如图 13-15 所示。

图 13-15　接口箱外观图

NTP 接口箱外观如图 13-16 所示。

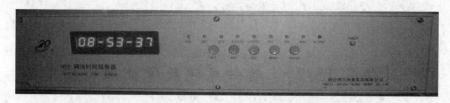

图 13-16　NTP 接口箱（NTP 时间服务器）外观图

数显式子钟外观如图 13-17 所示。

图 13-17　数显式子钟外观效果图

【任务 13.6】　时钟系统设备外部接口描述

2 号线时钟系统为控制中心内其他专业设备及通信系统内部其他子系统提供标准时间信号，相互之间制定接口规范。接口示意图如图 13-18 和图 13-19 所示。

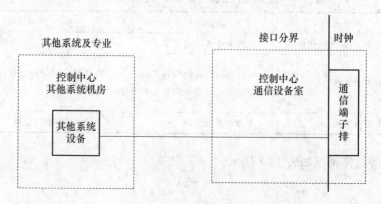

图 13-18　控制中心时钟系统与其他系统接口示意图

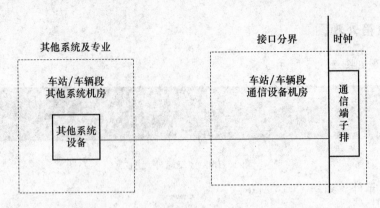

图 13-19　车站时钟系统与其他系统接口示意图

【任务 13.7】　时钟系统故障处理指南

根据经验,时钟系统在额定的工作电压、电流范围内,故障率很低,常见的故障是电压不稳造成子钟的电源被烧坏或接插件接触不良造成故障。

中心母钟故障情况如表 13-1 所示。

表 13-1　中心母钟故障情况一览表

序号	故障现象	故障原因	采取措施
1	母钟不工作,无任何显示	无交流供电或接线不牢	恢复交流供电,排查电源线故障
2	母钟走时不准	没收到 GPS 标准时间信号或母钟主板故障	1. 检修母钟主板。2. GPS 天线及信号传输线检测。3. 检修 GPS 接收机
3	主备母钟切换	主母钟出现故障或 GPS 出现故障	依据监控终端提示,对主母钟进行板件更换
4	监控系统声光报警	系统有关环节出现问题	依据监控终端提示,对相关部件检查更换

二级母钟故障情况如表 13-2 所示。

表 13-2　二级母钟故障情况一览表

序号	故障现象	故障原因	采取措施
1	母钟不工作,无任何显示	交流断电或接线不牢	恢复交流供电,排查电源线故障
2	母钟走时不准	没收到一级母钟的标准时间信号或传输设备误码太多	①检测与一级母钟的接线;②检测数据包信息的正确性
3	主备母钟切换	主母钟出现故障	对主母钟进行板件更换

数字式子钟故障情况如表 13-3 所示。

表 13-3　数字式子钟故障情况一览表

序号	故障现象	故障原因	采取措施
1	数字式子钟不显示	1 无交流供电或接线不牢；2 开关电源损坏	1 恢复交流供电,排查电源线故障。2. 更换开关电源
2	数字式子钟走时均不准	1 没收到母钟发来的标准时间信号；2 控制板出现故障	1 检查 RS422 接口及传输线是否可靠连接；2 更换控制板
3	数码显示块缺划或多划	1 对应驱动电路故障；2 对应的数码管故障	1 更换控制板；2 换显示数码管
4	数码显示块亮度不匀	对应的数码管故障（受过压或过流损伤）	换显示数码管

指针子钟常见故障如表 13-4 所示。

表 13-4　指针子钟常见故障一览表

序号	故障现象	故障原因	采取措施
1	子钟不走时	1 无交流供电或接线不牢；2 开关电源损坏	1 恢复交流供电,排查电源线故障。2. 更换开关电源
2	子钟走时均不准	1 没收到二级母钟发来的标准时间信号；2 控制板出现故障；3 子钟机芯故障	1 检查 RS422 接口及传输线是否可靠连接；2 更换控制板。3 更换子钟机芯

【任务13.8】 时钟系统作业程序及技术质量标准

一、检修规程

（一）适用范围

本章程适用于轨道交通时钟系统的日常巡检、维护及管理等工作。

（二）检修内容、周期和质量标准

轨道交通时钟系统设备的检修分为日常维护和、二级维护和深度维护。

1. 日常维护内容和周期

a）网管终端检查（每天一次）

b）清洁母钟、NTP 服务器（每天一次）

c）母钟、NTP 服务器工作状态检查（每天一次）

d）清洁子钟（每月一次）

e）子钟状态检查（每周一次）

2. 二级维护内容和周期

a）机柜、MDF 架紧固（每月一次）

b）机柜、线缆、电源线及防雷检查（每月一次）

c）系统同步检查（每季一次）

d）子钟固定检查（每月一次）

e）GPS 校时检查（每月一次）

3. 深度维护内容和周期

a）母钟、NTP 服务器内部模块及配线清理（每年一次）

b）子钟内部配线整理（每年一次）

c）主、备母钟切换试验（每年一次）

d）与其他系统和专业接口检查（每年一次）

e）网管数据备份整理（每年一次）

二、检修作业指导书

（一）适用范围

本章程适用于轨道交通时钟系统的日常维护及管理等工作。时钟系统由控制中心设备、车站、二级母钟、子钟组成。

（二）所需工器具及材料

使用工具仪表：万用表、组合工具一套、测试线缆等。

使用材料：绝缘带、刷子、柔湿纸、清洁剂、记号笔、打印纸、防静电抹布、电池、屏蔽线、扎带、多功能插座板、复印纸、标签、焊锡、塑料袋、螺丝刀、万用表、活动扳手、内六角扳手、电烙铁等。

（三）安全操作须知

1. 不要带电作业，确认电源没有接通再进行接线；
2. 设备应安放在通风、干燥处，勿放在高温、强磁场干扰处；
3. 设备安装应避开自动喷水灭火系统，勿水淋；
4. 非专业人员，请勿随意拆开后盖，请勿用手或其他器物触碰管腿及焊点，时钟数码管易受静电释放而损毁。

（四）检修范围、内容、标准/要求、工艺过程及方法

1. 日常维护内容和周期

（1）网管终端检查

通过 OCC 网管终端，查看 OCC、各站及车辆段的二级母钟及各指针工作状态，若为绿色表明正常；若为红色表明该站有告警，进一步确认故障定位在某个指钟上面。

（2）清洁母钟、NTP 服务器

用干净抹布擦拭母钟和 NTP 服务器表面，达到表面无无积尘、水迹为止；用清洁剂清洁母钟和 NTP 服务器表面无法抹去的污迹。

（3）母钟、NTP 服务器工作状态检查（每天一次）

主母钟显示时、分、秒；备母钟显示年、月、日。

母钟如图 13-21 所示。

母钟面板指示灯如图 13-22 所示。

项目十三 时钟系统

图 13-20 网管终端

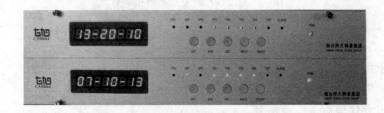

图 13-21 母钟

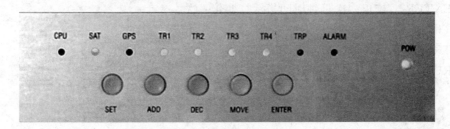

图 13-22 母钟面板指示灯

① POWRE:电源指示灯。
② Alarm :报警指示灯(亮为报警)。
③ TRP:与监控终端通信指示灯(闪烁为通信)。
④ TR4:Txd4 发送 3 区标准时间信号指示;Rxd4 接收 3 区子钟信号指示。
⑤ TR3:标准时间的输出指示灯(亮为输出)。
⑥ TR2:Txd2 发送二级母钟控制信号指示;Rxd2 接收二级母钟反馈信号指示。
⑦ TR1:Txd1 发送本站 1 区子钟信号指示;Rxd1 接收本站 1 区子钟信号指示。

⑧ GPS：GPS 信号指示。
⑨ Sat：卫星信号接收指示灯。
⑩ CPU：中央处理器工作状态指示。

NTP 服务器如图 13-23 所示。

图 13-23　NTP 服务器

NTP 服务器面板指示灯如图 13-24 所示。

图 13-24　NTP 服务器面板指示灯

NTP 服务器面板指示灯：
1）POWER：电源指示灯，接通电源常亮状态。
2）CPU：未用。
3）SAT：未用。
4）CPU：中央处理器工作指示灯。
5）EXTER1：与上层网通信指示灯（闪烁为通信）。
6）EXTER2：校正一次母钟时间指示灯变化一次。
7）TR1：未用。
8）TR2：未用。
9）RUN：同步。
10）ALARM：报警指示。
11）POWER：电源指示灯。

（4）清洁子钟

用干净抹布擦拭子钟表面，达到表面无积尘、水迹为止；用清洁剂清洁子钟表面无法抹去的污迹。

（5）子钟状态检查

检查子钟工作状态，能够正确显示时间信息。如图 13-25 所示。

2．二级维护内容和周期

（1）机柜、MDF 架紧固

检查设备紧固件是否牢固，地线连接是否牢固、配线架接头是否牢固。

（2）机柜、线缆、电源线及防雷检查

数显钟规格为650×350

图 13-25　子钟

　　a. 检查机柜标牌、线缆标识是否完整。
　　b. 检查机柜线缆是否完好无破损。
　　c. 检查 ODF 架内尾纤是否完好无破损。
　　d. 检查 MDF 架内用户外线侧防雷端子是否正常，MDF 架内用户外线侧防雷端子没有变焦发黑为正常。
　　e. 检查电源线与机房电源连接是否安全可靠。
　（3）系统同步检查
　　a. 检查一级母钟是否正常接收 NTP 服务器信息
　　查看接收状态显示，查看指示灯是否亮，达到 NTP 服务器指示灯一秒一闪为止。
　　b. 检查一级母钟是否与 NTP 服务器同步
　　查看接收状态显示，看是否显示正常，达到接收和发送指示灯一秒一闪为止。
　　c. 检查二级母钟是否与一级母钟同步
　　查看接收状态显示，看是否显示正常，达到接收和发送指示灯一秒一闪为止。
　　d. 检查二级 NTP 服务器是否与一级 NTP 服务器同步
　　查看接收状态显示，看是否显示正常，达到接收和发送指示灯一秒一闪为止。
　（4）子钟固定检查
　　查看子钟固定是否牢固，无松动、晃动现象。
　（5）GPS 校时检查
　　断开中心与车站的连接，手动修改 NTP 服务器的时间，看 GPS 能否对 NTP 服务器正常校时。
　3. 深度维护内容和周期
　（1）母钟、NTP 服务器内部模块及配线清理
　　a. 检查各部件的电气特性，更换电气性能不良的部件，使其各部件电器性能良好。
　　b. 机柜的地线整治，查看机柜接地点到接地箱的地线有无破损，接头是否紧固，达到机柜的地线功能正常，机柜接地点到接地箱的地线无破损，接头紧固为止。
　　c. 清理母钟、NTP 服务器接头配线（如图 13-26 所示）。
　（2）子钟内部配线整理
　　清理子钟电源线和信号线，如图 13-27 所示。将时钟的通信连接线和电源线分别接入时钟背面出线口的四针（红：RX＋，绿：RX－，蓝：TX－，黄 TX＋）和三针（红：火线，花：地线，黄：零线）对接插，检查无误后，按子钟在时钟系统中的分布号将本时钟背后的拨码盘调整好。接通交流 220V 电源，时钟显示当前时间，当时钟和母钟连接通并通信正常后，时钟的时分秒间的分隔点按停止闪烁。

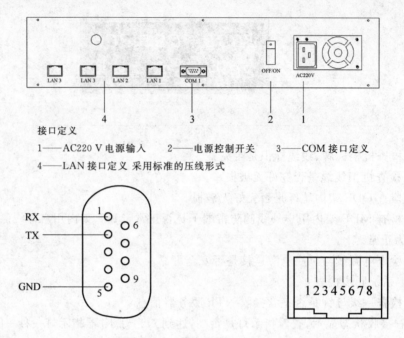

接口定义

1——AC220 V 电源输入　2——电源控制开关　3——COM 接口定义

4——LAN 接口定义 采用标准的压线形式

图 13-26　接头配线

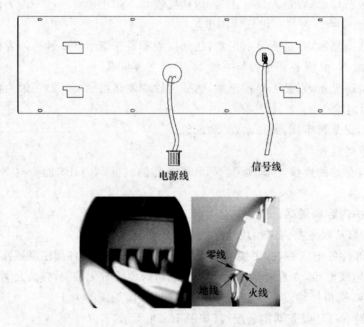

图 13-27　信号线

(3) 主、备母钟切换试验

a. 关闭主母钟电源,看是否能自动切换到备母钟。达到主、备母钟切换正常为止。

b. 切换回主母钟。

备注：切换过程中对时钟系统的显示无影响。

(4) 与其他系统和专业接口检查

a. 发送端检测数据是否发送。